普通高等教育“十三五”规划教材

大学生社会实践教程

——基于《思想道德修养与法律基础》实践指导

主　编　陆　平
副主编　周国桥　刘志丽　万　千　莫天荣

北　京
冶金工业出版社
2020

内容提要

本书与“思想道德修养与法律基础”教学内容紧密结合，充分反映理论教学对实践环节的要求，在总结现有实践形式与成果的基础上编撰而成。本书对大学生实践课相关理论论述透彻，实践案例形式丰富，基本技能全面。本书根据课程要求对思想道德修养与法律基础内容逐一体现，并给予多种实践形式选择，是一本理论与实践相结合的实用教材。

本书为高等院校公共课教材，也可供职业院校师生参考。

图书在版编目(CIP)数据

大学生社会实践教程：基于《思想道德修养与法律基础》实践指导／陆平主编．—北京：冶金工业出版社，2020.8

普通高等教育“十三五”规划教材

ISBN 978-7-5024-8595-5

Ⅰ.①大… Ⅱ.①陆… Ⅲ.①大学生—社会实践—高等学校—教材 Ⅳ.①G642.45

中国版本图书馆CIP数据核字(2020)第101077号

出版人　陈玉千
地　址　北京市东城区嵩祝院北巷39号　邮编　100009　电话　(010)64027926
网　址　www.cnmip.com.cn　电子信箱　yjcbs@cnmip.com.cn
责任编辑　杜婷婷　美术编辑　郑小利　版式设计　禹　蕊
责任校对　郭惠兰　责任印制　禹　蕊
ISBN 978-7-5024-8595-5
冶金工业出版社出版发行；各地新华书店经销；三河市双峰印刷装订有限公司印刷印刷
2020年8月第1版，2020年8月第1次印刷
787mm×1092mm　1/16；12.25印张；292千字；180页
39.00元

冶金工业出版社　投稿电话　(010)64027932　投稿信箱　tougao@cnmip.com.cn
冶金工业出版社营销中心　电话　(010)64044283　传真　(010)64027893
冶金工业出版社天猫旗舰店　yjgycbs.tmall.com

本书为桂林理工大学2019年校级规划建设重点立项教材。

本书为2017年广西区教改研究项目——《思想政治理论课实践教学基地研究与实践——以湘江战役红色教育资源开发为例》（2017JGA213）结项成果之一。

本书为桂林理工大学2020年“党建带团建”重点项目——《传承红色基因，汲取文化营养，构建党建带团建三维联带育人新格局》（GUT2020DT01）结项成果之一。

本书为桂林理工大学2020年一流本科社会实践课程培育项目——《社会实践1》（立项编号：shsj202001）课程建设成果之一。

前　言

“思想道德修养与法律基础”是对大学生开展思想政治教育的公共必修骨干课程，承担着对大学生开展正确世界观、人生观、价值观教育，弘扬爱国主义和传承中国精神，践行社会主义核心价值观，培养良好道德素养，教育大学生遵纪守法，增强法治思维的重任。一直以来，党中央高度重视理论与实践相结合的教育路径与方法，2005 年在《中共中央宣传部　教育部关于进一步加强和改进高等学校思想政治理论课的意见》（教社政〔2005〕5 号）中提出要加强实践教学，通过形式多样的实践教学活动，引导学生研究分析社会热点，提高学生思想政治素质和观察分析能力，各高校结合自身实际情况，制定实践教学计划和教学内容，为探索思想政治课实践教学打下了良好基础。2008 年，《中共中央宣传部　教育部关于进一步加强高等学校思想政治理论课教师队伍建设的意见》（教社科〔2008〕5 号），强调“要完善实践教学制度，要探索实践育人长效机制，提供制度、条件和环境保障”。2012 年，教育部制定了加强实践教学的有关文件，在《教育部等部门关于进一步加强高校实践育人工作的若干意见》（教思政〔2012〕1 号）中对实践教学又提出了明确要求，指出“实践教学是学校教学工作的重要组成部分，是深化课堂教学的重要环节，是学生获取、掌握知识的重要途径。各高校要结合专业化特点和人才培养要求，分类制定实践教学的标准，增加实践教学的比重，确保人文社会科学类本科专业不少于总学分（学时）的 15%”。同时要求：“实践教学方法改革是推动实践教学改革和人才培养模式的关键。各高校要把探索实践教学方法改革作为专业建设的重要内容，重点推行基于问题、基于项目、基于案例的教学方法和学习方法，加强综合性实践科目的设计和应用。要加强大学生创新、创业教育，支持学生开展研究型学习、创新性实验、创业计划和创业模拟活动。”2019 年 3 月，习近平总书记在学校思想政治理论课教师座谈会上对学生思想政治教育工作发表了重要讲话，提出了做好思想政治工作的八个“相统一”，其中提到“坚持理论性和实践性相统一”，指出“要把教科书与新时代中国这本大书融为一体”，需要贴近实际、贴近对象、贴近具体，强调在实践教学中巩固理论教学成果。近年来，中央及教育主管部门都高度重视实践教学工作，各高校也根据上级要求开展了形式多样的社会实践活动，取得了较好成效。

社会实践是大学生实现自身全面发展的有效途径，是大学生思想品德形成和发展的决定性因素。大学生所拥有知识的多少，只有在社会实践的过程中才能得到验证和体现。大学生通过实践活动改造客观世界，同时也改造了主观世界。大学生在参加社会实践的过程中，对所学理论知识进行检验、应用甚至发展，从而提高了认识和改造世界的能力。大学生在社会实践中还寻找到自身与社会需要之间的差距，获得对客观事物、对社会以及对自身的直接认识，从而深化了对中国特色社会主义理论的认识，加深了与人民群众的血肉联系，提升发现问题、研究问题和解决问题的能力，对于促进大学生了解社会、了解国情，增强社会责任感具有不可替代的作用，对培养既能仰望星空又能脚踏实地的优秀大学生十分重要。通过社会实践，大学生在实践中奉献爱心、奉献智慧，从而充分感受到只有坚持中国共产党的领导，坚持走中国特色社会主义道路，中华民族的伟大复兴才能真正实现。然而，由于各方面因素的影响和制约，大学生社会实践活动还处于起步阶段，尚没有全面发挥实践育人的功效。由于缺乏强有力的组织和一套科学的管理制度，引起的一系列问题在较大程度上制约了社会实践活动的持续开展，影响了社会实践活动的效果，因此寻求更合理的解决对策尤其迫切。

结合近年来各高校开展的实践育人活动，发现实践是延续思想政治理论课课堂教学的最好方式，是提高大学生心灵感悟的重要手段，是提升课堂教学效果的重要途径。思想政治教育中的理论传授都需要学生在实践中了解和掌握，通过实践转化为指导行为的思想武器。这些年在实践教学活动中，带领大学师生赴红色教育基地，开展革命传统与理想信念教育，充分利用本土红色资源开展实践教学工作，依托大学生社会实践积极指导大学生开展课题研究，在大学生挑战杯、“互联网+”创新创业大赛中取得了较好的成绩。学生在实践中开展课题研究，在课题研究中接受实践锻炼，形成了良性互动与循环。同时，依托高校周边教育资源开展实践教学，组织学生参观当地博物馆，了解博大精深的祖国文化；参观科技企业和科创研发中心，培养学生科学理念与创业强国意识；带领学生参加法院公开审判旁听、参与宣判大会及赴监狱接受警示教育，接受现场鲜活实践教学，同时在校园开展模拟法庭，学生通过亲身参与法律运行的有关模拟程序，在组织、辩论、庭审中充分融入法律实践，增长法律知识，增强法治意识。积极与学校团委等有关部门配合，构建协同育人实践机制，在暑期实践中积极开展“三下乡”社会实践调查，到公益服务机构开展志愿助残活动，利用社会调查素材开展微电影道德教育片拍摄等，形式多样丰富，实践活动取得了明显成效。从近些年的实践教学成果综合情况来看，大学社会实践应进一步抓紧抓好，推陈出新，营造良好的社会实践教学氛围，力争取得更好更多的教学成果。

基于上述考虑，本书编写团队紧密结合近年来实践教学的经验总结，在“思想道德修养与法律基础”理论体系的基础上，紧紧围绕实践育人要求，按照实践教学规律，力求在书中体现最新知识和能力要求，用最新最贴近学生实际的案例开展实践教学引导。本书编写做到了“五个紧密结合”和“五个统一”，具体如下：

第一，本书紧密结合“思想道德修养与法律基础”理论框架要求，形成了很好的对应关系，充分体现理论教学与实践活动相统一。本书做到与思政理论教学内容充分融合，思想政治理论课教学的模块内容在书中均有实践环节安排，有主题实践活动设计，学生可以根据实践设计自主选择实践内容，广泛参与实践锻炼。本书安排了理念信念、爱国主义、中国精神、人生思考、核心价值观、道德修养、法治思维等模块的实践环节，设计了近20个主题社会实践活动，与“思想道德修养与法律基础”课堂教学形成鲜明的对应关系，很好地把理论要求融入实践锻炼中。

第二，本书紧密结合大学生思想实际，贴近学生生活，有较强的榜样作用，充分体现教材案例与现实生活相统一。本书选取了近年来我校大学生优秀典型案例，案例中同样的条件与环境，将在同学们心中有强烈的对照作用；本书还选取了抗“疫”精神、近两年发生在我校的近10个优秀典型案例。案例贴近同学们的生活学习实践，使其感受到加强思想道德修养力所能及、近在眼前，完全能够实现，避免了虚无缥缈、遥不可及的单纯说教。本书中所涉及的案例来源真实，贴近实际，对学生实践教育具有较强的针对性与指导作用。

第三，本书紧密结合本地德育资源实际，充分利用学校周边红色资源，积极开展实践教学，充分体现校园教学与社会资源利用相统一。本书设计的实践活动充分考虑了学校周边丰富的德育资源开发与利用，特别是考虑到我校地处桂北红军长征经过地，红军在桂北进行了生死存亡的湘江战役，书中把“弘扬长征精神，重走红军长征路”作为重点主题实践推荐给学生，学生通过查阅一批详细湘江战役资料、观看一次湘江战役电影、听一次湘江战役现场教学、重走一段红军长征路、参加一次主题讨论、撰写一篇心得体会“六个一”完成实践教育活动。同时，本书还推荐参观博物馆、科技馆、非遗文化基地等，丰富实践教学资源，也是本书的创新之处。

第四，本书紧密结合教学考核要求，参照工科实习实验要求，将实践考核要求规范化、具体化，较好地体现了实践考核的定量与定性相统一。目前，大部分学校在大学生社会实践中缺乏明确考核方式，考核要求笼统不具体，多为流于形式的定性考核。这样的考核方式在一定程度上影响了社会实践教学效果，要求不严格，学生不重视，积极性不高，效果自然不理想。因此，本书结合多年来的考核经验编写而成，引入工科实习实验的考核要求，既考核学生的学习态度、积极性、主动性等方面，又考核学生参与社会实践的具体过程与形式，用实践考核表来监控实践过程。定量与定性考核的结合，是大学生实践考核形式的尝试，也是本书的创新之处。

第五，本书紧密结合大学生创新能力培养要求，积极指导大学生在实践中开展课题研究，提升科研实践能力，较好地体现了德育素养与实践创新相统一。本书编写团队都是具有丰富教学经验的大学生科技活动指导教师。其中，主编陆平同志三年来通过湘江战役实践教学指导学生开展红色课题研究。每一次实践教学，指导教师都积极进行科技实践引导，鼓励大学生申报校级以上科研课题，学生在实践中开展科研，在科研中提升德育感悟，形成了良好的思想政治教育氛围。本书结合社会实践重点推荐了大学生科技活动与创新实践活动，提升了社会实践的层次，是本书的创新之处。

本书既注重学术理论性又兼顾实用操作性，既有案例分析又有主题实践推荐，既有实践课程总论又有对应章节分述，是贴近大学生实际、受大学生欢迎的社会实践读本。

由于作者水平所限，书中不妥之处，敬请广大读者不吝赐教。

作 者

2020 年 5 月

目　　录

第一章　大学生社会实践概论

第一节　大学生社会实践的内涵

社会实践是马克思主义教育思想的重要组成部分，是全面贯彻党和国家的教育方针，落实立德树人根本任务，培养担当民族复兴大任的时代新人，培养德智体美劳全面发展的社会主义建设者和接班人的必要途径之一。社会实践是人类能动地改造世界的实践活动，大学生社会实践就是“理论性和实践性相统一”的过程，是大学生运用自己所学知识和特长了解社会、服务社会、奉献社会，并结合社会实践所得增长知识，提高能力，全面发展的活动过程；同时也是大学生走向社会、深入基层，为社会服务，直接感受社会生活，进行以社会理想和职业理想教育、劳动技能训练、科学素质培养为主要内容的课外教育活动。

从本质上讲，我国大学生社会实践活动是大学生按照学校培养目标的要求，有目的、有计划、有组织地参与社会政治、经济和文化等一系列教育活动的总称。普通高校大学生社会实践活动的范围既包括列入教学计划的军事训练、生产劳动、专业实习，也包括大学生利用假期组织的社会调查、参观、考察、科技文化咨询、服务、社团活动、志愿者活动、挂职锻炼、夏令营活动等。一般意义上的大学生社会实践主要指后者，这也是本节的内涵。实践的过程，既是对参与主体思维方式和观察视角、智能水平和基本能力、价值目标和行为取向等方面的检测、调整和重铸，也是参与主体释放生命能量、绽放智慧火花、变革现实、认识自我、改造自我、积极奉献自我、争取社会认同和理解的过程。

从目前社会实践的现状看，可以从以下两个方面来把握大学生社会实践的内涵。

一、从普遍性和特殊性结合的视野把握大学生社会实践的内涵

众所周知，在马克思主义的理论视野中，实践是指人能动地改造客观世界的对象性活动，是以人为主体、以客观事物为对象的现实活动。大学生社会实践是人类实践的重要组成部分，自然具有人类实践所呈现的一切普遍性特征。但是，大学生社会实践毕竟是大学生在校期间所开展的活动，因而又具有自己活动的特殊性。只有从普遍性和特殊性相结合的视野，才能准确地把握大学生社会实践的本质和内涵。然而，在现实生活中，对大学生社会实践的认识却存在诸多误解：或认为大学生社会实践纯属校园文化的点缀性活动，可有可无；或认为大学生社会实践仅仅是课外活动、校外活动和假期活动；或认为大学生社会实践仅仅是少数学生辅导员的事情，等等，不一而足。实际上，这些窄化大学生社会实践的想法都是对大学生社会实践本质缺乏足够认识的片面性表现。因而，从普遍性与特殊性结合的视野探求大学生社会实践的内涵，无疑是克服和消除窄化与泛化大学生社会实践本质的崭新思维路径。

第一，从普遍视角把握大学生社会实践的生活性、传承性和时代性特征。人类实践活动的普遍本性是人类全部社会生活本质的真实再现，因而，每一时代大学生在校期间的全部生活也赋予了大学生社会实践自身的普遍性品格，并生动地呈现出生活性、传承性和时代性特征。首先，大学生社会实践体现出生活性特征。马克思指出：全部社会生活在本质上是实践的。人类实践的客观物质性表现在大学生社会实践上，体现出显著的生活性特征。大学生的社会生活火热沸腾，涉及课堂上下、校内校外、网上网下等各个环节，鲜明地呈现出空间上的广泛性、时间上的持续性。因此，适应、学会、充实和提升大学生活成为他们在校期间的全部实践活动。任何有助于他们学习、成长和顺利完成该阶段社会生活内容的活动都应该纳入大学生社会实践的范畴。其次，大学生社会实践呈现出传承性特征，大学生是一个充满活力、承上启下的年轻群体。社会的发展是年轻一代人在继承和享有前辈所创造的优秀成果、面向未来开拓创新的基础上完成的，它不仅是主体性的高扬与价值展示，而且是世代交替的必经环节。作为继往开来的一代大学生，大学生在校期间的活动，是学习知识、继承前人优秀成果的活动，是应用知识、创新知识、开创未来的活动。因而，人类实践活动的自觉能动性体现在大学生社会实践上，则表现为鲜明的传承性特征。再次，大学生社会实践呈现出时代性特征。人类实践的社会历史性特征体现在大学生社会实践上，则呈现为突出的时代性特征。因为，生活在不同历史时期的大学生所面临的生存环境、承担的历史使命和面临的诸多挑战各有不同，适应与改善生存环境、完成历史使命以及应对各种挑战的方式方法也各有差异。与新中国成立前主要承担革命任务的进步青年不同，当代大学生生活在改革开放和现代化建设新的历史时期，承担着建设小康社会的历史重担，需要通过艰苦的努力，掌握各种专业知识和建设本领，他们的社会实践活动具有鲜明的时代内涵和表现形式。

第二，从特殊视角把握大学生社会实践的阶段性、全面性和预演性特征。大学生社会实践既然以大学生为主体，当然具有与其他社会群体不同的独特个性和生存发展方式，使其呈现出鲜明的阶段性、全面性和预演性特点。首先，大学生社会实践具有阶段性特征。社会实践是大学生社会化过程中的重要阶段，有自己的特定任务。处于青年时期的大学生社会实践：他们处在人生中的成长成熟阶段，其社会化的任务是为进入社会、承担社会职责做好全面的准备，因而具有学习性、成长性和社会化特点。与其他几个阶段的社会实践相比，大学生社会实践显示出鲜明的学习性、成长性和社会化的特点。其次，大学生社会实践具有全面性特征。大学生社会化的任务是为进入社会、承担社会职责做好全面的准备，必然要求大学生在学习、成长成才和社会化过程中，全面系统地掌握知识、提升能力、锤炼品格、了解社会，成长为社会所需的高素质复合型人才。因此，大学生社会实践必须具备社会实践内容的全面性、实践形式的多样性和实践理念的包容性，这就赋予了大学生社会实践所具有的全面性特征。再次，大学生社会实践具有预演性特征。对于大学生而言，社会实践活动是大学生对未来社会生活、工作方式与学习方式的一种预演，主要包括：一是思维的预演性。通过明确实践目标、内容、形式，设计多种应对预案，达到在思维活动中要以假设的方式预演整个社会实践活动，以胸有成竹的方式推进、调控社会实践。二是行为的演练性。这种行为的演练性，强调大学生在社会实践中的所有行为，都可以算作未来工作方式、学习方式和生活方式在当下的提前演练或排练，通过演练，熟能生巧，发现其中存在的问题并寻找解决问题的答案。三是环境的仿真性。大学生社会实践环境的仿真性是指在课堂环境、校园环境、校外环境和网上环境中的仿真，在这些仿真环境中，大学生未来踏入社会所需要的知识、能力以及道德品质等都可以获得。营造这样一种仿真环境，可以解决现实社会中大学生社会实践面临的诸如交通、食宿、安全、基地以及确保活动的常态化、长效化等许多实际问题。

综上所述，只有从普遍性和特殊性相结合的广阔视野，我们才能有效克服现实生活中对大学生社会实践窄化与泛化的认识缺陷，深刻把握大学生社会实践活动的本质属性。

二、大学生社会实践是一种学习性、成长性和社会性的实践

大学生社会实践的生活性、传承性和时代性具有人类实践活动的共性和阶段性、全面性、预演性等鲜明的特殊性，共同构成了大学生社会实践的本质规定性。对这种本质规定性的进一步综合归纳与具体概括，我们不难发现，大学生社会实践其实就是一种大学生的学习性实践、成长性实践和社会化实践。

第一，大学生社会实践是一种学习性实践。这种实践活动的主体是在校的大学生，其最主要任务就是学习，而学习活动又制约和影响着他们大学生活的方方面面。这是由他们的学习角色和大学教育的根本任务所决定的。学习性实践主要是指以学习、应用和创新知识为基本特征的社会实践活动，它不仅表现为大学生承担的不同类型的专门学习活动，也存在于大学生参与的所有社会实践活动之中。首先，学习性实践是一种以学习知识为主的活动。就知识本身而言，大体包括陈述性知识和程序性知识两种，前者是说明“是什么”的知识，后者是关于“怎样做”的知识。如果说大学生通过课堂、书本等专门学习活动习得更多的陈述性知识，那么，包含专门学习活动在内的多种社会实践则引导学生从现实中学、从实验中学、从研究中学，并帮助学生了解知识的源泉与运用。显然，社会实践为大学生提供着更多的程序性知识和对陈述性知识的进一步理解。其次，学习性实践是一种以应用知识为主的活动。对于当代大学生而言，更重要的是学会灵活应用，要把知识的学习和掌握与解决复杂多变的问题联系起来，完成相应的实际任务。它强调理论与实际的结合，强调大学生掌握的理论知识在实际生活中的具体应用，注重大学生在社会实践中学会发现、学会践行，达到知识应用的目标。再次，学习性实践是一种以创新知识为主的活动。创新是一种精神，也是一种能力。它包含着敏锐的思想、创造的激情、追求卓越的个性、灵活机智举一反三的能力等；它是建立在知识的积累、传播、转化和应用的基础之上的。社会实践的开展既是大学生知识应用的过程，也是知识创新的过程。通过社会实践，大学生完成知识的聚合与整合，涌现新知识、新思想、新观点、新思路，从而实现从无到有的知识创新。总之，学习性实践是大学生以学习为导引的社会实践活动，是大学生在校期间完成良好知识储备，为全面成长成才、真正踏入现实社会而奠基的活动。

第二，大学生社会实践是一种成长性实践。青年时期是大学生身心发展成熟的成长期，是世界观、价值观和人生观的形成期，是了解适应社会、扮演社会角色、承担社会责任的过渡期。因此，大学生的成长、成熟、成才是这一阶段社会实践的基本特征。成长性实践所面临的主要任务，包括学业的深化、精神的完善、身体的健康和成为优秀人才的人生追求等，这就表明成长性社会实践是大学生全面成才的基础和保证。首先，成长性实践是大学生的学业深化活动。学业的深化是指大学生学习的专业化、精深化，是大学生成长性实践的基本功能，它能推动大学生完成知识与能力在更高层面的统一。当代大学生生活

在社会主义现代化建设时期，国家和社会希望他们成为高层次的专业人才，与新中国成立前革命时期不同的是他们必须掌握精湛的专业知识和高超的专业技能，才能挑起某一领域和行业的建设重担。通过这种学业深化的成长性实践，大学生不仅在成长过程中夯实学业基础，充实专业知识，提升专业能力，同时也更有利于大学生掌握建设祖国的本领，接受国家的挑选与考验，顺利走向成才和成功。其次，成长性实践是大学生一种精神完善的活动。人的成长过程是精神完善和品质形成与历练的过程。成长性社会实践，就是一种形成、提高和完善大学生思想素质、政治素质、道德素质与心理素质的活动。通过这种活动，使大学生形成坚定爱党爱国爱社会主义的信仰、信心与信念，树立科学世界观、人生观和价值观，具备志存高远的理想与目标追求，铸造不畏艰难的坚强品质与坚忍不拔的毅力，培养健康的人格与包容之心，学会处理各种复杂的社会关系，善于协调个人利益与集体利益的矛盾，在精神不断完善、升华的过程中实现大学生全面发展和成长成才。再次，成长性实践是大学生成为优秀人才的活动。大学生的成长性实践是指在学会学习的基础上注重改造自己的主观世界，提升综合素质，拓展各种能力、尽快成长为社会所需的优秀人才的活动。社会主义现代化强国的建设，离不开优秀人才的支撑。而培养优秀人才和社会精英，是高等教育的重要目标。成为优秀人才，始终是大学生的人生追求、家庭的期盼、国家的重托，应该成为大学生奋斗目标的确立尺度。

第三，大学生社会实践是一种社会化实践。社会化问题是人终身面临的话题。大学生社会实践作为社会化实践，是因为实践的主体是即将走出校门踏入社会的准劳动者。通过这一实践，大学生即将投入真实的社会环境，接触更广泛的社会群体，深入了解国情、社情，做好在社会生活中创造财富、赡老抚幼、履行社会职责的准备，缩小与校外现实社会的不适差距，以便应用所学所能更好地服务社会。因此，进行职业定位和选择、学习扮演劳动者角色、学习社会化生存方式是社会化实践的主要任务。首先，社会化实践是大学生职业定位与职业选择的准备活动。众所周知，大学生走向社会的首要问题，是选择一个合适的、能够发挥自身所长的职业作为安身立命、履行社会职责的出发点。因此，做好职业定位和职业选择的各项准备，是大学生参与社会化实践的首要任务。在社会化实践中，大学生可以通过接触真实社会环境，接触生产劳动，接触人民群众，具体了解与获取社会职业需求信息，主动结合自身所学专业与专长，制定自己的职业生涯规划，修正自己的职业定位，校准职业、择业、就业和创业的运行轨迹，协调当前职业与未来事业发展的相互关系。因此，社会化实践是大学生完成职业认知、明确职业定位、准备职业选择的活动，是为即将扮演以劳动者为主角的多种社会角色、履行相应的社会职责、学会社会化生存奠定良好基础的活动。其次，社会化实践是大学生学习扮演劳动者角色的准备活动。找准社会位置，扮演好社会角色，无疑是成功履行社会职责的关键所在。社会化实践就是一种大学生在即将踏入社会过程中学习扮演劳动者角色的活动，是大学生尝试从学生角色向劳动者角色转换的过程，是从学习成长性实践向劳动创造性实践过渡与转换的过程。通过这一实践活动，大学生逐渐了解、熟悉和掌握社会生产活动的各个环节与流程，充实相关知识，提高生产技能，为即将成为劳动者做好充分的准备。其实，大学生在社会中扮演的角色不仅仅是劳动者，他们还将在家庭中为人子女、为人夫妇、为人父母，也将在社区中为人邻居，等等。所以，大学生也要学会与各种社会群体和谐相处，扮演好各种社会角色。通过增加社会阅历和经验，丰富社会知识，缩小自身与现实社会的各种差距，提升自身的社会认同力。再次，社会化实践是大学生学习社会化生存的准备活动。社会化生存是指大学生通过社会化实践，增强与社会的互动，掌握现实社会生活与生产的基本知识和技能，习得并遵守社会通行的价值体系与规范，明确未来生活目标，确定人生理想，培养符合劳动者角色要求和其他社会角色标准，适应社会需要的存在方式，接受社会教化、满足社会需求、掌握相应的知识和技能是大学生社会化生存实践的主要任务。通过这一活动，确保大学生真正认识社会、了解社会、适应社会，并围绕社会的发展需要增长才干，为创造丰厚的社会财富，推动社会文明的整体跃迁，甘心奉献。总之，社会化实践是连接校园活动与校外活动的桥梁与纽带。综上所述，大学生的学习性、成长性和社会化实践是对大学生社会实践本质规定的抽象和概括，虽然并不一一对应某些现实的社会实践类型，但能帮助我们准确理解和把握大学生社会实践的特殊本质。大学生的学习性、成长性和社会化三种实践所表现的基本功能之间还存在着纵横互动的关系。一是从学习性实践到成长性实践再到社会化实践，存在着纵向递进的关系。比如，大学生的学习性实践为他们的成长成才奠定了坚实的知识基础；大学生的成长性实践为他们走上社会做好了知识、素质和能力全面发展的充分准备；而大学生社会化实践则是对他们学习、成长结果的总结和验收，并能够反馈促进学习性、成长性实践的深入发展。二是三种实践功能各有侧重，但都同时渗透到每项具体的大学生社会实践活动中，横向补充，相得益彰。比如，参加奥运会青年志愿者活动的大学生就能够同时收获学习新知、增长能力、融入社会和服务社会的丰硕成果。

第二节 新时代社会实践对大学生成长的重要性

社会主义现代化建设需要全面发展的人才，这种人才不仅要有一定的理论水平，而且要有参与社会实践、运用理论知识改造世界的能力。理论的学习固然可以大部分在学校教育中完成，但运用理论的过程，必定是社会实践的过程。社会实践可以促进个体知识素质、能力素质、思想素质的全面提高，从而使其充分发展成为一个全面发展的适应社会需要的个体。在校大学生绝大多数是从高中直接考入大学的，由于缺乏必要的社会实践，在思维能力、独立生活和工作及人生信念、价值观等方面都表现出一种不成熟，而通过参与社会实践则可改变这种状况。大学生在社会实践中会遇到一系列的具体问题，这就促使他们对学过的知识进行复习、运用和深入思考。其中正确的得到证明，错误的得到修改，不足的得到补充和完善，使知识结构更趋合理。通过实践，对当今社会领域中知识日新月异有了深刻体会，对没有过硬的科学文化知识和专业技能就要遭社会淘汰这一事实有了感悟和认识，对业务学习有了危机感和紧迫感。社会实践是大学生走上理论和实践相结合的成才之路，在实践中不断改善自身的知识结构，提高自身的知识和能力素质，从而成为全面发展的人才。能力是人们在实践中顺利完成一定活动的本领，或者说掌握和运用知识的本领。能力不是与生俱来的，它的形成和发展源于人们认识和改造世界的活动，是主要依赖于后天的教育、社会实践和个人的勤奋努力，并在实践中不断汲取集体的智慧和力量而逐步发展起来的。大学教育是一个综合教育的过程，融科学文化教育、思想道德教育、社会实践教育于一体，而社会实践教育是实施素质教育的重要环节，是促使大学生素质全面发展的重要环节。因此，大学生各种实际能力的形成和发展，是需要在实践中不断培养和锤炼的。

一、有助于大学生把专业知识实践化

（1）加强专业知识的理解。大学生在课堂上学习的专业知识是抽象的，抽象的知识学得再好，在实际工作中也是“纸上谈兵”，只有经过实践活动消化、理解和吸收，专业词汇才能和头脑中的影像建立联系，专业原理才能在动手操作中融会贯通。正如苏联哲学家M. A. 帕尔纽克讲到，“教学中的实践环节的意义是巨大的，不论教学是在多么高深的理论水平下实现的，只要学生还没有把他们的知识有机地运用到教学实践活动中，那么他们的知识就必将带有抽象性质。只有这种运用才能克服对象知识的抽象性与对象的具体性之间的矛盾。”

（2）查找专业知识的不足。社会实践活动能够检验专业知识学习的情况，同时，带着问题去学习，获得的专业知识将会更加深刻。

（3）促进专业知识的创新。当代大学生是富有创新的一代，在动手、动眼、动脑中迸发灵感，从而产生新的思想，提出新的改进方案，研发出新的产品。

二、有助于大学生把书本知识社会化

马克思认为：“人的本质并不是单个人所固有的抽象物，在其现实性上，它是一切社会关系的总和。”大学是人生观、世界观、价值观形成的关键时期，对于生活在“象牙塔”中的人，实践活动能使他们受到活生生的教育，成为他们了解社会、融入社会的有效平台。首先，有助于了解国情民情，关注社会热点问题，充分体会改革开放所取得的巨大成就，认识到贫富差距，增强社会责任感和使命感；其次，明辨是非，通过自己所见所感，解决对当前社会问题的思想困惑，提高自己的为人处世能力；再次，有助于良好思想品德的形成。

三、社会实践的社会化功能

（1）促进大学生政治社会化。大学生走出学校这个相对狭窄的范围，深入实际，接触群众，熟悉社会，投身到沸腾的现实生活，能够全面了解和认识社会，具体而真切地了解我国社会的政治、经济和文化变迁，把握基本国情，帮助他们剔除思想中不符合实际的因素，使他们正确对待个人与社会的关系，培养为祖国、为人民的奉献精神，在现实生活中领会并坚持以马克思主义指导思想、中国特色社会主义共同理想、爱国主义为核心的民族精神和以改革创新为核心的时代精神、社会主义荣辱观为主要内容的社会主义核心价值体系和富强、民主、文明、和谐、自由、平等、公正、法治、爱国、敬业、诚信、友善的社会主义核心价值观。

（2）促进大学生职业道德社会化。学校注重对大学生专业知识、专业技能的培养，忽视职业道德教育，大学生职业道德教育边缘化倾向明显。社会实践场所处处体现职业特色，大学生接受职业环境文化的熏陶，按照职业道德基本原则和规范，在实践活动中进行自我教育、自我改造、自我完善，学会求知、学会做人、学会做事、学会与他人共处，使自己形成良好的职业道德品质和达到一定的职业道德境界。

（3）促进大学生生存和发展能力社会化。一名在校表现优秀的大学生，到工作单位后不一定成为一名优秀的职员，两者是否画等号取决于学生个人的生存和发展能力。在社会实践中，大学生可以发现知识结构和实际工作能力方面的欠缺，逐渐适应激烈的竞争环境和快节奏、高效率的工作需要，从而激发学习热情，自觉调整和完善知识结构，提高专业技能，锻炼意志和毅力，健全心理素质，培养创造能力、实际操作能力、组织管理能力和随机应变能力。此外，通过与各种不同角色的人交往，提高社会交往能力，积累社会经验，适应社会需要。

（4）促进大学生角色社会化。大学生就业难，一个重要的原因是毕业生角色社会化不足。由于各种主客观因素影响，毕业生不能正确认识和评估自己、摆正自己在社会中的位置，弄不清自己的社会角色，突出表现为角色期望值过高。大学生参加社会实践活动，能发现“现实中的自我”与“理想中的自我”的差距，并自觉进行调整，通过主观努力进行角色调适，从而认识自己的社会角色和价值，扮演好角色，更好地融入社会生活中。社会实践有利于大学生给自己准确定位，增强自己的社会角色活动能力，从而更好地适应社会生活，加速社会化进程。

四、有助于学生把个人能力素质化

素质教育是一种以提高受教育者诸方面素质为目标的教育模式，它重视人的思想道德素质、能力培养、个性发展、身体健康和心理健康教育。当代大学生大都是独生子女，他们没经过生活的磨难，像“温室的花朵”，对困苦知之甚少，合作意识差，艰苦奋斗意识淡薄。素质教育是实现“素质化”而非“应试化”，倡导“素质教育”而非“应试教育”，实践活动是大学生进行素质教育最有效的培养基，可以磨砺大学生的意志品质，不断提高他们行为的自觉性，克服盲目和轻信，不断提高决断能力。

（1）有利于大学生正确认识自我，对自身成长和发展产生紧迫感。对个体生存价值的充分认可和积极张扬是当代大学生心理变化的重要表现之一。毫无疑问，这是伴随着全面的现代化进程的震荡而蓬勃生长的自尊、自信、自立、自强精神。遗憾的是过度的理性并由此引发的反叛心理，导致大学生心理滑向另一个极端，导致了个人主义的泛滥，出现了狭隘的“自我设计”“自我奋斗”“自我实现”等“唯我”的倾向。有些大学生甚至认为“我”就是自己的主宰，可以任意地设计自己和熔铸自己。此外，学生时代的思想也存在相当大的片面性，总会认为好即好、非即非，从而走向极端。但是，每个人只有沿着历史走过来，才能成为一个真正的现代人；必须扎根于社会之中，才能成为一个真正的个人。个人的生命若不是深深根植于社会历史的土壤之中，便只能成为局限于自我池塘中的一叶浮萍。因此，个体的自我价值绝不能脱离一定的社会条件独自创造，而必须在变革现实的实践过程中解剖自我，认识自己。黑格尔说得好：“人还通过实践活动来达到为自己（认识自己），因为人有一种冲动，要在直接呈现于他面前的外在事物之中实现自己，而且就在这实践过程中认识他自己。人通过改变外在事物来达到这个目的，在这些外在事物上面刻下他内心深处的烙印，而且发现他自己的性格在这些外在事物中复现了。”这就是说，人是通过认识自己所引起的客观世界的变化来认识自己的。因为通过实践所引起的客观世界的变化就是人自己的心理、智慧、才能的物化。这样，客观世界就如同一面镜子，可以由它映照出人自己的主观世界，从而使人认识自己的主观世界，认识主观世界同客观世界的关系。因此，当代大学生必须冲出自我的封闭，投身到广阔的社会生活之中，在广泛的社会实践活动中认识自己和自己生存的社会环境以及这二者之间的关系，看到自己与社会需要之间的差距，看到自身知识和能力上存在的不足，从而比较客观地去重新认识、评价自我，逐渐摆正个人与社会、个人与人民群众的位置，同时产生一种紧迫感和危机感，使他们能够潜心思考自身的发展问题，不断提高自身的素质和能力，以适应社会发展的需要。通过社会实践，大学生在对主观能动性和现实可能性的综合考察中选择切实可行的“理想自我”的目标，既依照“现实自我”的思想深度、兴趣浓度和意志强度，又参考社会的知识厚度、人才密度、需要程度、竞争难度，在冷静的思考与坚韧的求索中，在自我反省的“内逼”和社会反映的“外压”交互作用下建构自己的成才道路。通过劳动、创造、奉献，赢得社会的承认，也展现出个体生命的意义，在实践过程中实现对自我的质的飞跃，完成对自我的超越、更新和升华。

（2）有利于发展大学生的组织协调能力和创新意识。俗话说：“一个篱笆三个桩，一个好汉三个帮。”在市场经济竞争十分激烈的现代社会，特别强调团队协作精神，也就是要求个体具备与他人合作的意识，能够和别人精诚合作，协同工作，这样才有可能取得成功。另外，如何将分散的人群召唤在一面旗帜之下，分配任务以便快速完成工作，这需要组织协调能力比较强的人来指挥。社会实践活动，一方面为大学生锻炼组织协调能力搭建了有力的平台；另一方面，社会实践活动没有固定的场所，也没有固定的模式和对象，一般是在比较开放的环境下，面对着不断变化的对象，大学生也成为一个主动的参与者，大多数情况下，他们要自行组织活动，要独立面对和解决各种问题。在这种情况下，没有了课堂教学的太多束缚和校园生活的限制，学生们的积极性被充分调动起来，兴趣高涨，思维也空前地活跃起来，往往会产生一些创造性火花，在实践中敢于开拓、敢于创新；而且通过与人沟通，与人合作，可以增长见识，并有利于锻炼大学生的人际交往能力。

（3）有利于提高大学生适应社会、服务社会的能力。随着社会的不断发展，对各种人才的要求也随之不断变化，竞争已成为社会的基本特征。因此，专业面狭窄，社会适应性较差，综合能力不强的人在激烈的市场竞争中必然会处于劣势，而社会实践使大学生能够接触和了解社会，不断地参与社会活动，在实践中不断动手、动脑、动嘴，直接和社会各阶层、各行业人员打交道，有利于培养和锻炼大学生的实际工作能力，并且在工作中发现不足，及时改进和提高，使之更新知识结构，获取新的知识信息，以便于毕业后更好地适应和服务社会。

面对复杂多变的世界，大学生需要智慧、能力，而智慧、能力的形成离不开社会实践。在社会实践中提高大学生能力，增长才干，突出表现在以下六个方面：

（1）提高认识能力、选择能力。智力的核心是认识能力。人的认识要经过感性认识上升到理性认识，必须在实践的基础上占有丰富而真实的感性材料。大学生通过社会实践，主观认识见之于客观，在发现、分析和解决问题中，将主观认识系统与行为系统有效地连接起来，达到知与行的统一，从而推动认识能力的提高。人的一生是选择的一生，提高大学生的选择能力十分重要，而选择能力也只有在实践中、比较中，才能逐步提高。

（2）培养社会活动能力、独立工作能力、社会适应能力。社会实践具有开放性、社会性，大学生在社会实践中，通过独立设计实践方案，与各方面人士广泛交往，多次反复试验，解决实际问题，总结实践成果等，使其社会活动能力、独立工作能力、社会适应能力得到相应的提高。

（3）培养创造、创业能力。大学生创新、创业是时代发展的要求。在社会实践中遇到的一系列问题，迫使学生深入思考，综合分析，激发创造灵感，创造新的成果，从而改变他们被动学习知识、实践机会少、动手能力差、创造能力低的状况。创新、创造是创业的前提，通过到公司或企业兼职、勤工助学、创办企业和注册公司等方式，可将自己所学知识、创造成果应用于社会，从而培养创业能力。社会实践应做到双向受益：一方面，大学生从社会实践中得到锻炼；另一方面，通过社会实践，回报社会，奉献社会。

（4）锤炼意志毅力，培养优良品格。大学生正值心理素质的培养和发展时期，现代社会激烈的竞争，需要大学生有足够的承受压力和挫折的能力。组织学生参加“三下乡”社会实践活动，对于锤炼大学生的意志毅力，培养优良品格有着重大意义。“三下乡”活动使大学生亲自去尝试、接触各种复杂情况，在遇到困难和解决困难的过程中，在成功与失败的切实体验中提高心理承受能力，锻炼出坚强不屈的意志，能够培养学生的自我认识能力、情绪控制能力、抗挫折能力，总结经验战胜失败的能力。在目前的高等教育体制下，许多同学往往厚此薄彼，注重书本知识的学习，崇尚个人奋斗，突出个人之间的竞争，这在一定程度上削弱了教育的另一个重要方面，即集体主义、互助协作精神的培养。事实证明，缺乏这种精神的人才，已经越来越无法适应当今要求全面提高质量和高效运作的需要，只有集体的智慧和力量才会产生更大的效能，创造更大的价值。“三下乡”活动是大学生作为一个集体走近农村、服务农村的社会实践活动，从策划、前期准备到正式实施的每一个环节，都需要所有参加者发扬集体主义精神，求同存异、克服摩擦、互相配合、互相协作，否则，团结无法保证，大家的劲就使不到一块，服务队就丧失了它应有的战斗力。“三下乡”服务队是一个团结的集体、战斗的集体，在这里团结协作的精神能够得到最充分的体现，大学生们可以从中体验团结协作带来的工作效率，以便于他们有意识地培养自己的集体主义精神。

人的思想品德形成离不开实践。任何思想品德都是由知、情、意、行四个因素构成，只有这四个因素都充分发展了，良好的思想品德才能形成。人的道德品质只有在行动中才能养成，才能体现。大学生通过社会实践，置身于具体活动环境中，耳濡目染，将社会公认的法律制度、道德规范、价值观念等因素吸收到个人思想中，内化为个人人格的重要组成部分。同时，个体“内”的知识通过适当的方式“转化”，在与他人的互动过程中体现出来，实现对社会的认同感，形成自己的个性。社会实践活动有助于大学生培养健全的人格，促进德、智、体、美、劳全面发展。当代很多大学生是家中的独子或独女，往往从小就是家中众星捧月的“小皇帝”“小太阳”“小公主”，父母精心呵护，生活条件优越。由于经历的生活欠缺磨砺，很多大学生身上存在“骄、娇”二气，主要体现为：抗挫折能力差，奉献、吃苦精神不足，集体观念不强，拜金主义、享乐主义倾向明显。古人云：“天将降大任于斯人也，必先苦其心志，劳其筋骨，饿其体肤。”在课外社会实践中经受磨炼有助于大学生人格的全面发展。只有德、智、体、美、劳全面发展，大学生才能成为未来社会的栋梁，肩负起时代赋予的重任。

由此可见，通过实践活动，能使大学生的思维角度由单一向多样、由固定向发散、由个性思维向集体性思维转变，树立目标，健全道德准则，最终确立自己的思想、语言和行为，对自己的思想、语言和行为产生责任感。

（5）激发学生学习兴趣，提高学生参与意识。俄国教育家乌申斯基曾经谈道：“没有丝毫兴趣的强制性学习，将会扼杀学生探求真理的欲望。”教育学和心理学研究也表明：

当学习内容与学生已有知识和生活经验相联系时，学生对学习会更有兴趣。部分学生由于本身的理论基础较差，对思想政治理论课不感兴趣，加上有的教师教学方法欠妥，造成有些同学一上思想政治课就出现打瞌睡的现象。如果将政治理论与学生现实生活有机结合起来，学生的学习兴趣就会提高。在思想政治理论课教学中开展社会实践活动便是一种有效举措。学生通过考察社会现象，将教材内容与社会生活紧密联系起来，使理论知识成为学生看得见、摸得着、听得到的现实，让学生感受到生活化的思想政治理论课，运用思想政治理论课的有关理论知识分析现实生活中的问题，从而唤起学生的学习兴趣，激发学习欲望，引领学生积极主动地参与社会实践，达到学与做、知与行的真正统一。

（6）有助于思维的矫正与成熟。目光敏锐但易于偏激、开拓创新但不乏幼稚、热情奔放但缺乏经验，是大学生的显著特点。黑格尔指出："青年人喜欢驰骛于抽象概念之中。反之，有生活阅历的人决不允许陷入抽象的非此即彼，而保持其于具体事物之中。"这就是说，大学生缺乏生活和实践经验，使得他们在认识中，难以把抽象的规定上升为思维的具体，并把事物各个部分有机统一起来，只是用手中的理想之尺衡量现实的运动，造成了理论与实践脱节，理想主义和形而上学的浓厚色彩。应当说，具有浪漫"书卷气"的大学生尤其如此。这种缺陷使得他们在审视和评价令人眼花缭乱的现实生活时，大都难以将感性体验升华为深邃的理性，缺乏辩证观、全局观和发展观，苛求有余，理解不足，易失之肤浅、粗糙、片面、僵化，致使他们对现实的评判带有浓烈的狂热性和盲目性，对社会的未来发展充满缤纷灿烂但不切实际的幻想和渴望，失去了客观的现实依据和可行性分析论证。"由于缺乏实际经验，他们的意见往往脱离现实，多属于咬文嚼字，专抓弱点之类。"这就使他们只看到生活表面的残枝败叶，体察不到社会底层滚涌的热流和现代意识的活化升腾，即使感触到了现实生活中的一些"闪光点"，也以轻描淡写的"没什么了不起"而一言以蔽之，陷入了虚无主义的泥潭。思想的胚胎只有经过实践的催生才能成功分娩，认识事物的方法也只有经过实践的磨砺和雕刻才能向成熟的境界发展。马克思指出："人应当在实践中证明自己思维的真理性，即自己思维的现实性和力量，亦即自己思维的狭隘性。"因此，立足现实，投身实践，发掘生活中的美，真正认识到改革开放以来我国所取得的丰功伟绩，体会到现代化建设的浓厚气息和勃勃生机，切身感受到历史转轨期那种悄声屏气、痛苦激烈的蜕变和革故鼎新的步履维艰，这有助于大学生走出理论的象牙塔，拓宽视野，丰富阅历，在实践—认识—再实践—再认识的过程中，纠正思想方法上的主观性和随意性、理想化和简单化、片面性和绝对性，逐渐学会并自觉运用辩证思维方法客观地评价自己、他人和社会，并进一步深化、提高、完善，从而走向成熟。

第三节　大学生社会实践的特征

社会实践赋予了当代大学生崭新的意义，焕发出旺盛的活力。它使青年学生从校园走向社会，从卖茶蛋、做家教、帮人擦车、举着雨伞站在桥头做形象宣传等所谓的"勤工俭学"，发展到组合优势互补的小组，开展具有社会意义的创业项目实践活动；它使青年学生从单纯受教育的身份和知识传承的功能，逐渐嬗变成长为社会财富的创造者，不是走上社会之后，而是在校园里就开始进行，或者进行相应准备；它使高等教育在反观自身的时候，不得不提升对自身功能以及目标要求的高度，缩短人才培养的时间，提高人才培养的质量；它还使“课外”与“课内”的界限模糊，并最终促成终身教育观念的形成。

（1）双重性。社会实践活动既有学校教育的属性，又有社会教育的属性，它是联结学校教育和社会教育的重要纽带。因此，既不能片面强调社会实践活动的学校教育属性，将社会实践活动理解为第一课堂的延伸或作为第二课堂，也不能片面强调社会实践活动的社会教育属性，排斥课堂教学和理论知识，以实践代替教育，搞所谓的“开门办学”。事实上，作为实施素质教育的重要抓手，社会实践教育的加强与课堂理论教育的改革同等重要，应该同步进行、相互促进。

（2）组织形式的灵活性。大学生社会实践活动并不拘泥于一种固定的形式。从参加人员看，有一乡（一厂）一名大学生开展社会调查的分散式，也有就地就近组成小组开展社会服务或勤工助学的集合体形式，还有校方组织的有目的、有选择地开展科技咨询、新技术推广的小分队式。从活动时间上看，有利用假期集中开展活动的，也有利用在校课余时间开展活动的。从活动地点上看，有深入农村开展科技兴农的，也有进入城市、社区开展志愿服务的；有深入发达地区接受现代教育的，也有走向革命老区接受传统教育的。总之，活动形式灵活多样，使得社会实践活动被不断地赋予新的时代特色和内容。

（3）活动内容的具体性。大学生在社会实践过程中，接触到的是具体的事物，而不是抽象的概念。无论是社会调查、还是公益活动，也不管是勤工助学、还是科技推广，大学生都能得到亲身的感受。这种感受是生动具体的，是他们在课堂上、书本上所无法得到的。

（4）参与对象的广泛性。社会实践活动具有形式灵活多样、内容贴近实际的特点，使得参与活动的大学生数量在不断增多、范围也在不断地扩大。高年级的学生可以参加，低年级的学生也可以参加；本科生愿意参加，研究生更愿意参加；理工科院校的学生能够参加，文科院校的学生也能够参加。据统计，桂林理工大学在校的 19000 余名学生（文理科兼有），参加 2018 年暑假社会实践活动的人数接近 90%。参与对象的广泛性，决定了大学生受教育的普遍性。

（5）多功能性又称综合性。社会实践活动的教育目标或价值，既可以体现在认知发展、技能完善方面，也可以体现在情感体验、品德与态度的确立等方面。在某一实践活动中，既可以对学生主体进行德育教育，也可以进行智育、体育、美育、劳动技术教育和心理教育等多方面的教育内容，进而达到综合而不是单一的教育目标、任务。社会实践活动是素质教育的重要途径正是通过社会实践活动具有多功能性或综合性特点表现出来的，这一特点在学校教育的其他方面是不多见的。

（6）生动性。大学生处于世界观、人生观、价值观形成时期，易于接受新生事物。开展社会实践活动使大学生有机会进入社会各阶层，了解时代信息。在此过程中，不同的自然环境、人文环境会对大学生产生不同的影响。应该说社会实践给予大学生的既有正面的教育引导，也有负面的砥砺冲刷。这种正反两方面的思想教育都是直接的、生动的、不可回避的，是对学校课堂教育的必要补充。大学生从“要我实践”到“我要实践”的转变，验证了社会实践活动对大学生教育实效的客观存在。

（7）综合性。大学生社会实践活动通过理论与实践相结合，激发大学生的学习兴趣，拓宽大学生知识面，提高大学生的实际动手能力，达到对大学生进行德育、智育、美育、体育、劳动技术、心理等多方面的教育目的。同时，又有利于增强大学生社会责任感，培养大学生吃苦耐劳精神，从而使大学生更好地服务社会和奉献社会，进而达到综合实践目标和任务。

(8) 协同性。大学生社会实践作为一项系统工程，既是高等教育的重要组成部分，又是社会教育的重要内容，需要高等教育部门和社会各界的高度重视和广泛关注，需要全社会的共同参与。只有发挥学校、地方、接收单位以及大学生自身的积极性主动性，加强合作与交流，动员各级党政领导、教育部门和高校自身齐抓共管、相互配合、形成合力，形成系统严密的组织管理体系，才能保障大学生社会实践的顺利开展和不断创新。

(9) 开放性。大学生社会实践的开放性特征要求教育者彻底改变一切从书本出发、以教师为中心的传统教学观念，引导学生关心书本之外的事情，使之热爱生活、关心集体、奉献社会，在理论与现实中架起沟通的桥梁。此外，大学生社会实践的开放性还表现在实践内容的开放性、开展模式的开放性、实践开展过程以及实践效果评价的开放性等方面，大学生社会实践的开放性特征是实现大学生社会实践自身创新发展的内在要求。

第四节　中央对大学生社会实践的要求

实践是人类存在和发展的根本方式，是人类实现自我教育的基本途径之一。实践包括生产劳动、科学实验以及处理和变革社会关系的实践等三种基本形式。《共产党宣言》鲜明地提出："把教育同物质生产结合起来。"马克思指出："虽然工厂儿童上课的时间要比正规的在校学生少一半，但学到的东西一样多，而且往往更多。"之所以会出现这种情况，就是因为实践不仅为人类的发展创造物质前提，而且具有改造人类思维、优化主体的教育功能。马克思说："未来教育对所有已满一定年龄的儿童来说，就是生产劳动同智育和体育相结合。"马克思还指出："在按照各种年龄严格调节劳动时间并采取其他保护儿童的预防措施的条件下，生产劳动和教育的早期结合是改造现代社会的最强有力的手段之一。"

列宁也曾指出："没有年轻一代的教育与生产劳动的结合，未来社会的理想是不能想象的；无论是脱离生产劳动的教育和教学，或者没有同时进行教学和教育的生产劳动都不能达到现代技术水平和科学知识的现状所要求的高度。"社会实践是实现人的全面发展的重要途径。

毛泽东认为，青年学生除了学习专业外，要同工人农民打成一片，要坚持理论与实际的统一，强调生产劳动与培养全面发展劳动者的关系，主张"学校办工厂""工厂办学校"，提倡学生参加勤工俭学。1958 年，毛泽东在视察天津大学时提出："要讲实际，科学是反映实际、是讲实际的道理，不知道实际，老讲书本上的道理怎么成?"

我国高校大学生普遍开展社会实践活动是在 20 世纪 80 年代后期开始实行起来的。恢复高考制度早期的大学生入学前大都经历过上山下乡、招工进厂等形式的社会锻炼，亲身体验过乡村、厂矿、车间、农场的生产生活。此后，尤其是改革开放后直接从高中考入大学的"天之骄子"们，则明显存在着缺乏社会生活体验和对国情、民情知之甚少等不足，而且有着较强的优越感，表现为轻视劳动、疏离群众、趾高气扬、社会责任感淡漠、理想信念模糊、对前途迷茫而盲动。特别是面对经济全球化、价值多元化的冲击，各种社会思潮直接影响了一些大学生的价值取向、思想倾向和政治判断。针对这种情况，1983 年 10 月，共青团中央发出《纪念一二·九运动四十七周年开展社会实践周的通知》，倡导在大学生中开展社会实践活动。团中央、全国学联决定开展以引导大学生利用假期搞社会调查、勤工助学、挂职锻炼，用知识和智力为社会服务的大学生社会实践活动周，得到了全国各高校的积极响应。1984 年 5 月，团中央在辽宁召开大学生社会实践活动现场观摩经验交流会，提出“要通过社会实践，让大学生们受教育、做贡献、长才干”，并正式确定社会实践活动的指导方针为“受教育、长才干、做贡献”。邓小平一贯主张学生应该参加生产劳动，教育必须与生产劳动相结合。1987 年 4 月，邓小平在全国教育工作会议的讲话中指出：“为了培养社会主义建设需要的合格的人才，我们必须认真研究在新的条件下，如何更好地贯彻教育与生产劳动相结合的方针。”

1997 年，团中央明确把文化、科技、卫生“三下乡”作为大学生社会实践活动的主要内容，21 世纪初进一步将活动内容扩展为文化、科技、卫生“三下乡”和科教、文体、法律、卫生“四进社区”活动。江泽民在 1998 年 5 月 4 日庆祝北京大学建校一百周年大会的讲话中指出，大学生要“坚持学习书本知识与投身社会实践的统一；要健康成长，不仅要学习书本知识，而且要向社会实践学习，自觉地投身于火热的改革开放和现代化建设实践。人民群众的社会实践，是知识创新和发展的源泉，是检验真理的试金石，也是青年锻炼成长的有效途径”。1999 年 6 月，江泽民在全国教育工作会议的讲话中指出：“我们必须全面贯彻党的教育方针，坚持教育为社会主义现代化建设服务，为人民服务，坚持教育与社会实践相结合。”

2004 年，中共中央、国务院《关于进一步加强和改进大学生思想政治教育的意见》中明确指出：“社会实践在大学生了解社会、了解国情、增长才干、奉献社会、锻炼毅力、培养品格、增强社会责任感等方面具有其他教育所不可替代的作用。”把“深入开展社会实践活动”作为拓展新形势下大学生思想政治教育的有效途径，目的在于提高大学生的思想政治素质，促进大学生的全面发展。社会实践架起了学校教育与社会教育的桥梁，学生在学习—实践—再学习—再实践的过程中，获得积极的情感体验，在处理社会实际问题的过程中，认知和行为趋向统一，能力得到发展。同时，它是实施素质教育的重要手段，是服务学生就业的重要举措，是学生服务社会的重要途径，是学校传统办学的重要内容。实践表明，社会实践活动的意义与价值远远超出活动本身，它融书本理论知识于实践中，超前培养了大学生对现实的调查研究能力、对未来趋势发展的判断能力、独立人格的培养能力。2005 年中宣部、中央文明办、教育部、共青团中央《关于进一步加强和改进大学生社会实践的意见》同样明确指出：“理论联系实际是党的优良传统和作风，教育与生产劳动和社会实践相结合是党的教育方针的重要内容，理论教育和实践教育相结合是大学生思想政治教育的根本原则。大学生参加社会实践，可以了解社会、认识国情，增长才干、奉献社会，锻炼毅力、培养品格，对于加深对邓小平理论和‘三个代表’重要思想的理解，深化对党的路线方针政策的认识，坚定在中国共产党领导下，走中国特色社会主义道路，实现中华民族伟大复兴的共同理想和信念，增强历史使命感和社会责任感，具有不可替代的重要作用，对于培养中国特色社会主义事业的合格建设者和可靠接班人具有极其重要的意义。”2008 年 5 月 14 日，胡锦涛在同团中央新一届领导班子成员和团十六大部分代表座谈时指出，希望全国青年“要努力参加社会实践，把‘读万卷书’与‘行万里路’结合起来，自觉向实践学习，向人民群众学习，在实践中汲取丰富营养、提高综合素质”。

2016 年 12 月 7 日，习近平在全国高校思想政治工作会议上的讲话中指出：“社会是个大课堂。青年要成长为国家栋梁之材，既要读万卷书，又要行万里路。社会实践、社会活动以及校内各类学生社团活动是学生的第二课堂，对拓展学生眼界和能力、充实学生社会体验和丰富学生生活十分有益。高校学生支教、送知识下乡、志愿者行动等活动，都展现了学生的风貌和服务社会、报效国家的情怀。许多学生正是在这样的社会实践和社会活动中树立了对人民的感情、对社会的责任、对国家的忠诚。当年，我在梁家河插队，实际上就是在社会上大学，向群众学习，向实践学习，那段经历让我受益匪浅。”2018 年 4 月，教育部关于印发《新时代高校思想政治理论课教学工作基本要求》的通知中要求：“从本科思想政治理论课现有学分中划出 2 个学分、从专科思想政治理论课现有学分中划出 1 个学分，开展本专科思想政治理论课实践教学。”2019 年 3 月 18 日，习近平在学校思想政治理论课教师座谈会的讲话中明确指出：“要坚持理论性和实践性相统一，用科学理论培养人，重视思想政治课的实践性，把思想政治小课堂同社会大课堂结合起来，教育引导学生立鸿鹄志，做奋斗者。”

当代的大学生大多是在 20 世纪 90 年代和 21 世纪初出生的，在家中又大多是独生子女，有着非常独特的人格心理，独立性非常强，而且知识结构新、知识丰富、理解和接受能力都非常强，但他们也有几个通病，就是不善于与人交往，不善于与人合作共事，动手能力普遍比较差。同时大学阶段是青年学生生理、心理发育的重要时期，大学生富有朝气，又很有可塑性，他们对社会、对人生的认识尚未确定，思想也没有完全成熟，正处于人生观、世界观形成的关键时期，所以要求大学生参加更多的社会实践具有很大的必要性和必然性。

第五节　大学生社会实践的内容与形式

一、社会实践的内容

以桂林理工大学 2016 年社会实践为例，为引领广大青年学生树立和践行社会主义核心价值观，坚持社会实践与社会观察、志愿服务、专业学习、精准扶贫、就业创业有机结合，帮助广大青年学生放眼世界、认识国情，拓宽视野、砥砺品格。桂林理工大学于 2016 年暑期启动实施了大学生实践育人“百千万”工程，即“百名学子看世界”学习活动、“千名学子看中国”就业创业见习项目和“万名学子看广西”三大暑期实践项目。

实践育人“百千万”工程，即开展“百名学子看世界”学习活动，选派并资助百余名品学兼优的大学生赴境外、国外知名学府开展体验式课程学习；开展“千名学子看中国”就业创业见习项目，选派资助千名大学生到国内知名学府、企事业单位、社会团体开展交流学习、就业创业见习等活动；开展“万名学子看广西”暑期实践项目，组织万名大学生在广袤的八桂大地开展城乡规划、地质勘查、扶贫助困等社会实践活动。在这个不一样的暑假里，桂林理工大学共有 146 名学子走出国门，足迹遍及 9 个国家；10000 多名学子参加多种社会实践项目，他们的身影出现在国内 9 个省（市）。如此大规模组织开展国内外实践育人项目，在广西高校尚属首次。广大桂工学子走进基层、走进社会、走向世界，投身于社会实践，展现青春风采，以实际行动践行者投身伟大复兴中国梦的实践中。

（一）看世界：世界的远方，用青春的脚步丈量

“桂工百名学子看世界”学习项目是桂林理工大学推进人才培养模式改革的重要举措，

项目重点与国外、港澳台地区高水平大学合作，每年选派一批品学兼优的大学生赴合作高校进行为期3~5周的专业文化和能力培养体验式课程学习。该项目的主要内容包括：以进行与专业相关的研修活动为主的课程学习；以体验异国文化和经济社会发展成就为主的文化体验；以参与国外高校领导力提升教育，培养多元化的文化观念和思维习惯为主的能力提升教育。

2016年，桂林理工大学选派并资助146名品学兼优的大学生，赴美国加州州立理工大学、英国伯明翰城市大学、韩国中央大学等9个国家11所国际高等学府开展体验式课程学习。

（二）看中国：祖国的博大，用青春的智慧来感悟

“桂工千名学子看中国”实践项目组织广大青年学生暑假期间到国家级爱国主义教育基地、国内经济特区、知名企业、知名高校等开展交流学习，带领学生深入了解国情、积极认知社会，提升自身思想素质和道德修养，不断增强服务祖国和人民的自觉性和主动性，不断增强献身社会主义现代化建设事业的崇高使命感和责任感。

2016年，采用分散实践与集中实践双层模式，组织千余名大学生在实践中认识国情社情。入选“井冈情·中国梦”全国大学生暑期实践季专项行动、“印象长白山·筑梦十三五”2016年大学生暑期实践专项活动、“丝路新世界·青春中国梦”全国大学生一带一路暑期社会实践专项行动等全国各省、自治区重点团队14个。6支社会实践团队荣获团中央表彰，桂林理工大学也连续3年荣获全国社会实践先进单位荣誉称号。

（三）看广西：美丽的广西，用青春的力量来建设

“桂工万名学子看广西”实践项目组织广大青年学生利用暑期返乡期间，结合专业学习，投身广西“三个生态”建设，将社会实践与社会观察、志愿服务、专业学习、精准扶贫、就业创业进行有机结合，实现“受教育、做贡献、长才干”的实践育人目标。

2016年，在广西桂林、南宁、钦州、防城港等地市、县城、农村，实施“理论普及宣讲活动”“区情社情观察活动”“美丽广西实践活动”“青春扶贫实践活动”等以服务广西地方经济社会发展、服务青年学生成长成才为主线的文化、科技、卫生“三下乡”主题实践活动和就业创业见习活动。该活动较好地引导了桂林理工大学广大青年深入基层地方，主动参与我区一带一路经济、精准扶贫、精准脱贫攻坚战，为广西“十三五”建设贡献自己的青春力量。

二、社会实践的形式

社会实践的形式，灵活多样，主要有以下内容。

（1）社会调查。组织大学生围绕当前热点问题，结合实际、结合专业，开展调查研究，在调查中找出问题，分析问题，提出有价值的解决意见，形成调研成果。同时，在日常学习生活中，学校要加强学生新闻敏锐性的锻炼，抓住当前社会的热点问题；在社会实践动员阶段，开设暑期社会实践系列讲座，加强对大学生社会调查的选题、途径、过程的管理和指导，帮助大学生正确认识社会现象，掌握科学研究方法，提高分析问题和解决问题的能力。

（2）勤工俭学。勤工俭学包括担任家教、货品推销员、餐饮店服务生等，是一种有偿服务形式，在锻炼自己的同时，还可运用所学知识和劳动换取一定报酬。学校应利用假期

在校内合理安排勤工助学岗位，在校外争取企事业单位、政府部门的支持，开发利用一切可以利用的资源，为经济困难的学生争取勤工助学岗位，建立规范有效的勤工助学管理制度，保障大学生的安全，维护大学生的合法权益。

（3）法律宣讲。对于不同的群体，广泛开展法律宣传，比如对于城区居民开展交通法规侧重性的宣传，对于沿海居民开展渔业保护法的相关宣传等，以提高广大群众的法律意识和法制观念。在建立法治社会良好秩序的过程中，大学生自身的法律意识得以加强和提升。

（4）环境保护。保护环境，减轻污染，遏制生态恶化，不仅是政府社会管理的任务也是全社会的使命。作为大学生，更有义务贡献自己的一分力量。通过开展环境系列讲座，协助清理垃圾等活动，共同营造和谐的“绿色生活”。

（5）科技创新。作为大学生“挑战杯”申报项目的预演，通过建立创新基金，合理开放实验设备，为学生提供平台。结合专业，引导学生争取在技术改造、科技发现、工艺改进、技术推广模式上有所突破。同时，积极引导一批有创业兴趣的学生，配备专业导师，参与“创业设计大赛”，规范和促进学生科技成果转化，鼓励学生开展创业实践和创业技能；不断提高学生的科学素养，培养良好的学术道德，弘扬求真务实、开拓创新的科学精神。

（6）科技、文化、卫生“三下乡”活动。活动成员以志愿者的形式深入农村，传播先进文化和科技，体验基层民众生活，调研基层社会现状。通过开展一系列实践活动以期提高大学生的社会实践能力和思想认识，同时更多地为基层群众服务。结合“精准扶贫”“第一书记”政策，为农民解决实际问题，为群众办实事、做好事、解难事；引导大学生运用所学知识和技能服务人民，奉献社会，培养为人民服务道德观，发扬艰苦奋斗、甘于奉献的精神。

（7）文化活动。在郊区、农村，文化生活显得尤为缺乏。以学校团委为媒介，建立以学生团队为主体，学生自行组织参与的社区、乡镇文艺演出团队，结合法律宣传、先进文化传播、环境保护等方面，在为广大农民提供娱乐的同时，达到建立环保型、知识型、舒适型小区、乡镇的目的。同时为学生提供良好的锻炼机会，培养学生组织协调能力。

（8）义务支教。以希望学校、郊区贫困学校的学校为平台，成立“义务支教”小组，运用所学知识和技能，积极服务农村教育，达到服务新农村建设的目的，为大学生提供了解社会、锻炼自我、展示自我的机会和舞台，促进综合素质的全面提高。

（9）“红色之旅”参观学习。结合大学生党员建设，组织学生到博物馆、纪念馆、展览馆、烈士陵园等爱国主义教育基地学习参观，了解中国革命、建设和改革开放的历史和成就，增强对中国特色社会主义的热爱，激发对全面建设小康社会、实现中华民族伟大复兴的责任感。如桂林理工大学马克思主义学院组织全体研究生党员在湘江战役灌阳新圩阻击战酒海井红军纪念园开展“探寻革命足迹，坚守党员初心”为主题的党日活动。

（10）志愿者活动。如中国—东盟博览会志愿者、大学生抗击疫情志愿者、桂林近代革命史展馆志愿者等，走进社区、帮助弱势群体等，是一种尽己所能，不计报酬，帮助他人，服务社会的活动形式。其中，有的是以各种节假日、纪念日为契机，走进社区和街道进行志愿服务；有的是为国家、省、市承办的大型活动进行志愿服务；有的则是在偏远、贫困的地方，奉献爱心、实现自我价值。

（11）挂职锻炼。到企事业单位担任一定职务，经受锻炼，丰富经验，增长才干，了解社会，了解国情，更普遍地接触工农群众教育，增长才干。

（12）毕业实习。毕业实习是一种有效的检测自己专业知识的手段，通过该形式，队员能得到专业指导，更深刻地了解专业就业形势。如桂林理工大学酒店管理专业每年都选派学生深入广东省、上海市的星级酒店进行实习。

（13）生产劳动。队员可以选择到工厂、企业参与生产，也可以选择到农村参与耕作劳动。如桂林理工大学的华银铝业冶金工程实习团队。

（14）参观学习。深入工厂、农村、重点工程或改革先进单位进行实地考察参观。

（15）理论宣讲。深入社会、基层，将深奥理论通过宣传讲解的形式传递给每一个人。如桂林理工大学马克思主义学院研究生时政宣讲团，深入社区宣讲党的十九大精神等。

（16）思想政治教育类。红色主题历来是大学生调研主题中的重中之重，该类主题政治性理论性强，内容丰富，思想政治教育类主题要求学生根据党中央系列文件精神，结合时政热点，选取自己感兴趣的内容，深入学习，开展调查研究。

第六节　大学生社会实践的组织形式与模式

一、大学生社会实践的组织形式

通过个人实践、依托项目组团实践、科技成果转化或孵化和社会实践基地建设等多种组织方式，采取基于学生不同阶段而有所区别的模式进行社会实践，尽可能做到因材施教。

（1）个人实践方式。个人实践方式是具有灵活性、针对性强的一种实践方式，主要通过学生自己的社会关系，联系实践单位，开展一周时间以上的实践活动，由学生实践的单位或部门制定实践内容并出具实践鉴定。但这种实践方式基本流于形式，特别是在学校有硬性规定的情况下，学生一般直接获取实践鉴定，而且人身等安全得不到有效保障，得到的锻炼较为有限。

（2）依托项目组团实践。这是大学生实践的主要方式，针对不同的参与层面、不同的实践内容，以项目为依托组建社会实践团队，在团队内部成立组织机构，比如外联组、宣传组、安全组、后勤组等，明确分工，各负其责，做到人人有事做，事事有人做。这样可以锻炼大学生的组织协调能力，以及团队合作能力。如桂林理工大学南宁分校的网络营销专业，以扶绥县产业扶贫为导向，组建网络营销团队，对滞销农产品进行网络营销，取得了较好的成果，并获得了地方政府的认可。

（3）科技成果转化中心。学院层面建立科技成果转化中心，将部分专业教师科研成果、学生创新成果得以实际运用，充分发挥合作企业和政府部门资源，吸引部分优秀高年级学生到企业、乡镇相关事业单位，开展成果推广应用宣传、售后服务等活动。

（4）社会实践基地建设。学校积极与城市社区、农村乡镇、爱国主义教育基地、企事业单位、社会服务机构等联系，建立长期合作、共同发展、双方共同受益的社会实践基地。结合实践基地的特点，以大学生的锻炼成长为出发点，开展教学实践、志愿服务、公益活动、生产劳动等类型活动。在各个基地之间，可以将资源充分共享利用。

二、大学生社会实践的模式

（一）我国高校普遍采用的社会实践模式

我国高校普遍依据不同的培养层次，采用不同的社会实践模式，主要有：自愿模式、选修模式、必修模式。

自愿模式是指大学生实践并不作为学校人才培养方案的模块，而是由大学生自愿选择是否参加，并且不计成绩和学分的一种模式。

选修模式是指大学生社会实践作为学校人才培养方案的选修模块，大学生选修社会实践且计算选修成绩和学分的一种模式。

必修模式是指大学生社会实践作为学校人才培养方案的必修模块，由学校制定社会实践方案，大学生必须完成且计算成绩和学分的一种模式。

基本上说，我国高校普遍采用自愿、选修和必修相结合的模式，即依据培养层次的不同，确定不同的社会实践模式。

（二）国外的社会实践模式

（1）美国的“企业—职业教育契约（Business-Education Compacts）模式”。这是一种以改善职业教育的效果为目的的契约，学生在签约后能获得暑期工作、培训岗位、未来就业以及大学奖学金等多种机会及待遇。“契约”对学生的教学、实习等环节都制定了具体的细节，并对学生上课迟到、平时成绩考核、学科学分的获得等做了统一的规定，学生只有达到各项指标标准，才能获得就业或者大学奖学金。此举加强了对学生的管理，提高了教学和实习的质量，提升了学生毕业后的就业能力。

（2）英国的“与企业合作创办新型的职业学校模式”。这种模式的主要做法是政府发动企业参与职业教育，联合举办职业学校、职业培训机构等，以技术为导向，面向11~18岁年龄段的不同能力的学生提供教育，为当地企业培养应用型技术人才。

（3）德国的“双元制”模式。学校与企业分工协作，但以企业为主；理论与实践紧密结合，以实践为主；以培养专业技术工人为目标。

（4）日本的“企业访问模式”。这种模式是指学生通过走访企业，了解企业及其业务，最终确定将来的就业机构和岗位。通过企业访问，许多学生不仅增强了职业意识和从业责任感，而且找到了工作（被称为“内定”），达到了学习与就业的双重结果。

我国与外国在政治经济体制、经济发展水平、教育传统等方面都存在着较大的差异。因此，我们在借鉴国外先进社会实践模式的同时，必须抓住其实质，结合我国特殊的国情和具体的条件，认真分析和总结我国高职教育大学生社会实践模式的成功经验和不足之处，探索适合我国国情的大学生社会实践模式。

第二章　近年来大学生社会实践回顾

第一节　新时代大学生社会实践的改革与探索

我国有“读万卷书，行万里路”的古训，学习和教育从来与“行”和“践”都是紧密相连的。古代诸多文人的思想中都蕴藏着“践行”的理念：孔子曾带领门徒周游列国，领略各国的风土人情，考察不同的政治制度，亲身体验和学习不同地域的文化；荀子曾强调“行”对于学习的重要性：“不闻不若闻之，闻之不若见之，见之不若知之，知之若不行之，学至于行之而止矣。”他认为，学习的最高境界就是实践，实践了，也就掌握了知识的精髓；韩婴认为“学而不能行之谓病”；朱熹在《礼记·中庸》中提到，做学问的最高层次是实践，将所学运用于实践：“博学之，审问之，慎思之，明辨之，笃行之。”王守仁的“知之真切笃实处，即是行；行之明觉精察处，即是知”中也处处蕴含着“知行合一，止于至善”的践行理念。

1997 年 5 月起，中宣部、中央文明办、国家教育委员会、共青团中央委员会和全国学生联合会共同发布《关于开展大中学生志愿者暑期文化科技卫生“三下乡”活动的通知》以来，大学生开展社会实践教育活动已经走过 20 多年。20 多年来，大学生“三下乡”取得了显著成绩，它不仅为“三农”服务做出了积极贡献，也促进了大学生综合素质的提高；活动的形式和内容受到新闻媒体和社会各界的密切关注和高度评价，受到党和国家领导人的高度重视和大力支持。

一、不断创新举措，改革探索实践育人新模式

党的十九大以来，中国特色社会主义进入了新时代，应对新时代大学生成长成才需求，研究新时期大学生思想特点，探究社会实践育人新模式，既是思想政治教育工作的重要任务，也是推动高校人才培养改革的重要举措。

（1）建立高校协同育人机制。作为立德树人的实践活动，社会实践是一项复杂重要的工程，在高校必须建立起领导协调机制，才能保证从思想上重视，有良好的实践效果，最终做到持续性发展。

（2）与精准扶贫相结合。近年，各高校在国家“精准扶贫”政策下，都安排了定点的驻村扶贫队，高校可以充分利用本校的精准扶贫联系地，开展相关的“三下乡”社会实践活动。适应乡村振兴需求，分别成立支教团、支农团、支医团、法制宣讲团、文艺团，深入学校定点扶贫乡镇村庄进行暑期实践活动，建立专门的社会实践基地，持续持久地坚持做下去，为乡村振兴做出更多更大的贡献。

（3）与专业实习相结合。学生的专业实习要走向基层、走向乡村，社会实践与专业实习相结合的举措能够有效地改变只有少数学生干部、有热情的学生参与实践活动的现状，

让更多的学生积极投身“三下乡”。同时又充分利用实习实践基地的资源和优势，让学生在实习的基础上结合专业知识将实践育人落实得更加有成效。“三下乡”实践活动与专业实习的有机结合，能够实现双赢，既锻炼了大学生的实践调研能力，也促进了农村基层文化、科技、卫生等方面的良性发展。

（4）与创新创业相结合。“大众创业，万众创新”，创新创业创造已经成为引领时代潮流的精神。每年的盛大赛事“挑战杯”和“创青春”是大学生展现创新创业精神的最好平台，加上互联网+创新创业大赛，以及2017年增设的“青年红色筑梦之旅”赛道。青年大学生在开展“三下乡”活动时，可以充分把农村各项实际情况与大学生专业学习、科研方向以及这些创新创业项目相结合，学以致用，开展有针对性的活动。大学生在“三下乡”期间把自己的专业知识运用于实践当中，在实践中感受自己专业知识所带来的成就感，并提高自己的专业水平。

二、从社会、学校、学生三个角度来探索如何提高大学生社会实践实效性

大学生社会实践活动是提升大学生思想政治水平和道德素养的重要手段。它对于帮助大学生认知国家、感知社会、体验民情具有重要的现实意义，使大学生的社会实践活动真正成为他们践行社会主义核心价值观和服务社会主义现代化建设的重要方式。

（1）从社会角度来看，增强社会的参与度是做好大学生社会实践工作的基础。大学生社会实践基地的建设有利于实现基地的阵地性和长期性，有利于使高校、大学生与实践单位均能收益。因此大学生社会实践基地是保障大学生社会实践活动能够顺利开展的必备因素和必要条件。高校应当根据大学生的专业特点、合作单位的性质将实践基地进行归类，本着长期合作、多方共赢的原则，最大限度地发挥现有基地的主动性并有计划有步骤地拓展新的实践基地。

加强与媒体沟通，发挥媒体的宣传作用。大学生社会实践活动的教育意义毋庸置疑，但是想让社会、高校、大学生都自觉自愿地去关注这个问题，未来的路还很长。其中，最重要的一个环节就是要“拓宽宣传思路，加大内外宣传力度”。对内宣传主要是把大学生社会实践的收获和成果在学校内部进行展示和交流，以此来扩大大学生社会实践活动的影响力，使其真正地发挥出以点带面、一人实践多人受益的效果。如组织大学生社会实践经验交流会提出合理化建议；开展大学生社会实践视频展播活动，用视频的方式直观地将实践现场的情况放映给同学们；举办大学生社会实践活动摄影大赛，展现学生们活动的精彩瞬间等。对外宣传主要是充分利用报社、杂志社、电视台、网络等外媒平台开展宣传报道，营造良好的社会实践氛围，增强实践活动的社会影响力，使社会对大学生实践给予更多关注与支持，同时激发大学生深入社会的积极性与主动性，不断提升实践的层次与水平。

（2）从高校角度看，落实高校责任是做好大学生社会实践工作的核心。大学生社会实践活动不是一个部门或者两个部门能够组织实施的，这需要增强与相关主体的团结合作，只有高校内部多个部门协同合作才能完成的工作。因此，高校必须建立指挥有方、权责明确的大学生社会实践活动领导小组，其成员要包括高校的领导、校（院）团委、学生管理工作部、教务处、组织宣传部以及财务处等部门的相关教师。这个领导小组一方面要对大学生社会实践活动前期的规划部署，中期的组织实施和后期的考核评估等工作负责；另一

方面就是形成一个可以交流的平台，使涉及的部门能在这个平台上进行有效的沟通，增加相互之间的信任，提高团队互助协作的能力，从而保障大学生社会实践活动能够顺利开展。

注重相关课程的教学改革。高校要对大学生社会实践活动引起足够的重视，用教育教学的眼光来看待它，把它看作是在当前社会背景下，由理论与实践、社会教育与学校教育相结合的可以身体力行践行社会主义核心价值观的一门特殊的课程和教学活动。所以，高校应该主动将大学生社会实践活动计划纳入人才培养方案当中，实现实践的课程化。高校可以根据大学生的专业特点，将专业认知、考察调研、生产服务等等一系列的实践活动安排为内容前后衔接合理、顺应学习规律的课程体系；在开展时间和任务进度上要与课堂教学相契合，建立健全课堂教学与社会实践教学有机结合的教学体系。

大学生社会实践课程必须要结合大学生的特点，适合大学生成长和发展的规律，秉承发展性、目的性和科学性的原则来制定和建设。从纵向上来看，大学生社会实践课程应该有机地融入大学四年的整个过程之中，应该是一个由浅入深、循序渐进的过程。一年级应以基础性的社会实践认知为主，如：外出参观等活动；二年级应以提高思想认识的实践教育为主，可以针对性地开展青年志愿者服务活动、社会性公益活动等；三年级则需要将与专业相关的教学实践、发明创造、社会考察和调研活动作为主要的活动内容；四年级是大学生即将离开大学步入社会的时期，实践内容的重点要和就业结合起来，主要开展专业的顶岗实习、挂职锻炼、创新创业等。对社会实践课程的管理也要采用学分制，按照项目的权重赋予不同的学分，对于难度高、完成困难的项目学分要高，对于难度一般、较易完成的学分低一些，但一定要和课堂教学学分相契合。在推进大学生社会实践课程化的进程中，国内的部分高校的具体措施值得我们借鉴。

（3）从学生自身角度看，提高学生自身综合素质，特别是政治思想素质，是做好大学生社会实践的重点。根据马克思主义理论，人与动物的最根本的区别在于动物不具备人所特有的主观能动性，人能够主动地去发现问题，对其进行思考分析并予以解决，使之由意识形态变成现实。大学生只有端正责任态度，提高服务意识，才能真正体现出“从群众中来，到群众中去”的意义，在此，高校要起到很好的监督和引导作用。首先，在社会实践活动开始前，通过召开社会实践动员会、社会实践培训班等方式加强对社会实践的思想教育，深化大学生爱国为民、服务基层的意识；其次，在社会实践活动过程中，要积极引导学生不怕苦、不怕累，真正做到思想在基层、感情在基层、行动在基层，避免走形式、走过场的情况出现，使其踏踏实实地为群众办好事、办实事；再次，在社会实践活动结束后，要召开社会实践交流会、座谈会，使大学生们将社会实践的经历转化为自身的精神财富，鞭策自己今后继续努力学习，不断进步。

大学生在社会实践过程中，认真处理好以下三对关系，也是有助于提高思想认识的。其一，理论与实践的关系。大学生要善于研究二者之间的联系与区别，在将自己所学的理论知识应用于实践过程中时，既要通过实践完善自身的理论知识，还要注意向广大群众学习劳动经验，实现二者之间的互补；其二，奉献与索取的关系。大学生参加社会实践的主要目的是提升自我、服务社会，所以一般大学生社会实践关键要讲的就是无私奉献的精神，而不是在经济、名声方面是否有索取、有回报。但是，有一样东西是可以索取的，那就是群众的智慧和丰富的经验，这能帮助大学生更好更快地成长；其三，个人和团队的关系。大学生要清醒地认识到，在实践过程中个人是无法离开团队的，离开了团队什么事也干不好，只有发挥集体的智慧，动员集体的力量才能完成实践任务，自己才能有所收获。

大学生自身的综合素质是影响社会实践效果好坏的一个重要因素，尤其是人际交往素质、专业文化素质更是重中之重。比如，在“三下乡”的实践活动中，大学生面对的主要群体是广大的农民朋友，他们大都文化水平较低、见识较少，这就需要大学生能够与他们进行耐心的、有效的沟通，注重交流方式，尽量减少误会的发生，以保证活动的顺利开展。当然，善于沟通其实是一个积累的过程，需要在任何时候任何情况下都引起重视。再比如，在专业性比较强的实践活动中，专业水平的高低是决定实践成败的关键因素。只有在校内的课堂与实践环节下足了功夫，才能有足够的资本参与解决专业问题，并能与实践单位的技术人员或者专业教师进行探讨，不至于一问三不知。这就要求大学生在理论课中善于钻研，在实践课中勤于动手，尽可能多地掌握理论知识和实践技能，真正达到学以致用的目的。

第二节　大学生社会实践项目化的运作机制

大学生社会实践实行项目化运作，可以对现有高校社会实践资源进行有效整合，实行系统管理，可以有效解决现有大学生社会实践活动中存在的一些问题，是大学生开展社会实践活动的一种新模式。同时，项目化能够有针对性地围绕某些具体问题开展研究，提供服务，得到服务地的认可，满足地方经济社会发展的需要，产生良好的社会影响。

一、项目的设立

社会实践项目化运作的首要环节是项目立项工作，学校充分调研、总体规划、科学论证，根据学生实际和实践的需求，按照“量体裁衣”的原则认真做好项目内容设计，使实践项目既结合学生自身实际和专业特点，又结合地方需求。在选定项目后，及时下发通知，开展项目招标工作，各学生团队根据项目招标要求，积极填写项目招标书，上报学校参加竞标。在竞标过程中，通过公开评审答辩的方式，评选出竞标团队。

二、项目的实施管理

学校实践活动领导小组非常重视对实践活动的过程管理，充分考虑实践中的实际情况，积极与实践地联系，多方面提供条件保障。制定必要的检查制度，采取有效措施，建立社会实践活动信息接收、处理、反馈机制，加强对社会实践实施过程的指导检查。结合项目申报的目标，既充分调动学生参与社会实践的积极性、主动性，充分发挥他们在社会实践过程中的能动作用，也及时掌握项目小组的实践动态，实时监控，针对实践活动实际，及时调整活动内容和目标，注重解决现实问题，产生实际效果。

三、项目的评价

项目化的实施是为了规范开展社会实践，有效评价实践效果，提高实践功能。因此，必须建立一套完整有效的评估制度。桂林理工大学建立了一个量化与模糊相结合的评价制度，采用定量和定性相结合的方法，使实践活动在评估上既有明确的量化标准，例如：时间长短、论文质量、科研成果等，同时又有模糊性的评价指标，如：社会成果、教育成果、个人知识积累等。在评价方法上采取以项目小组为单位自评、服务地测评、学校实践指导机构考评三者相结合的方式进行评价，这样不仅为项目的开展提供有效的监督机制，也能较为客观地反映实践实际效果，促进实践质量不断提高。

四、项目化取得的主要成效

（1）巩固了学生专业知识。社会实践项目化运作，更加注重实践项目内容的设计，要求实践内容要与教学相结合，要解决现实社会生活中的实际问题，重在学生专业知识的运用和专业能力的提高。因此，学生通过参与实践，检验了自己的专业知识掌握程度，进一步激发了学好专业知识的热情，运用所学解决了实际问题，进一步巩固了理论知识，提高了专业技能。

（2）提高了学生服务社会能力。社会实践项目化通过与当地经济社会发展需要相结合，通过项目化运作的选拔机制，科学地组建实践团队，能够充分发挥大学生的智力优势和学科专业特点，使学生能够运用所学的理论分析问题、解决问题，直接为经济建设服务，使潜在的生产力变为现实的生产力，加速了科技向当地需求的转化，为地方经济发展提供了技术保障，服务了社会，增强了社会责任感，提高了服务社会能力。

（3）增强了学生就业竞争力。当今社会，随着走进人才市场的大学毕业生越来越多，单位的用人标准也逐步提高，综合能力和素质已经成为用人单位选聘大学生的重要指标。桂林理工大学在开展社会实践项目化过程中，坚持以大学生能力培养为主线，依托社会实践活动平台，提高学生的适应能力和解决问题能力，提高学生的认知能力和实践动手能力，全面提升了大学生综合素质，提高了学生就业竞争力。

（4）服务了地方经济社会发展。大学生社会实践项目要求学生坚持从基层实际出发，熟练运用专业知识。科学规划、实事求是地开展实践工作，同时要求学生把理论知识和社会实践联系起来，不断创新，积极传播适用的技术，帮助基层解决生产生活中遇到的实际难题。广大学生在社会实践活动中，坚持把传播科学物质文化与提高精神文明水平紧密结合起来，为地方经济发展提供精神动力和智力支持，使社会实践成为推动地方经济建设和社会发展的重要平台。

第三节　大学生社会实践工作成效

经过30多年的探索和发展，大学生社会实践在活动内容、组织形式、制度建设等方面都取得了突出成绩。活动内容从社会调查、勤工助学、挂职锻炼扩展为“三下乡”“四进社区”、教学实践、专业实习、军政训练、社团活动、社会调查、生产劳动、志愿服务、公益活动、就业见习、创新创业实践、科技发明、勤工助学、社会宣传、抢险救灾、拥军优属、走访英模、追访校友和“红色之旅”参观考察等，尤其以文化、科技、卫生“三下乡”和科教、文体、法律、卫生“四进社区”活动为品牌项目，已经成为新形势下大学生参加社会实践的有效载体。组织形式从初期的高校单方面组织发展为现在既有高校方面组织学生参加社会实践，又有地方组织回乡大学生参加社会实践，也有高校和其他社会部门共同建立的社会实践基地，还有高校与企业予以资金扶持以及社会各界联合的大学生志愿者服务团队等形式。地方和高校本着合作共建、双向受益的原则，从地方经济社会发展的实际需求和大学生锻炼成长的需要出发，建立多种形式的社会实践基地，许多学校及其每个院系、每个专业都有相对固定的实践基地，并积极建立新的校企实习实训基地，定期评选表彰大学生社会实践示范基地和优秀基地。从制度建设方面看，大学生社会实践已经纳入高等教育的教学计划之中，也成为共青团实施大学生素质拓展计划的重要组成部分。多数高校都探索建立了社会实践与专业学习、服务社会、勤工助学、择业就业、创新创业相结合的管理体制；很多高校将社会实践纳入学校人才培养计划和教学计划，规定学时学分，对大学生参加社会实践提出时间和任务要求；将大学生社会实践作为对学校办学质量和水平评估考核的重要指标，纳入学校党的建设和教育教学评估体系。同时，一些高校把大学生社会实践与教师社会实践结合起来，组织高校干部与教师参加、指导社会实践，把干部、教师参加和指导大学生社会实践计入工作量，作为考评的重要依据，调动干部、教师参与社会实践的积极性。

第四节　当前大学生社会实践工作存在的问题

大学生社会实践是高校提升学生综合素质的一个重要环节，是高校落实“立德树人”根本任务的重要措施。但就目前的实际情况而言，大学生社会实践活动在实效性方面仍存在着许多问题与不足，主要表现在以下几个方面。

一、思想认识不够到位

高校实践育人活动经过多年的发展与完善，取得了一定成效，但是也存在着一些问题，比较突出的是思想认识不到位。在某些高校和学生中间都存在着不同程度的思想认识不到位的问题，部分高校领导和老师对“三下乡”重视不够，认识不到位，经费投入不足。个别学生也存在服务意识不强，个人素质不高的问题。这样思想认识、思想境界上的偏差，不仅影响到实践活动的顺利进行，还会损害高校的名誉，受到当地政府或单位的排斥。

在我国当前面临的新形势下，大学生社会实践活动是加强思想政治教育，提升思想政治素质的重要途径和有效载体之一。由此，如何能够将当代大学生思想政治教育同大学生社会实践有效地结合起来，就是目前高校在追求和主抓的一个关键环节。当然，高校虽一直致力于开展丰富多彩的大学生社会实践活动，也在很大程度上积累了不少经验，取得了较好成绩。但针对当前我国面临的错综复杂的国际国内形势给高等教育提出来的现实任务而言，又显示出相对的不足和缺失。与此同时，我们既有的大学生实践活动存在着诸多薄弱环节，这些都在很大程度上影响着大学生思想政治素质的提高，制约着大学生思想政治教育的实际效果，甚至不能影响到其他未参加实践的学生。这也是我们在先前进行的大学生社会实践活动中，比较容易忽视和淡化的部分。但是，必须承认的是，提升学生的思想政治素质是我们开展大学生社会实践的重要教育目的之一，是在诸多教育目标之中居于首位的基础性要素。

二、协调保障机制不够健全

近年来党和政府已充分认识到大学生社会实践在育人过程中的重要作用，不断从政策等方面加强对大学生“三下乡”社会实践活动的支持力度。但是，到了地方高校层面，还存在不少障碍，主要在于机制不健全，保障不到位等问题。首先，缺乏领导协调机制。调查发现，多数高校大学生“三下乡”都是团组织在落实。虽然团委在动员宣传、群众基础方面比一般的学校职能部门更具优势，但仅仅依靠团委是不够的，必须要有学校相关职能部门和教学单位的参加。高校团组织在“三下乡”工作中受到资金、体制、教学资源、社会环境等方面客观因素的制约，出现“心有余而力不足”的现象和多头管理的问题，缺乏统一的指导和协调。其次，缺乏激励机制。虽然文件要求把社会实践纳入学校教学计划，规定学时学分，对大学生参加社会实践提出时间和任务要求，要求高校把干部、教师参加和指导大学生社会实践计入工作量，作为考核的依据，调动干部、教师参与社会实践的积极性。但是，多数高校有关学生社会实践的制度缺失或者不完善，比如在对“两课”教师的职称评价体系中，并没有清楚地把组织大学生“三下乡”作为评审依据，干和没干一个样，在职称评比中往往是看课时量、论文数和课题多少，那些投入了较多精力组织学生课外活动和社会实践的教师往往觉得心理不平衡。

三、对被实践对象的影响尚未达到预期效果

调查发现，部分高校“三下乡”存在着哪里方便就去哪里的原则，临时性、盲目性很强，打一枪换一个地方，像一阵风来也匆匆、去也匆匆，存在着短、平、快的特点，重形式、轻内容，重宣传、轻实效，重开头、轻结尾，没有形成持续影响力，缺乏精品意识和可持续发展观念，也使得实践活动无法制定长期目标而浮于形式。大学生开展社会实践活动，最终的实践效果都应对被实践的对象产生积极的影响，对社会做出贡献。然而，就目前大部分社会实践的完成情况来看，还与预期的目标有一定的距离。因为无论是从对学生个人、学校，还是社会的层面来讲，大家都抱着“走过场”的心态，完成学校的“一种摊派任务”，所以对被实践（服务）的对象也是不够用心和走心，更谈不上对社会做出积极的贡献。即便是在后期汇总和上报材料的时候，也只是拼拼凑凑，为了完成形式化的表格表框而做一些不切实的总结，并未抱着客观真实的态度，从不同角度、不同层面、不同程度反映学生开展社会实践的实际情况和产生的效果。

四、科学评价体系相对缺乏

目前，大学生社会实践活动的考评机制尚不完善，并不能全面而有效地发挥其监督、鞭策与激励的作用。从实践学生的角度来说，虽然从中央到高校都在倡导和鼓励大学生积极参与到社会实践活动中去，但是在没有科学评价体系的前提下，大学生的实践成果不能得到有效的评价，学生的一张单位鉴定表或是一纸实践报告就算把工作完成了，往往会出现完成的好与不好一个样，踏踏实实完成的和弄虚作假完成的一个样。在这样的背景下，大学生的积极性势必会被挫伤，慢慢下去很有可能会出现没人愿意参加大学生社会实践活动的现象。从指导教师的角度来说，高校并没有把指导学生开展实践的任务强加给教师，这项工作和评优评先、职称评定等关系到切身利益的工作也不挂钩。带队下基层指导实践

所承担的责任非常重大，仅学生安全一项就要每时每刻放在心上，而且比在学校工作时间长、工作强度大、待遇还不高、工作成绩不被认可，即便是在指导社会实践活动中表现出色也只能获得个荣誉称号，物质奖励基本没有，而且这项荣誉基本和年终的综合考核没有关系。指导教师的指导工作无法得到科学的评价与肯定时，他们参与的热情也就无法被点燃。从实践单位的角度来说，社会对于大学生的实践活动的关注点还是在学生和学校，很少会关注到实践单位的。随着媒体技术的飞速发展，实践单位越来越重视自身的社会价值，这关系到一个企业、基层单位的文化建设，是实践单位的无形资产。如果将科学的评价体系建立起来，把实践单位纳入评价体系中，提高社会对实践单位的关注度，进而提升实践单位的社会知名度和美誉度，那么肯定会激发企业和基层单位的参与热情，呈现出一个多赢的局面。

造成大学生社会实践在实效性方面出现上述这些问题的原因也是多方面的，主要包含以下方面内容。

（1）参与主体缺乏理性认识。首先，大学生是社会实践活动的参与主体，其这一特定角色就决定了对社会实践需要具备理性的认识。然而现实情况是，我国大学生并没有在社会实践活动中形成较强的主体意识，参与社会实践活动的目的也不明确。调查发现，一部分学生只是为了应付学校才去参加社会实践，有的学生抱着无所谓的态度，有没有社会实践都行，有的学生眼高手低，缺乏服务意识，往往弄巧成拙，不仅解决不了问题还制造一些问题出来。在“三下乡”实践活动中暴露出的一些问题，更能清楚明了地说明大学生缺乏理性认识。比如：一些大学生抱着给自己镀金的目的去参加实践，其目的不是给当地乡亲提供服务，而是为了自己的荣誉称号、学分、就业简历的含金量去的，具体到活动本身，则鲜有人问津了。这样队伍的做法通常是重宣传，讲排场，能联系多少媒体就联系多少媒体，能造出多大的声势就造出多大的声势，拿着事先准备好的证明材料吹嘘自己的功绩，这样的做法着实令群众生厌；还有一些大学生抱着享乐的目的去参加社会实践，他们打着“三下乡”的旗号专门找经济条件好的农村享受农家乐给他提供的服务，而不是他给当地的群众提供服务；还有一些学生为了应付差事，装装样子，在农村摆个摊，发点材料，象征性地回答几个群众咨询的问题，然后就散了。以上这些现象不仅没有产生一丁点正面的效果，相反还会给活动本身以及学校带来诸多负面的影响。其次，一部分教师也没有能够正确认识大学生社会实践活动，主观思想和态度上有所偏差。有的教师认为开展实践活动非常麻烦而且效率不高，占用的精力比较多，故而对社会实践活动持有拒绝观点。虽然个别教师不情愿地参与实践活动，但是不进行事前准备，仅仅是装个样子应付检查。还有一部分教师自身素质有限，对于大学生社会实践活动在高等教育中的地位体会不深，没有理解大学生社会实践活动在高等教育中的重要作用，更谈不上实践活动的前期准备工作了。大学生社会实践活动的开展离不开指导老师的指导，在面对选派指导教师的问题上，由于带队会占用许多自己的时间，在本身教学任务也比较重的情况下，很多资格老的教师不愿意承担这样的任务。最终高校会把任务交给那些年轻的教师们，可是他们的经验有限，对大学生社会实践活动的认识也比较浅，在带队的过程中难免会有考虑不周全的地方。最后，实践单位对大学生社会实践活动的真正成效并不抱有希望，甚至毫不关心。因为大部分实践单位考虑问题的出发点都是自身的利益，而非大学生是否能得到锻炼。例如，基层单位在接待“三下乡”队伍时，通常只是希望通过这件事情，能够扩大本单位的知名度，起到一定的对外宣传作用。

（2）社会对大学生社会实践支持力度不足。大学生社会实践活动的顺利开展离不开社会各个层面的支持，这是学校联合社会力量开展的一种教育活动，它只有取得社会广泛的理解和支持才能茁壮成长。当前社会各界对于广泛地开展大学生社会实践活动的认识还存在不同程度的误区，尚未能达成共识，我们这里主要探讨三个社会层面：首先，很多教育系统内的管理人员包括相关政策的制定者，并没有深入地认识到开展大学生社会实践活动对于育人和社会发展的重要意义。虽然表面上持支持态度，但实际上存在政策不到位、评价体系不完善、财政支持有限等诸多问题。其次，学生家长也是一股重要的力量，有些家长认为学生学习的主要地方还是在学校，所谓的实践活动不过是装装样子，没什么用；有的家长认为实践活动就是吃吃喝喝，旅旅游，纯粹就是浪费时间和金钱；有的家长认为像“三下乡”这样的实践活动要到偏远农村去，存在安全隐患，孩子还得吃苦受累，态度比较消极。再次，一些政府的基层单位和企业，出于对自身利益的考虑，认为接待参加社会实践的大学生虽然搭进去很多的时间和精力，但是这些学生不能给自己带来任何的效益，而且还有可能把自己现在的工作秩序打乱，直接采取拒绝的态度；还有的单位虽然勉强答应了，但是故意冷落学生，不闻不问，让其“主动”知难而退，实践活动很难开展。

（3）高校没有充分发挥指导和组织作用。高校在大学生社会实践活动过程中扮演的是组织者和管理者的角色，涉及动员、策划、对外联系、宣传、组织、实施等方面，这些都直接关系到社会实践活动的成效。近些年，高校虽然在大学生社会实践活动中取得了一定的成绩，但是作用发挥的并不充分，表现在：首先，片面地认为大学生社会实践活动仅仅是思想政治课堂教育的延伸，反而忽略了其提高学生综合素质和技能的目的。在这种片面观点的指引下，活动形式受到了限制，甚至有些高校把社会实践变成了在理想环境下对少数学生的思想教育。还有的高校不重视学生的公益活动、对外技术支持服务、社会服务等活动，甚至把学生考试不及格归因于此，严重影响了大学生参与社会实践的热情，限制了大学生综合素质和技能的提高。其次，高校对大学生社会实践活动的财政支持有限，很难满足活动的开展。目前，我国教育经费比较紧张，各高校在进行经费分配时更倾向于关系到学校发展的大事上，能够提供给大学生社会实践活动的经费更是有限，保障也就不足。再次，高校没有培养足够数量的指导教师。高校往往重视教师的科研和教学，并以此作为对教师的衡量和评价标准。在这样的现实环境中，教师们一定会把大部分时间放在科研和教学上，认为业务外的指导大学生社会实践活动与自身的发展关联不大，所以根本无暇顾及。另外，大部分高校存在大学生社会实践形式雷同的情况，这说明实践内容单一，模式缺乏创新，组织者没能充分考虑时代的发展与学生个性的变化。大学生社会实践活动开展了有三十余年的时间，从校园内的科技文化实践活动、专业课题实践活动到校园外的“三下乡”实践活动、志愿者实践活动，都已经形成了较为固化的活动模式。新一届的大学生在开展实践活动时，无论是时间、地点还是流程、内容方面基本上都是沿用了以往的做法。这样一来，虽说效率提高了，风险变小了，但是组织者和大学生的思维也变得懒惰了，创新的动力没有了。很多高校在关于大学生社会实践活动总结报告中的内容都差不多，不一样的只是在量的方面。如此年复一年，都在旧的模式中重复，很难实现质的飞跃。

（4）大学生自身准备不足。大学生作为社会实践活动的最主要参与者，其表现直接关系到实践效果的好坏。许多大学生还没有意识到这是一个接触社会，了解社会，提升自我的机会。有的学生过分追求物质享受，怕脏、怕累、怕苦；有的学生看重的是功利，只有那些能给自己带来利益的活动才去参加；有的学生不愿和别人交流沟通；有的学生认为提升自己的综合素质还得在大学内部。这说明现在伴随着国家快速发展成长起来的大学生们，从小生活环境优越，在父母的溺爱和社会的表扬下成长，造成其自我意识严重，缺乏谦逊、诚信、与人合作的精神，缺乏吃苦耐劳的意志品质，缺乏社会责任感。所以，在这种观念的影响下很难在实践活动中有所建树。

第五节 有关院校社会实践经验

一、北京大学坚持价值引领和学术导向强化实践育人效果

北京大学进一步明确实践育人的指导理念和基本思路，突出“价值引领”和“学术导向”，长期坚持“三实”和“三专”的做法和举措，每年组织300余支大学生团队开展社会实践和志愿服务，不断丰富培育和践行社会主义核心价值观的实践载体，使学生健康成长成才有了坚实的实践平台。

突出“价值引领”，重在抓牢三个“实”。一是年度主题“实”，与时俱进、弘扬主旋律。2014年的主题是“勤学明辨求真知，修德笃实建功业”，谋划设计了“红色之旅”“改革之路”“基层之声”“创新之源”和“志愿之歌”等5个系列主题实践活动。二是实践选题“实”，贴近实际、倡导下基层。鼓励学生依据专业兴趣自主挖掘选题，同时依托长期设立的实践基地主动发布选题。实践团选题立足一事一地，遵循把小问题做深做透的原则，学生带着研究选题走向改革前沿阵地、基层偏远山村或高原牧场。三是价值塑造“实”，注重体验、树立大志向。实践团与当地百姓同吃同住同劳动，在体验民情中加深对现实社会环境的认识，增强社会责任感和成才报国热情。2014年暑期，北京大学社会实践团13名同学深入内蒙古、广西基层一线实践体验、调查研究，联系实际、学以致用、关注民生，研究撰写了调研报告，设计了区域医疗信息平台的需求框架和技术路径，向国家提出政策建议。

突出学术导向，重在体现三个“专”。一是学术支持“专”，专业教师和研究机构倾心指导。邀请专家开展“社会调查方法”类前期培训，探索出与专业研究机构长期合作、以重大研究项目为依托的实践模式。参加“中国健康与养老追踪调查”项目的学生访谈员走进全国150个县级单位、450个村入户访谈，收集了1.7万中老年人的微观数据，深入体察乡情民情。二是团队组建“专”，本研结合和学科交叉常态化。充分发挥高年级带低年级、研究生带本科生的传帮带作用，让学科背景各异的学生在交流中开阔专业视野、在碰撞中探索实践新知。三是实践成果“专”，学科优势和专业特长充分体现。学校始终倡导学以致用、知行合一，鼓励学生运用专业知识研究实践问题，在研究实践问题中促进专业学习。例如，参加青海实践团的环境科学专业学生在青藏高原上观测草场生物多样性、高度和盖度，研究草原牧区草场流转对草原生态和牧民生计的影响，形成了高水平研究报告。(本案例引自教育部网站刊文)

二、西北农林科技大学立足学科统筹资源，创新推动实践育人

西北农林科技大学以习近平新时代中国特色社会主义思想为指引，认真贯彻党的十九

大和全国高校思想政治工作会议精神，积极落实《高校思想政治工作质量提升工程实施纲要》要求，把“育人”作为开展社会实践的出发点和落脚点，坚持以“受教育、长才干、做贡献”为宗旨，以项目带动和品牌建设为牵引，依托学科优势，统筹实践资源，为青年学生成长成才搭建实践舞台。

高举旗帜，坚持主线贯穿。一是聚焦新时代。围绕党的十九大提出的“实施乡村振兴战略”“打赢脱贫攻坚战”“建设美丽中国”等主题，组织“千村万户脱贫攻坚大调研”“新丝路经济带寻访”“城市学子到农村、农村学子进城市”“聚青春力量助脱贫攻坚”等调研考察、服务体验活动，引导学生了解新时代国情民情社情，培养大学生社会责任和使命担当。2018 年寒假，组织 15000 余名大学生赴陕西、甘肃、河南等 20 多个省（区、市），深入城市社区、农村基层、企业机关开展习近平新时代中国特色社会主义思想和十九大精神宣讲、乡村振兴战略调研、科技支农帮扶、美丽中国实践等新时代社会实践活动。二是把握新要求。按照“培养担当民族复兴大任的时代新人”要求，创新人才培养机制，结合“第二课堂成绩单”的实施，将“三下乡”作为思想政治理论课实践教学的扩充，选聘 40 名思想政治课教师担任指导老师，侧重大学生正确“三观”的养成，将加强实践育人理念贯穿到人才培养机制改革之中。

立足学科，坚持项目带动。一是加强项目设计。充分发挥学校农科教、产学研紧密结合的特色和优势，围绕国家农业现代化、“一带一路”和脱贫攻坚，及时做出顶层设计。连续利用 4 个寒暑期组织“千村万户”脱贫攻坚大调研活动，组织 2000 余名师生深入全国 23 个省（市）800 个乡镇，对 8000 多农户进行专题调研，所撰写的调研报告得到国务院扶贫办高度认可。围绕陕西省实施的“山川秀美”工程，组织水保学科学生连续 15 年对渭河、延河进行全流域科研观测考察实践，累计形成考察报告 40 篇、考察文集 15 部，向陕西省政协专题汇报考察成果，为流域治理提供决策参考。二是强化项目管理。成立大学生社会实践指导委员会，除校内专家教授外，吸纳地方政府、专业合作社和龙头企业负责人参与社会实践方案设计、项目立项评审等工作。将社会实践纳入实践教学环节，赋予 2 个学分。在全国 20 个省（市）建立社会实践基地 300 余个。构建“三下乡”社会实践成果共享机制，公开发表调研论文近百篇，孵化出学术科技作品和创业项目 20 余项。三是打造品牌项目。坚持精品意识，对认准的确有成效和社会意义的实践活动，给予长期关注和重点支持。连续 12 年组织实施“秦岭青年使者”活动，在秦岭大熊猫栖息地开展科技支农、生态保护和义务支教活动，吸引了国（境）内知名高校 1600 余名大学生积极参与。“浓情蜜意”实践团队以“公益项目接力”的形式，连续 7 年坚持深入秦岭山区周至县红旗村，邀请专家为村民讲授中蜂养殖技术，并成立创业团队帮助村民销售，村民人均收入从不到 3000 元一跃突破 10000 元，大批劳动力返乡，地方经济焕发新的生命力，一举摘掉了穷帽子，并形成了在秦岭山区可复制、可推广的公益扶贫模式，该项目获第四届中国青年志愿服务公益创业大赛金奖。

统筹资源，坚持协同配合。一是强化校内协同。在校党委的统一部署下，由校团委牵头，宣传部、教务处、学工部、研工部和各学院在项目设计、活动组织、经费保障等方面密切配合，形成“大实践”育人格局。二是加强校际协同。与全国 43 所农业高校联合开展“稼穑之路——农科学子助力精准扶贫”主题实践。发起成立“全国农林院校大学生服务乡村振兴战略联盟”，创新实施新时代社会实践精品项目。三是推进校企协同。与正大集团、新希望集团、张裕葡萄酒公司等知名企业签约共建社会实践基地，每年假期选派800余名学生进行顶岗实践、就业见习，为青年学生搭建实践舞台。四是促进校地协同。与地方政府搭建“校地协同合作”模式，积极打造“田园使者”“志愿者进社区”“青春驿站”“农村幸福院”等实践育人共同体品牌。（本案例引自教育部官网刊文）

三、青春心向党建功新时代——桂林理工大学2019年暑期“三下乡”社会实践活动总结

为深入学习宣传贯彻习近平新时代中国特色社会主义思想和党的十九大精神，深入贯彻落实习近平总书记对广西工作的重要指示精神，引领教育广大青年学生在切实感受新中国成立70年以来取得的巨大成就中增强“四个意识”、坚定“四个自信”、做到“两个维护”，根据《关于开展2019年广西大中专学生志愿者暑期文化科技卫生“三下乡”社会实践活动的通知》（桂青联发〔2019〕13号）精神，2019年暑假，桂林理工大学继续深入实施实践育人“百千万”工程，组织实施了“桂工万名学子看广西”社会实践项目、“桂工千名学子看中国”社会实践项目和“桂工百名学子看世界”海外学习项目，动员万余名师生，组织了100余支实践团队，采取集中与分散相结合的方式，奔赴国内外政府部门、高校、企业、社区，尤其是革命老区、贫困地区、少数民族聚居地区和建设新时代文明实践中心试点地区的乡村开展社会实践和就业创业见习活动，在加强志愿服务中增强责任感和使命感，在社会实践中受教育、长才干、做贡献，以实际行动投身打赢脱贫攻坚战，投身乡村振兴战略实施，为决胜全面建成小康社会、夺取新时代中国特色社会主义伟大胜利汇聚磅礴青春力量。现将活动情况总结如下：

（1）科学谋划统筹推进，强化实践育人效果，建立工作长效机制。一是学校领导高度重视，学校领导多次要求各级团组织认真落实团中央、教育厅以及团区委的文件精神，加强引导，突出重点，认真组织开展好社会实践活动，并会同教务处等有关部门敦促大学生社会实践“百千万”工程的推进落实；二是校团委多次召开专题会议研讨，严格按照“目标精准化、工作系统化、实施项目化、传播立体化”和“按需设项、据项组团、双向收益”的工作原则组织各学院讨论制定社会实践指导方案，结合工作实际，在广泛动员基础上，以“学生申报、学院整合、学校统筹”为原则，从“校、院、团支部”的三级层面出发，组建社会实践团队，做到覆盖全部团支部。2019年，共评选出了45支校级重点团队，学校为每个实践团队划拨实践活动专项经费，同时制定相关预案，为社会实践活动的开展提供了有力保障；三是做好学校社会实践制度建设，将社会实践纳入第二课堂成绩单建设的必修课程，加强社会实践与第一课堂的有效衔接，专业化推进，分类化引导，将参加社会实践情况作为综合素质测评的重要评价标准，要求学生在校期间必须修满社会实践课程学分方可毕业。

（2）实践育人“百千万”，拓宽实践育人渠道，实践覆盖不断扩大。学校依托共青团“4+3”青春成长工程的深入实施，启动了大学生实践育人“百千万”工程，该工程启动四年来共有近万名学子受益，项目成员足迹遍布祖国各地。

一是开展“桂工万名学子看广西”社会实践项目，按照上级有关要求，学校组织近万名学生利用暑期返乡期间，以集中实践和分散实习的形式，实施了“理论普及宣讲活动”“历史成就观察活动”“科技支农帮扶活动”“教育关爱服务活动”“美丽广西实践活动”等以服务地方经济社会发展、促进青年学生成长成才为主线的文化、科技、卫生“三下

乡”主题实践活动和就业创业见习活动，活动覆盖了全区各个地市，受益人群达万余人次，如图 2-1 和图 2-2 所示。为响应《共青团广西区委关于开展 2019 年广西大中专学生志愿者暑期文化科技卫生“三下乡”社会实践活动的通知》（桂青联发〔2019〕13 号）的号召，学校领导对即将踏上征程的同学们传达了党委的关怀与问候，并对同学们提出以下要求：一是坚定理想信念，彰显使命担当。希望参与社会实践的同学们要珍惜机会、开阔视野、努力学习。二是磨砺意志品质，练就过硬本领。希望参与社会实践的同学们在社会大课堂、生活大熔炉中锤炼品格、锻造能力。三是严守活动纪律，展现桂工风采。希望参与社会实践的同学们在实践中展现出良好的精神风貌。同时，要求组织开展社会实践活动的各有关单位要精心组织、严格管理、确保时效。

图 2-1　“三下乡”社会实践启动仪式（图片供稿：周国桥）

图 2-2　在龙胜县设立“三下乡”实践基地（图片供稿：周国桥）

二是开展“桂工千名学子看中国”社会实践项目，积极根据团中央专项行动有关要求，组织 18 支全国重点、团中央专项重点团队和自治区重点团队，22 支校级重点团队在国内 10 余个省（市）的国家科技园、知名企业、知名高校等开展青年大学生创新创业能力提升专项活动。2019 年学校已有 4 个团队参与到教育部、团中央“推普脱贫攻坚”“井冈情·中国梦”“乡村稼穑情·振兴中国梦”“村土地利用规划编制志愿服务”等全国大学生暑期社会实践专项行动中，如图 2–3 所示。

图 2–3　环境专业学生深入农村环保调研（图片供稿：周国桥）

三是开展“桂工百名学子看世界”学习项目，为响应国家“一带一路”发展倡议，我校选派并资助 200 余名品学兼优的大学生，赴俄罗斯、德国、法国等多个国家知名大学进行为期 3~5 周的专业文化和能力培养体验式课程学习，拓展学生国际化视野和丰富学生海外学习经历，引导广大学子正确认识世界和中国发展大势、正确认识中国特色和国际比较、正确认识时代责任和历史使命、正确认识远大抱负和脚踏实地，培养具有国际视野和国际胸怀的新时代大学生。

（3）聚焦专项打造特色，强化服务提升意识，助力振兴脱贫攻坚。学校紧紧围绕“青春心向党，建功新时代”主题，聚焦学习宣传习近平新时代中国特色社会主义思想、投身打赢脱贫攻坚战、投身乡村振兴战略实施，结合学校“百千万”实践育人工程，重点组织开展四大系列专项计划。围绕自治区扶贫攻坚大局，组织专项团队开展“投身脱贫攻坚”专项计划，组建“推普脱贫攻坚”专项理论普及宣讲、“扶贫一线体验行”扶贫实践计划、“微尘·扬梦”关爱瑶寨留守儿童志愿扶贫接力计划、灌阳精品旅游线路规划“大学生助农服务”等实践团深入贫困地区，将学校的智力、技术和项目资源辐射到自治区内农村地区及革命老区（主要以学校扶贫对接点灌阳县为主），项目推广落地，对接好革命老区及我校驻村“第一书记”服务地经济社会文化发展需求，围绕推普攻坚、文化兴农、科技支农、旅游兴农、电商兴农、教育兴农等助农兴农、扶贫脱贫活动，推动当地经济建设、乡村振兴战略、精准扶贫脱贫及传承红色基因相结合，引导青年学生走进革命老区、贫困地区，接受思想洗礼、学习革命精神、传承红色基因，助力脱贫攻坚战。

（4）突“小我融大我”成效，显“青春献祖国”情怀，坚定“四个自信”认同。为进一步强化社会实践育人效果，学校在社会实践结束后及时总结，提炼成果，共收到各项目组实践论文 400 余篇，分散实践项目论文、调研报告 2500 余篇。同时，积极申报寻找第五届寻找百强社会实践团队、社会实践“千校千项”成果遴选宣传活动、“镜头中的三下乡”评选活动。同时，组织二级学院团委面向学院层面开展“三下乡”社会实践活动成果汇报暨经验交流会，宣传好、总结好暑期“三下乡”。在社会实践中，学校还高度重视新闻宣传工作，及时跟进访谈社会实践团队，深入基层采写社会实践纪实，拍摄珍贵图片，加大我校社会实践活动新闻宣传力度，如图 2-4 和图 2-5 所示。中国青年网、中国教育网、桂视网等新闻媒体纷纷发布转载我校社会实践新闻，学校还依托校园网、桂工青年微信公众平台对 2019 年社会实践活动进行了全程宣传，发布新闻 100 余篇，产生了良好的社会反响和效果。截止到 2019 年 9 月 23 日，中青网校园、三下乡官网累计报道我校社会实践动态 191 篇。

图 2-4　学生到企、事业单位就业创业见习（图片供稿：周国桥）

图 2-5　旅游专业师生开展乡村旅游调研（图片供稿：周国桥）

第三章 社会实践基础技能

社会实践是人类能动地改造自然和社会的全部活动。高校大学生社会实践是对大学生进行的认识世界和改造世界的实践活动，是在校大学生利用课余时间，步入社会进行社会接触，提高个人能力，触发创作灵感，完成课题研究，发挥自己的聪明才智以求和社会有更大的接触，对社会做出贡献的活动。用在大学学习到的理论知识进行社会实践活动是每个大学生必须要上的一门课程。大学生社会实践是理论联系实际的过程，是学期与假期、校内与校外、课内与课外、专业内与专业外相结合的过程，是大学生运用自己所学知识和特长了解社会、服务社会、奉献社会；同时增长知识，提高能力、全面发展的活动过程；也是大学生走向社会，深入基层，为社会服务，直接感受社会生活，进行以社会理想和职业理想教育、劳动技能训练、科学素质培养为主要内容的课外教育活动。那么，为了更好地达到社会实践的目的，高校大学生在社会实践过程中应具备一些基本技能。

第一节 社会实践基础技能内涵及要求

对于大学生而言，技能无处不在地存在于学习、工作、生活的方方面面。正如威尔士诗人乔赫伯特说的那样："除了吃食以外任何事情都需要技能。"一般认为，技能是指运用知识和经验执行一定活动的能力，是行为和认知活动的结合。从对技能的界定上，我们可以看到一组关系，即知识、技能和能力。所以，我们在掌握社会实践技能之前，先来对比地了解一下知识、技能和能力的关系。

一、知识、技能和能力的关系

（1）关于知识。知识是很容易理解的概念，知识是人类从各个途径中获得的，经过提升总结与凝练的对客观世界的系统认识。柏拉图认为："一条陈述能称得上是知识必须满足三个条件，它一定是被验证过的，正确的，而且被人们相信的。"相对来说，知识是最容易获得的，尤其是互联网的发展，我们要想获得某一方面的知识，只需轻点一下鼠标就能办到。

（2）关于技能。技能是通过一定的方式后天习得的，技能和知识是密不可分的。学习技能最大的特点就是要到实践中去练习，如果用学习知识的方法来学习技能，效果一定不会好。因为技能更多是一种操作能力，是对知识的一种运用能力，其完全可以通过不断的练习来提高，"熟能生巧"一般说的就是技能。可见，虽然掌握技能比知识要难一些，但普通人只需要一定的时间和重复的练习，都可以达到较高的水平。我们在日常生活和工作中，使用最多的就是技能，我们大多数人也正是因具备某项技能并依靠技能在这个社会上立足的。

（3）关于能力。心理学对能力的解释是顺利、有效地完成某种活动所必须具备的心理条件。现代汉语词典对能力的解释是：完成一项目标或者任务所体现出来的素质。关于能力的解释，心理学家也有过很多研究，提出过很多理论。美国著名的组织行为研究者大卫·麦克利兰提出了"能力素质"理论。他认为一个人的能力素质好像一座冰山，水面以上的部分是知识和技能，属于智力素质；水面以下是价值观、自我概念、动机、人格特质，属于非智力素质部分。可见，能力实际上是一个人的综合素质，不但包括智力因素，也包括非智力因素。从某种程度上来说，一个人的非智力因素在能力中所占的比重会更大，当然，非智力因素和智力因素是相辅相成的关系，一个有着优秀的非智力素质的人，他的智力素质自然也不会很差。

（4）三者关系。通过以上比较可以看到，知识、技能和能力不是并列关系，而是你中有我、我中有你的关系。知识和技能是能力的基础，也是能力的一部分，能力反过来会促进知识的学习和技能的提高。知识是不能迁移的，每一门学科都有其专门的知识体系，我们平常所说的隔行如隔山就是这个意思。技能在相近的领域是可以迁移的，但绝大多数技能之间也是无法迁移的。你学会了骑自行车，对学习骑电动车会有帮助，这就是迁移的作用。但会骑自行车对学习开汽车就没有帮助，对学习厨师更没有帮助。能力的很多部分是可以迁移的，这是能力最大的特点，这也是上大学以后要更重视能力培养的原因，能力强的人做任何工作都可以很快适应。所以，作为新时代大学生，我们要清楚地认识到：大学的学习是一个载体，是通过学习专业知识这个载体来提高各项技能，培养各种能力，促使自己成为一个德智体美劳全面发展的社会主义建设者和接班人。

二、社会实践基础技能的内涵和要求

通过以上分析，可以得出：社会实践技能是一种社会实践能力的基础，是社会实践能力的重要组成，是一种综合能力。社会实践技能是指个人在运用知识和经验执行一定社会实践的活动；是解决社会实践问题的能力；是社会实践行为和社会实践认知活动的结合；是个体对社会环境的适应能力、与他人交往和协调的能力、调控和改变社会成员之间关系的能力，以及有效从事各种社会活动的能力之总和。社会实践技能主要分为社会化语言技能（表达、交流、沟通）、社会化行为技能（组织、协调、合作）、社会化思维技能（观察、适变、创新）。这些技能大都属于非智力因素，完全可以而且也一定是在具体的实践中才能得到锻炼和提升。大学生社会实践技能的基本构成包含知识积累和更新、知识应用、知识创新、社会认知、自我认知等五个要素，这五个要素相互影响，相互支撑，共同作用于社会实践这一载体上，共同影响社会实践活动成效。所以，我们只有充分了解其内涵，才能更好地指导我们的实践活动。

（1）知识的更新和积累是社会实践技能的前提条件。当今社会是信息爆炸社会，各种信息充斥着整个社会，信息更新较快，大学生为了较好进行社会实践，需要不断对知识进行更新。知识过于陈旧，无法进行有效实践，不能较好完成各类任务。前期的知识不是没有用处，只是需要在前期知识条件下，快速更新知识，才能应对各类任务，才能有效完成任务。这就要求大学生在完成各类任务过程中，要注意经验积累，将经验转化为完成后期任务的知识。课堂上的学习只是汲取知识的其中一条路径，它是认识社会的基本前提。个体为了将来更加快速完成类似任务，需要在前期完成任务时，注意经验的积累、知识的积累，从而更加有效、精准地完成各类任务。此技能在当前社会背景下，尤为重要。

（2）知识的应用是社会实践技能的关键环节。社会实践是运用各种知识解决问题的过程，知识应用是决定这一过程成败的重要因素。没有完整的知识结构，即使有了知识不知如何运用，都将致使一项任务不能有效完成。因此，知识的应用占据着社会实践能力体系的重要地位。一项任务的完成，分为认识问题、分析问题、解决问题三个阶段，在此三个阶段中，大学生的知识结构、知识应用都起到重要作用。大学生在接受高等教育过程中，通识类课程、专业类课程的学习较为充分，有了比较完整的知识结构，学校理论教学体系较为完善。但是，通过社会实践体系培养的学生，缺乏将知识转化为实践的能力，不能帮助学生有效解决问题。因此，为了使学生具备知识运用能力，需要强化知行合一，在保证大学生具备知识素养的前提下，强化知识运用技能。

（3）知识创新是社会实践的核心内容。我们在社会实践活动过程中，需要不断对思想、观点、技术、方法等进行创新，才能发挥大学生智力优势和知识资源，实现社会实践的核心价值。因此，大学生在学习阶段要加强知识创新技能的培养。在学习知识过程中，可以不断探索新方法解决同一个问题，发扬团队协作精神，鼓励学生多角度思考，不断提出新的解决办法；在开展实践过程中，工作形式不要过于陈旧，应该与时俱进，解放思想，开拓思维，不断寻求新思路，凝练工作亮点；在科技创新等实践过程中，积极挖掘与众不同的方法，形成自有特色。加强知识创新能力培养，能够较好提升社会实践能力。

（4）社会认知是社会实践技能的重要途径。社会认知能力是个体参与社会生活的必备能力。人们在社会实践探索过程中，其行为会受人文环境、自然环境、生活环境等社会环境的影响，并在社会环境中，逐渐形成个人的行为准则和行为方式。只有个人的自我价值观、世界观、人生观要不断与社会相呼应，才能较好地实现个人目标。在自我学习阶段，除了课本知识的学习，还要加强社会认知；在自我学习阶段，除了课本知识的学习，还要加强社会认知，待毕业后才能较好适应社会，更好地开展工作。所以，社会认知是我们开展社会实践的重要途径，只有将学校教育与社会认知相结合，才能正确认识现实社会，才能正确处理理想与现实之间的问题。

（5）自我认知是社会实践技能的基本保障。古语云：自知者明，知人者智。自我认知，就是人在社会实践中，对自己的生理、心理、社会活动以及对自己与周围事物的关系进行认知。引导大学生开展社会实践活动，不可忽视的一步就是对自我的认知。一个人的性格、兴趣、价值观、能力、心理素质以及对世界、对人生的看法，很多都是来源于人的生活经历和实践。所以，我们在进行外部世界的探索之前，要首先学习和了解自己的内心世界，一方面可以了解自己的性格，价值观，对于人生与世界的看法是怎样一步步形成的；另一方面就是通过分析过去，为未来的发展提供参考意见。根据自身情况进行自我定位，设定目标，明确地了解自己喜欢什么，热爱什么，想干什么，能干什么，才能思考下一步怎么干并且怎么干好的问题。所以我们说，开展社会实践活动的基本保障，是我们的个人价值要与社会评价、社会价值相统一，要有健康的身体、良好的心态、清晰的自我认知作为基本保障才能进行充满未知与挑战的社会实践行为。

第二节 社会实践的组织与方案撰写

大学生社会实践是高等学校实现教育目标的重要途径，是高校学生深入社会、参与具体的生产劳动和社会生活，了解社会、增长知识技能、养成正确的社会意识和人生观的主要形式，组织大学生参加社会实践是高等学校教育活动的一个重要环节。它与课堂教学相辅相成，共同完成高校人才培养任务，实现学生全面发展的目标。然而，当前高校社会实践活动的组织和实施并不十分完善，其作用和效果由于各种因素，未能得到充分的展现，活动方案缺乏科学性、系统性和规范性，实践成效缺乏成果性评价，使得社会实践活动浮于表面，学生实践能力得不到应有的提升。因此，学习和掌握社会实践的组织与方案撰写，学习实践活动计划的制定，实践活动的组织、总结和验收，对于提升大学生社会实践成效有至关重要的作用。

一、社会实践的组织形式

大学生社会实践组织形式多种多样，一般来讲，主要形式分为个人实践、项目组团、科技成果转化和社会实践基地建设等多种组织方式。根据大学生不同阶段的特征，采取不同的项目与载体进行社会实践，从而达到因材施教的目标。

（1）个人参与。灵活性、针对性强，主要通过学生自己的社会关系，联系企事业单位，开展一周时间以上的实践活动，由单位部门出具实践内容以及实践期间的表现等证明。但这种实践方式，多流于形式，且人身安全等得不到保障，得到的锻炼范围较窄。

（2）集中组织。组建团队是大学生实践的主要方式，针对不同的参与层面、不同的实践内容，组织社会实践团队，在团队内部成立组织机构，比如外联、宣传报道、安全负责等。分工明确，做到人人有事做，事事有人做，可锻炼大学生的组织协调能力和团队合作能力。

（3）校企融合。高校二级学院层面建立创新创业基地或科技孵化中心，将部分专业教师科研成果、学生创新成果得以实际运用，充分发挥合作企业和政府部门资源，吸引部分优秀高年级学生到企业、乡镇相关事业单位，开展成果推广应用宣传、售后服务等活动。

（4）基地建设。积极与城市社区、农村乡镇、爱国主义教育基地，企事业单位、社会服务机构等联系，建立长期合作、共同发展、双方共同受益的社会实践基地。结合实践基地的特点，以大学生的锻炼成长为出发点，开展教学实践、志愿服务、公益活动、生产劳动等类型活动。在各个基地之间，可以将资源充分共享利用。

二、社会实践方案撰写的重要意义

社会实践活动是大学生培养的重要方式，在他们成长为合格的社会主义接班人的过程中具有不可替代的作用。那么，我们应如何指导大学生更好地开展暑期社会实践活动呢？要使他们永葆热情、开拓进取、薪火相传、不断创新，我们应注重对实践活动方案的指导和论证，使大学生认识到社会实践策划在整个社会实践中的重要作用，形成理论联系实际的观念，帮助他们完成具有时代意义和可行性的实践策划。

社会实践方案的撰写是社会实践中的一个重要环节，是对社会实践目标、内容和方法的统一，强化社会实践策划活动，可以将对社会实践活动的指导提前，帮助学生更好地完成社会实践活动。

（1）社会实践方案撰写在社会实践活动中具有承上启下作用。社会实践方案是理论知识与实践活动的结合点，在整个社会实践中起到承上启下的作用；是大学生形成理论联系实际观念的重要方法。社会实践方案对实现大学生全面发展具有重要作用。社会实践方案不同于实践活动计划，计划是为达成具体目标所制定的实施步骤与方法；而方案则是针对所要实现的目标，根据实际情况，确定实施的内容和方法，包括目标、内容和方法，是目标与内容的统一、内容与方法的统一、理论知识与实践实际情况的统一。在方案中，我们所注重的不仅包括步骤和方法，还包括目标与内容本身，即通过实施社会实践的内容是否能够帮助大学生树立正确的人生观、世界观和价值观；是否能够帮助大学生将理论知识运用到具体的实践中。在实践中运用理论知识分析问题解决问题，并提高大学生理论研究的热情和主动性。我们可以通过鼓励和支持关注社会热点、反映时代精神的社会实践活动，引导大学生用科学的方法客观地、全面地收集和整理反映某一问题的资料，正确运用理论知识对相关问题进行分析，克服片面性和盲目性，使大学生通过社会实践正确理解现实中存在的问题，感受祖国改革和发展成果。使他们逐渐形成“追求真理，锐意进取、具有为真理献身的精神，顺应历史发展潮流，敢于冲破落后的、陈腐的观念。不断有所发现，有所发明，有所创造，有所前进，具有批评与自我批评的精神，坚持真理，修正错误，在改造客观世界的同时自觉改造主观世界”的时代品质，理解“纸上得来终觉浅，绝知此事要躬行”的学习方法。

（2）社会实践方案在社会实践活动中起到全程指导作用。社会实践可以分为发起、实施、总结和宣传四个阶段，而方案则是发起的重要内容、实施的主要依据和总结的衡量标准。发起阶段是社会实践的准备，确定社会实践的组织机构、内容、人员及其他相关因素。在这个阶段，应当根据社会实践要实现的目标和具体要求，确定能够实现或反映目标和要求的社会实践内容，如把暑期“三下乡”社会实践活动的要求和“青春献祖国、和谐促发展”的实践活动主题具体为到农村、社区开展法律宣讲活动、社会调查活动等。离开了方案策划，社会实践的目标、要求和主题，只能以观念的形式存在而无法实施。社会实践的实施，即由大学生个体或团队参与社会、融入社会，实施宣传、调查、支教活动，实现学用一致、理论联系实际的目标。在这个阶段，策划的作用体现为社会实践的依据，即依照策划的具体步骤、方法，结合实践的要求、主题开展活动；否则，将会使实践活动变得盲目和杂乱无章，无法实现社会实践的既定要求。在总结和宣传阶段，策划表现为衡量实践活动完成情况的标准，即实践活动是否根据策划完成实践活动的各项指标；实践活动是否实现了策划的目标、要求。对于顺利完成实践活动任务，实现实践活动目标和要求的应当及时总结经验，宣传实践成果；对于未能完成策划目标、要求和任务的，应当引导大学生寻找原因、认真总结、吸取教训。

（3）社会实践方案在社会实践过程中发挥价值引领作用。社会实践的形式、方法多种多样，不一而足，方案作为社会实践的一个组成部分有一定规律可循。做好社会实践策划活动，应注意以下两个环节：首先，社会实践方案应当尽量做到全面，具有一定现实意义。当我们考察整个物质世界时，“首先呈现在我们眼前的是一幅由种种联系和相互作用无穷无尽地交织起来的画面”。唯物辩证法认为：世界上没有孤立存在的事物。大学生由于其特殊的生活经历，对事物的看法往往是片面的、不全面的，理想主义比较浓厚，有时还会形成一些比较极端的看法，忽视了社会现实的多样性、复杂性和广泛联系性。因此，在制作社会实践方案时，我们应指导学生客观地、全面地看待问题，用全面的、发展的和普遍联系的眼光审视世界，从正反两个方面，多层次、多角度地收集材料，形成相对全面的认识；切忌仅根据片面的经历或理论，在社会实践完成之前和缺乏调查研究的情况下即形成对某一问题的观点。其次，社会实践方案还具有一定的现实意义，即我们策划的社会实践活动要贴近生活、贴近群众，使我们的社会实践活动符合群众和社会的需求。大学生不仅要在社会实践中学知识、长才干，还要通过社会实践在农村、社区做出自己应有的贡献。因此，缺乏现实意义的社会实践会成为无源之水，无本之木，从而丧失社会需求。社会实践方案要在现实中得以执行，还必须具有可行性。可行性是方案得以执行的基础，也是大学生比较容易忽视的问题。综上所述，社会实践方案是社会实践中的一个重要环节，是对社会实践目标、内容和方法的统一，强化社会实践策划活动，可以将对社会实践活动的指导提前，帮助学生更好地完成社会实践活动。

第三节 社会调查方法与报告撰写

社会调查是人们认识社会、改造社会的重要方法，是社会工作者必须具备的一种基本能力。在发展迅速的现代社会，社会调查方法的学习和运用显得尤为重要。长期以来，适合于中等职业教育社会调查方法教学的教材不多。在接受了这本教材编写任务之后，如何使教材更适用于中专教学这一问题始终萦绕于我们心中。在本教材的编写过程中，我们力求使教材更具有针对性、操作性和实践性。本教材行文深入浅出，理论联系实际，既注意理论的高度，更突出操作，注重实践。

一、社会调查方法种类及特点

（一）文献调查法

文献调查法是根据一定的调查目的而进行的搜集和分析文献资料的方法。文献调查法要求其内容有针对性、数量上要充足、形式上要多样、时序上要连续、重视原始资料、摘取情报要求新、对文献进行必要的鉴别等。文献资料的收集方法一般分为两种：一种是检索工具查找法，检索工具分为手工检索工具、机读检索工具，方法有顺查法、倒查法；另一种为参考文献查找法，也称为追溯查找法，最好二者结合起来查找。每一种调查方法都有优点和缺点，文献调查法的优点为超越时空条件限制；真实性、准确性高，比较可靠；实施方便；效率高、花费少。其缺点是结果缺乏直接性、存在局限性、滞后性和不完全性，对调查者的素质要求高。

（二）实地观察法

实地观察法是指调查者带有明确目的，凭借自己的感觉器官及其辅助工具，直接从社会生活的现场收集资料的研究方法，是搜集社会初级信息或原始资料的方法。观察法应注意客观性、全面性、深入性、持久性、遵守法律和道德等原则。在程序上，实地观察法首先要进行筹划工作，其后进入现场并与被观察者建立友好关系，然后再开展观察和记录，其包括主次观察法、方位观察法、分析观察法等三种观察方法；当场记录、事后记录等两种记录方式，以及记录与观察内容一致、同步记录、根据记忆补记、记下个人的印象感觉和分析推论等四项记录要求。

造成观察误差的因素主要有观察主体方面的因素，包括思想因素、知识因素、心理因素、生理因素；观察客体方面的因素，包括客观事物发展不成熟、被观察者的反应性心理和行为、人为制造的假象等。当观察法产生误差时，减少观察误差的对策主要有提高观察人员的素质、知识水平和观察能力、尽可能避免观察活动对被观察者的影响、观察活动务必深入、充分利用科学的观察仪器和工具。

观察法的优点为简便易行、真实可靠、直观生动，其缺点为受时空条件限制、所得材料带有表面性和偶然性、对观察者的素质要求高、花费较多的人力和时间。

（三）访问调查法

访问调查法，也称访谈法，是一种最古老、最普遍的收集资料的方法。访问调查法是指调查员通过有计划地与被调查对象进行口头交谈，以了解有关社会实际情况的一种方法。访谈的过程实际上是访问者与被访者双方面对面的社会互动过程。访问调查法具有可以双向沟通的特点，且控制性强、实用性广、成功率高、受调查员的影响大、匿名性差、调查成本大。

根据访问中访问者与被访者的交流方式，访问调查法主要分为直接访问和间接访问。直接访问是访问者与被访者之间进行面对面的交谈，“走出去”或“请进来”。间接访问是访问者借助于某种工具对被访者的访问，如电话访问、网上调查等。根据一次访问的人数，访问可分为：个别访问和集体访问。个别访问主要是对单个调查对象的访问。集体访问则是邀请若干个调查对象，通过集体座谈的方式搜集有关资料的方法，即开座谈会。开好座谈会要做到：一要明确会议主题，确定参会人数，让参会者提前准备；二是选好场合和时间；三是避免权威人士左右其他人员发言；四是最后要总结。值得注意的是，敏感问题不宜采取此方法。按照对访问过程的控制程度进行分类，分为结构式访问（标准化访问）与无结构式访问（非标准化访问）。结构式访问是指按照统一设计、有一定结构的调查表或问卷表所进行的访问。访问对象采取概率抽样，访问过程高度标准化。结构式访问往往用于大规模的社会调查，如人口普查等。无结构式访问则是按照一个粗线条的提纲或一个题目，由访问者与被访者在这个范围内进行交谈。无结构式访问常常用于探索性的研究，用语深入了解个人心理奥秘、证言（如动机、价值观、态度、思想等）。

一般来讲，访问的程序包括访问的准备、进入访问、访问的控制、结束访问、访问记录等步骤。在准备阶段，需要准备访问提纲，弄懂问卷及访问手册，并对被访者的社区特征进行了解，确定适当的访谈对象，对访谈对象进行了解，拟定实施访问的程序表等；在访问阶段，需要取得当地或单位的支持，解决称呼问题，接近被访者可以开门见山，自我介绍，讲明来意，请求支持，也可视情况选择求同接近、友好接近、自然接近、隐蔽接近（微服私访）等。值得一提的是，如果开始问题回答顺利，能使被访者信心增强；在访问控制阶段，需要提问控制、题目转换、对问题的追问、合适的发问与插话、提问的注意事项，并始终保持中立态度，把握方向及主题焦点，减少题外话，注意时间上的顺序，特别是事件变迁问题，使用语言越简单越好，灵活掌握问题的提法与口气。同时注意在访问中的表情与动作控制，访问员自始至终都要使自己的表情有礼貌、谦虚、诚恳、耐心。注意不要毫无表情，要做好的听众。在结束访问阶段，原则上要适可而止，把握结束谈话的时机，并对被访者表示感谢。最后在访问记录阶段，无结构访问记录分为当场记录和事后记录。其中当场记录主要通过边问边记录方式，但需征得调查对象的许可，优点是资料完整，不带偏见；缺点是可能失去对方表情、动作所表达的信息，最好是录音。事后记录主要是在访问之后靠回忆进行记录，缺点是会失掉许多情报。

（四）问卷调查法

问卷法是调查者通过事先统一设计的问卷来向被调查者了解情况、征询意见的一种资料收集方法，是访问法的延伸和发展。问卷法可以突破空间的限制，可大范围调查，有利于对调查资料进行定量分析和研究，避免主观偏见干扰，具有匿名性，节省人力、物力、财力。不过这种方法只获得有限的书面信息，不适合文化程度低的群体，问卷回收率和有效率比较低。一般来说，一份问卷通常包括以下几个部分：封面信、指导语、问题及答案、其他资料。

1. 封面信

封面信是一封致被调查者的短信，其作用在于向被调查者介绍和说明调查者的身份、调查目的等内容。封面信的篇幅虽然短小，但在整个问卷中具有相当重要的作用。在封面信中，一般需要说明下列内容：调查的主办单位或个人的身份；调查的内容和范围；调查的目的；调查对象的选取方法。除以上内容外，通常还把填答问卷的方法、要求、回收问卷的方式和时间等具体事项写进封面信。在信的结尾处一定要真诚地对被调查者表示感谢。

2. 指导语

指导语是用来指导被调查者如何正确填答问卷，指导访问员如何正确完成问卷调查工作的一组陈述。指导语对于问卷的作用相当于一部新机器的使用说明书。指导语有卷头指导语和卷中指导语之别；卷头指导语一般以“填表说明”的形式出现在封面信之后，在正式调查问题之前。其作用是对填表的要求、方法、注意事项等做一个总的说明。问卷中每一个有可能使回答者不清楚、不明白、难理解的地方，一切有可能成为回答者填写问卷的障碍的地方，都需要给予某种指导。对于编写指导语来说，最主要的标准就是要简单易懂。

3. 问题和答案

问题和答案是问卷的主体，可以说，被调查者的各种情况正是通过问题和答案来收集。问题可分为开放形式和封闭形式两大类；答案分为有关事实的、有关态度的和有关个人背景的三大类。开放式问题：不为回答者提供具体的答案，而由回答者自由回答的问题。优点：允许回答者自由发表意见，不受限制，所得资料丰富生动。缺点：第一，回答者要有较高的知识水平和文字表达能力；第二，回答者花费较多的时间和精力，十分费神费力；第三，开放式问题所得到的资料难以处理，尤其是难以定量的处理和分析。因为对于同一个问题，人们的回答往往是千姿百态、千差万别的，要对这样的回答进行分类、统计无疑是十分困难的。封闭式问题：在提出问题的同时，还给出若干个可能的答案，供回答者根据自己的实际情况从中选择一个作为回答。优点：填写问卷十分方便，对文字表达能力也无特殊的要求；所得的资料十分集中，而且特别便于进行统计处理和定量分析。缺点：封闭式问题所得的资料往往失去了开放式问题所得资料中所表现出来的那种自发性和表现力；回答中的偏误难以发现。在实际的问卷调查中，研究者往往根据二者的不同特点，把它们用于不同目的、不同形式的调查中。例如，开放式问题常常用于探索性调查所用的问卷中，而正式调查所用的问卷则主要是封闭式问题。问卷中问题的内容主要有：一是有关行为方面的问题，比如："你上周看了几场电影？""您家订了几份报刊？"；二是有关态度或看法方面的问题，比如："您是否赞成民主选举厂长？""您认为选择对象的最重要条件是什么？"；三是有关回答者个人背景的问题，比如年龄、性别、文化程度、职业、婚姻状况、收入、家庭规模等。

4. 其他资料

除了上述内容以外，问卷还包括一些有关资料，如问卷的名称、编号、问卷发放及回收日期、调查员与审核员姓名、被调查者住址、问题的预编码等。问卷设计基本原则：把为被调查者着想作为问卷设计的出发点；对阻碍问卷调查的因素有明确的认识，主观障碍如畏难情绪、顾虑重重、漫不经心、毫无兴趣等，客观障碍如阅读能力的限制、理解能力的限制、表达能力的限制、记忆能力的限制、计算能力的限制等。我们在设计问卷时，应从多个不同的角度来考虑，比如调查目的的影响、调查内容的影响、样本性质的影响、资料处理分析方法的影响、问卷使用方式的影响、调查经费和时间的影响等。问卷设计步骤主要有探索性工作、设计问卷初稿并运用卡片法和框图法、试用和修改。试用的结果，通常可对几个方面进行检查和分析，比如回收率、有效回收率、对未回答的问题的分析、对填答错误的分析。试用的具体方法有客观检验法、主观评价法。

问卷设计是有一定具体方法的。在问题的形式上，一般分为开放式问题和封闭式问题。开放式问题不需要列出答案，所以形式很简单，在设计时，只需在问题下面留出一块空白即可；封闭式问题包括问题及答案两部分，形式复杂得多。封闭式问题举例如下：

（1）填空式。

您的实足年龄：______岁。

您家有几口人？______口。

您家几个孩子？______个。

（2）是否式。

您是待业青年吗？是□否□

您是否住在本市？是□否□

您是否打算调动工作？是□否□

（3）多项选择式。

例 1　您的婚姻状况（请在合适的答案号码上划圈）：

1）未婚　2）已婚　3）离婚　4）丧偶　5）其他

例 2　您的文化程度（请在合适答案后的方框内打√）：

1）小学及以下□　2）初中□

3）高中□　4）大专以上□

（4）表格式。表格式与矩阵式十分相似，比如将上例变成表格式即可。

调查问卷答案的设计也是有一定要求的，首先要保证答案具有穷尽性和互斥性，其次要根据研究的需要来确定变量的测量层次，再次，遇到不可能或十分困难的答案，用"其他"一词做答案列出。需要注意的是，问题的语言和提问方式尽量用简单的语言，人人明白，忌用社区、社会分层、核心家庭等术语；问题要尽量简短，避免双重含义问题，如“你父母是工人吗?”；问题不要带倾向性，如“你不抽烟，是吗?”；不用否定形式提问，如“你是否赞成物价不进行改革?”；不问回答者不知道的问题，如“你对我国的社会保障制度是否满意?”；不直接问敏感性问题；问题的参考框架要明确。参考框架是指问题对于什么背景而言，在什么范围内或对什么方面而言。问题的数目一般在30分钟以内回答完毕为最佳。其顺序为：被调查者熟悉、简单易懂的问题放在前面，比较生疏、较难回答的问题放在后面；把能引起被调查者兴趣的问题放在前面；把开放式问卷放在问卷的结尾部分；先问行为方面的问题，再问态度方面的问题，最后问有关个人的背景材料；按一定的逻辑顺序排列问题。

在这里将问卷设计中的常见问题一一列举，以便在实际工作中更好地规避。比如：问题含糊、概念抽象、问题带有倾向性、问题提法不妥、双重含义问题、问题与答案不协调、答案设计不合理、答案不穷尽不互斥、语言中的毛病，以及在表格设计、封面信、指导语等方面或印刷错误等。

问卷的发放一般采取奖励、利用被调查对象集中的机会、尽可能亲自到场发放问卷和指导问卷填写、征得有关组织同意、调查内容与被调查者的兴趣或利益密切相关，对调查者要有吸引力等方法。当然，随着现代技术手段日益发展，采用电子调查问卷来完成问卷发放、填写和统计也是不错的选择。但无论采用什么方式，50%的回收率是发送问卷调查的最低要求。

二、社会实践报告撰写

社会实践报告是人们进行实践后的报告，是指有目的、有组织、有计划的深入实际、深入社会，对完成的社会实践活动做出的一个总结报告，它作为我们暑期社会实践活动最主要的成果展示形式，有着举足轻重的作用。

（1）社会实践报告的内容。一份完整的暑期社会实践报告的组成部分：报告题目、正文、附录。报告题目应该用简短、明确的文字，通过标题把实践活动的内容、特点概括出来。题目字数要适当，一般不宜超过20个字。如果有些细节必须放进标题，为避免冗长，可以另外设置副标题，把细节放在副标题里。正文是实践报告的核心内容，是对实践活动的详细表述。这部分内容是我们实践者所要论述的主要事实和观点，包括介绍实践活动的目的、相关背景、时间、地点、人员、调查手段，以及对实践活动中得到的结论的详细叙述。正文部分最好能够详细体现出我们的实际实践过程，有新观点、新思路。另外，我们要坚持理论联系实际，争取提出建设性的意见和建议，对实际工作具有指导作用和借鉴作用。对于某些不宜放在正文中，但又具有参考价值的内容可以适当地编入实践报告的附录中，比如访谈提纲、问卷内容、调查感悟等。

（2）社会实践报告的写作步骤。社会实践报告写作步骤一般包括收集资料、拟定报告提纲、起草、修改和定稿。资料是撰写实践报告的基础。收集资料的途径主要有：通过实地调查、社会实践或实习等渠道获得；从校内外图书馆、资料室已有的资料中查找。比如对于大二的同学来说，结合自己正在进行的科学基金、大创等项目就是不错的选择。拟定报告提纲是动笔行文前的必要准备。根据报告主题的需要拟定该文结构框架和体系。在起草报告提纲后，可以请指导教师进行审阅修改。报告提纲确定后，就可以动手撰写实践报告的初稿啦。不过，各位同学请注意，在起草时应尽量坚持“纲举目张、顺理成章、详略得当、井然有序”的原则。报告初稿撰写之后，需要改正草稿中的缺点或错误。如果是个人项目，自己应反复推敲修改后确定最终定稿；如果是团队项目，同学们之间要多多地进行商量与沟通哦，汲取大家的智慧肯定会让我们的报告更加完美。

（3）社会实践报告写作要求。

1）对标题的要求。标题就是调查报告的题目，由报告内容来决定，标题是画龙点睛之笔。它必须准确揭示调查报告的主题思想，做到题文相符；要高度概括，具有较强的吸引力。标题的写法灵活多样，一般有两种：单标题与双标题。单标题就是调查报告只有一行的标题，一般是通过标题把被调查单位和调查内容明确而具体的表现出来。双标题就是调查报告有两行标题，采用正、副标题形式，一般正标题表达调查主题，副标题用于补充说明调查对象和主要内容。由于这种标题形式优点很多，正标题突出主题，副标题交代形势、背景，有时还可以烘托气氛，二者互相补充，因此成为调查分析报告中最常用的形式之一。标题的形式有几种，一是“直叙式”的标题，即反映调查意向或调查项目，或是地点的标题。这种标题简明、客观，一般调查报告多采用这种标题。二是“表明观点式”的标题，直接阐明作者的观点、看法，或对事物进行判断、评价。三是“提出问题式”，即以设问、反问等形式，突出问题的焦点和尖锐性，吸引读者，促使读者思考。例如，《中学生早恋问题说明了什么》等。

2）对概要的要求。概要即调查报告的内容摘要，主要包括以下三方面内容：第一，简要说明调查目的，即简要说明调查的原因。第二，简要介绍调查的对象和调查内容，包括调查时间、地点、对象、范围、调查要点及所要解答的问题。第三，简要介绍调查研究的方法。介绍调查研究的方法，有助于使确信调查结果的可靠性，并说明选用该方法的原因。

3）对正文的要求。正文是调查报告的主要部分。正文部分必须准确阐明全部有关论据，包括问题的提出，引出结论，论证的全部过程，分析研究问题的方法等。一是引言部分。引言即调查报告的开头，“万事开头难”，好的开头，既可使分析报告顺利展开，又能吸引读者。开头的形式有这样几种：开门见山，揭示主题；结论先行，逐步论证；交代情况，逐层分析；提出问题，引入正题。用这种方式提出人们所关注的问题，引导读者进入正题。引言部分写作应把握的原则，开头部分的写作方式很多，可根据情况适当选择，但不管怎样，开头部分应围绕为什么进行调查、怎样进行调查、调查的结论如何等几个问题展开。二是论述部分。论述部分是调查报告的核心内容，它决定着整个调查报告质量的高低和作用的大小。论述部分的重点主要有：通过调查了解到的事实，分析说明被调查对象的发生、发展和变化过程、调查的结果及存在的问题，提出具体的意见和建议。论述部分的写法，由于论述一般涉及的内容很多，文字较长，有时也可以用概括性或提示性的小标题，突出文章的中心思想。论述部分的主要内容不管用多少个标题，论述部分大致可分为基本情况部分和分析部分两部分内容。其中基本情况部分要真实地反映客观事实，对调查资料有背景资料做客观的介绍说明；或者是提出问题，其目的是要分析问题。而分析部分是调查报告的主要部分，在这一阶段，要对资料进行质和量的分析，通过分析，了解情况，说明问题和解决问题。分析一般有三类情况：第一类是成因分析；第二类是利弊分析；第三类是发展规律或趋势分析。

4）对结尾的要求。结尾部分是调查报告的结束语。结束语一般有三种形式：概括全文、形成结论、提出看法和建议。概括全文是综合说明调查报告的主要观点，深化文章的主题。形成结论是在对真实资料进行深入细致的科学分析的基础上，得出报告结论。提出看法和建议则是通过分析，形成对事物的看法，在此基础上，提出建议或可行性方案。

5）对附件的要求。附件是对正文报告的补充或更详尽的说明，包括数据汇总表及原始资料、背景材料和必要的工作技术报告。例如，在我们写的调查报告里，可以把相应的问卷选一部分作为调查报告的附件。

第四节 社会实践中的心理调适

随着社会高速发展，大学生群体已经面临来自学习、生活、就业等各方面的巨大挑战。由于学生群体不能很好地化解压力，容易出现由于心理压力带来的心理疾病，明确大学生心理压力源，帮助他们通过积极参加社会实践，做好心理调适，促进学生健康成长。

心理调适（mental adjustment）译为“心理调节”，是指用心理技巧改变个体心理活动绝对强度，减低或加强心理力量，改变心理状态性质的过程。心理调适分自我调适与他人调适两种。其方法有认知结构调节、情绪调节、意志调节、个体调节以及注意记忆调节等，适用于临床心理诊断治疗、智力矛盾、应激救危困境等。自我心理调适是根据自身发展及环境的需要对自己进行的心理控制和调节，从而最大限度地发挥个人潜力，维护心理平衡，消除心理问题。

一、心理压力源的内涵

心理压力是由于外界环境和机体内部状态变化所引起的生理反应和情绪波动。导致人心理压力的压力源共包括三大类，即生物性压力源类（饥饿、睡眠剥夺、气温变化等）、精神性压力源类（认知歪曲、心理冲突、不良个性等）和社会环境性压力源类（社会生活、人际适应等）。大学生压力源主要是社会环境性压力源类，集中在适应性压力源和人际关系压力源两个方面；而高年级学生则为精神性压力源类，突出的反应在心理冲突上，大多集中在就业择业选择性压力源方面。

（1）适应性压力源。大学新生适应性压力源主要表现在学习方式上的变化和生活方式的变化。学习方式方面，由高中传统的灌输式授课转变成大学启发式授课，学生由高中的被动学习变化为大学自主学习；生活方式方面，则表现在地理环境变化和饮食习惯变化。如果学生不能很快地适应，则会产生孤独感、失落感，这也是新生休学或退学多的原因之一。

（2）人际关系压力源。人际关系压力源主要表现在朋辈群体竞争压力和人际关系处理方面。高中时期很多学生学习成绩都是非常优秀的，上大学后，班级同学中会有能歌善舞、多才多艺、成绩更加优秀的同学，经常会与自己对比，出现自卑心理，带来朋辈群体竞争压力。另外，同学中不同的家庭背景、生活阅历、个性特征、思维模式等，都会给他们人际处理上带来困难和挑战，如果学生不能正确认识这些问题，积极寻找解决途径，则会导致孤僻的性格。

（3）就业择业选择性压力源。当今大学毕业生确实面临着很多困难，他们面临的各类考验多、招聘单位鱼龙混杂，每年的毕业生人数逐年增加，很多学生会在考研、考公务员事业单位、直接就业方面犹豫不决。另外，备考压力、学校选择、职务选择、就业单位选择、应聘面试等因素也是产生选择性压力的原因。

二、社会实践活动对心理健康教育的价值

有研究表明：我国大学生应对心理健康的方式以自助式为主，如阅读心理学书籍学习自我减压技巧、发展自己的兴趣爱好、参加社会实践等，而寻求心理咨询师帮助等社会支持较少。高校心理咨询是增进学生心理健康、提高心理素质的重要途径，所以我们的策略主要围绕提高学生主动寻求心理咨询意识开展工作。

（1）有利于大学生正确认识社会。社会实践活动的引入能够使大学生更加深入地认识、了解社会，并且逐步适应、融入社会，更加全面地理解理想与现实、个人与社会的关系，从而建立对自我、社会的客观、准确判断标准，为完全进入社会奠定坚实的基础。

（2）有利于大学生提升人际关系。社会实践活动能够为大学生人际交往提供更加广阔的平台。大学生在社会实践活动中相互学习、交流，既能够增强集体意识，也能够使大学生提高人际交往能力，在团结向上的集体氛围中缓解、转移或释放不良情绪，避免大学生因压力积累而产生心理问题。

（3）有利于磨炼大学生意志。社会实践活动能够磨炼大学生意志，使学生在真实的社会环境中明确自身的目标，并增强应对困难的勇气，树立坚韧、积极的精神品质，为大学生实现人生目标创造有利的条件。

三、大学生心理健康教育在社会实践活动中的运用

大学生面临的社会问题逐渐增多，由此产生的心理问题也在增多，大学生心理健康教育的任务更加艰巨。我们应看到社会实践对大学生心理健康教育的价值基础，在日常开展社会实践活动中加以运用，关注自身心理健康，主要做好心理调适。

（1）建立社会实践活动与心理健康教育结合的体系。在大学生心理健康教育中，应结合心理健康教育面临的新形势，设置独立、专门的心理辅导部门，利用学校管理及教育资源，以学校、院系、班级三级化的网络体系，使心理健康与社会实践活动结合更加紧密，为社会实践活动在心理健康教育中的应用提供有力的物质与制度支撑。

（2）完善心理健康教育机制。在心理健康教育中，可以根据大学生心理健康问题的特点，利用社会实践活动的方式，完善心理健康教育的危机发现、监控及干预机制；通过学生在社会实践活动中与朋辈及相关人员的交流、配合，及时发现大学生心理异常情况，进而实现对学生心理问题的及时发现、诊断及治疗的目标，使大学生能够更加顺利地度过心理困难时期。在结合社会实践活动进行大学生心理健康教育的过程中，还应该加强心理咨询专业队伍的建设，将心理咨询、诊治与学生工作、社会实践相互结合，形成更加专业、强大的心理教育力量，为大学生心理健康发展提供更加充分的保障。

（3）加强对社会实践活动的评价。社会实践活动形式丰富多样，将心理健康教育与社会实践相结合，要注重对社会实践活动进行多元、客观、积极的评价。一方面，要跟踪、观察学生在社会实践活动中的情绪、情感、心理、行为等方面的变化，对社会实践活动的各个环节进行细化评价，强化社会实践活动对心理健康教育的作用，使社会实践活动充分

发挥引导、教育学生的价值；另一方面，将社会实践活动个体、团队评价与心理健康教育结合起来，从评价中发现学生心理健康教育需要解决的问题，提高大学生心理健康教育的针对性，同时也促进学生自我发现与激励，引导学生进入良性的心理发展模式中。在大学生心理健康教育面临新形势、新变化的背景下，将社会实践活动融入心理健康教育中，既体现了对大学生心理、情感变化的尊重，也有助于提高大学生心理健康教育的效果。在心理健康教育中运用社会实践活动，不仅要注重建立完备体系，完善相关机制，还应该以科学合理的评价来增强社会实践活动的实用性，促进大学生心理、情感及思想素质等各方面的发展。

（4）大学生应主动掌握心理调适的方法。一是宣泄法。当产生心理压力或消极情绪时，我们应该将它们宣泄出去，本节认为最好的办法是“做你最喜欢做的事”，比如逛街、爬山、唱歌、志愿服务活动、公益活动等，但一定要注意的是想象你的消极情绪在随着这些行为一点一点地从身体里呼出来、唱出来，这一点至关重要。二是音乐治疗法。有研究表明，音乐治疗能够有效缓解大学生心理压力，且音乐类型针对不同问题的群体而变化。例如当情绪暴躁时，可收听节奏舒缓的音乐作品，以平复情绪；当悲观厌世时，可收听激情亢奋的音乐作品，以宣泄不满情绪等。放松训练音乐由于在音乐中加入了指导语，能够更加专业、有效地达到效果。三是适当的户外运动。有学者以 200 名大学生为研究对象分析运动干预对心理压力的影响，结果表明，运动干预能够明显提高大学生应对压力的能力，且不同运动项目干预效果也存在一定差异，但差异不明显。

第五节　社会实践礼仪

社交礼仪指的是人们在社会交往的过程中应当参照的行为标准，例如相互尊重与友好往来。我国自古以来被称为“礼仪之邦”，通过社交礼仪可以看出一个人的道德水平，也可以看出一个国家的文明发展程度。遵守社交礼仪，就会获得别人的认同和赞许，反之就会给自己带来很多麻烦，甚至不被人们接纳。只有掌握了必要的社交礼仪，并且自觉得应用于自己的日常生活中，才能为自己塑造一个更理想的个人形象和团队形象，为自己的工作和生活赢得一个和谐的空间。我们走出校园，投身实践，我们的一举一动将不仅仅代表我们个人，而且将代表新世纪学子的风采和大学校园的整体形象。为将大学生的文明精神带到我们的所到之处，处理好与接收单位的关系，给当地留下良好的印象，顺利地完成社会实践活动，按照临行、实践中、临别的顺序介绍我们应该注意的礼仪礼节。

一、临行礼仪

临行礼仪包括仪表礼仪和电话礼仪两部分。

（1）仪表礼仪。仪表是指人的容貌，是一个人精神面貌的外观体现。

1）卫生。每个人都应该养成良好的卫生习惯，不在人前“打扫个人卫生”。比如剔牙齿、挖鼻孔、挖耳屎、修指甲等，这些行为应尽量避开他人进行，否则不仅不雅观，也不尊重他人。与人谈话时应保持一定的距离，声音不要太大，不要口沫四溅。

2）着装。要自然得体，协调大方，又要遵守某种约定俗成的原则。在社会实践过程中，团队成员应该着装统一，最好是与活动协调的服装，以显示良好的团队风貌。

（2）电话礼仪。在社会实践活动的整个过程中，经常会通过电话的方式进行各项事宜的联系。成功的电话沟通，不仅可以使对方对我们产生好感，而且也便于实践活动的成功开展。因此，我们在电话沟通中需要注意以下细节。

1）主动拨打电话的基本礼仪。注意打电话时尽量选择在比较空闲或适宜谈事的时间为好，在通话之前打个腹稿，做到心中有数，拨通电话后主动问好，做一个简单的寒暄后直奔主题。力求谈话简洁，考虑对方立场，使对方感到被尊重，结束通话时应用礼貌用语。

2）接听电话的基本礼仪。电话开头语要使用礼貌语言，电话铃声一般为三声，不拖时间。万一对方拨错了电话或串线，要保持风度。在接听电话时，不要打哈欠，不吃东西，不和他人谈笑，不要对方感到在受话人的心中无足轻重。如果不得已，要想对方道歉，请其稍候或稍后再通电话。要根据对方身份、年龄、场合等，学会恰到好处地配合别人谈话。对方要找的人不在时不要随意传话，万一自己正在开会、会客，不宜长谈等需要中止通话时，应说明原因告知对方，免得让对方觉得厚此薄彼。挂断电话前的礼貌不能忽视。

二、就餐与住宿礼仪

（1）就餐礼仪。一是快餐礼仪，要礼貌等位，快速点餐、正确使用餐巾纸，不浪费、不乱丢。二是自助餐礼仪，取用每种菜点时不贪多、不浪费，取菜时耐心等待，热菜、冷菜要分开放入自己的盘中，切勿堆放在一起。三是中餐礼仪，长者、女士坐定后，方可入座，用餐时温文尔雅，从容安静，不能急躁，对不合口味的菜切勿露出难堪的表情，取菜时应使用公筷、公匙，正确使用牙签，并以手遮掩，不要当众修饰，用餐期间，积极参与同桌人的交谈，特别是左右邻座，口中有食物应避免说话或敬酒，喝酒宜各自随意，碰杯时目光正视对方以表诚意，进餐速度宜与大家同步，不宜太快或太慢，离席时应帮助隔座长者或女士拖拉座椅，等主人离席后方可离席。四是西餐礼仪，不穿休闲服，男士尽量打领带，女士要穿套装和有跟的鞋子，女士优先，左侧入座，用餐时上臂和背部要靠到椅背，腹部和桌子保持约一个拳头的距离，吃西餐时，进食噤声，即使交谈也不要放声。正确使用刀叉：右手持刀或汤匙，左手拿叉。若有两把以上，应由最外面的一把依次向内取用，轻握刀叉尾端，食指按在柄上，一边切割，一边叉而食之，用餐前可打开餐巾，平铺腿上，盖住膝盖以上的双腿部分；用餐结束，将餐巾折好后放在桌子上即可。

（2）住宿礼仪。大学生在社会实践活动中安排住宿是必不可少的环节，一般由实践团队自身负责或对方（实践基地）负责团队的住宿。最为常见的住宿地点为民宅、学校宿舍、招待所、小旅馆、大酒店等。一是入住学生宿舍礼仪，要遵章守纪，自觉遵守宿舍生活秩序，按时就餐起床，爱护公共财物，节约用水，不往水池、便池内倒剩菜剩饭。讲究文明礼貌，以礼待人。二是入住民宅礼仪，客随主便，尊重主人，如有时间可与主人聊聊天，或参与到他们的劳动中，不仅可以体会人与人交往的乐趣，而且能够加深对当地民风民俗的了解。三是入住旅店的礼仪，进入房间后，应当读懂“逃生路线图”，查看紧急出口、安全出口和疏散通道，清点房间物品，遇到问题请服务员帮忙解决，礼待他人，保持安静，讲究卫生，不懂就问，加强防范意识，对现金或贵重物品加强管理，尽量不与陌生人交谈，以免发生以老乡、推销等为由而导致上当受骗。四是离宿礼仪，离开宿舍、民宿之前，应主动打扫好公共卫生，清点物品，弄清有偿使用物品，注意谨慎使用且不要带走，以免导致尴尬局面并为此付款。结完账，保存住宿发票，礼貌致谢道别。

三、实践礼仪

实践礼仪包括举止、言谈、会面、介绍、会议、参观六部分。

（1）举止礼仪。举止是指人的动作和表情，是一种不说话的“语言”，日常生活中人们一抬手一投足，一颦一笑，都可以概括为举止。优雅的举止表现在：一是谈话姿势。交谈时，必须双方要互相正视、互相倾听，不能东张西望、看书看报、面带倦容、哈欠连天；否则，会给人心不在焉、怠慢无理等不礼貌的印象。二是站姿，站立时，身体应与地面垂直，重心放在两只前脚掌上，挺胸、收腹、收颌、抬头、双肩放松。站立时不要歪脖、斜腰、屈腿等，在一些正式场合不宜将手插在裤袋里或交叉在胸前，更不要下意识地做些小动作，那样不但显得拘谨，给人缺乏自信之感，而且也有失仪态的庄重。三是坐姿。上身自然挺拔双肩放松，两臂屈曲放在双膝上，或两手半握放在膝上，手心都要向下，不要有摆弄手指、拉衣角、整理头发等懒散的姿态。谈话时，可以侧坐，侧坐时上体与腿同时向一侧，要把双膝靠拢，脚跟靠紧。四是走姿。正确的走姿是：轻而稳，胸要挺，头要抬，肩放松，两眼平视，面带微笑，自然摆臂。行走的步子大小适中，自然稳健，节奏与着地的重力一致。与女士同行，男士步子应与女士保持一致。五是微笑。在社交中，如果出现尴尬或语言障碍时，微笑则是迅速达到预期交流的“润滑剂”。微笑即是在脸上露出愉快的表情，是善良、友好、赞美的表示。亲切、温馨的微笑能迅速缩小彼此间的心理距离，营造出交流与沟通的良好氛围。

（2）言谈礼仪。一是在谈话中适当提及对方的称呼，注意谈话的态度，表情要自然，手势要适当，态度要诚恳、谦逊，不扭捏造作、不粗暴无礼；口气要谦和，切勿随便教训、指责别人。二是保持合理的谈话距离，距离若太远，会使谈话双方产生距离感，觉得生分疏远；距离若太近，会让人感觉紧张、不自在，有拘束感，同样影响谈话效果。三是认真倾听对方说话，目视对方，全神贯注，心不在焉的表情，会让对方感到很不舒服；要注意选择有益的主题，并围绕主题进行交谈，与人交谈的内容要真诚实在，实事求是，不要自我吹嘘或信口开河。四是要准确表达个人的思想和意图，涉及有关别人隐私的话题或对方不愿回答的问题不要深究，不刨根问底。开玩笑要适度，尽量避免错误。要见好就收，适可而止，不要闲聊。五是交谈中要礼让对方，以对方为中心，处处礼让对方，尊重对方，尤其注意以下几点：不要独白，不给他人说话的机会；不要冷场，万一出现冷场，转移话题，引出新话题；不要插嘴，等对方把话讲完再说；不要抬杠，无理辩三分。

（3）会面礼仪。一是握手礼仪。握手顺序一般由尊者决定，在年长（享）者先伸手后，另一方及时呼应。若要与许多人握手，先长辈后晚辈，先主人后客人，先上级后下级，切忌交叉握手，通常用右手握手。握手时间一般不宜超过 3 秒。力度要适中，不可戴帽子和手套与人握手。被介绍之后，最好不要立即主动伸手。年轻者、职务低者被介绍给年长者、职务高者时，应根据年长者、职务高者的反应行事，即当年长者、职务高者用点头致意代替握手时，年轻者、职务低者也应随之点头致意。和女性握手，一般男士不要先伸手。握手时，年轻者对年长者、职务低者对职务高者都应稍稍欠身相握。有时为表示特别尊敬，可用双手迎握。在任何情况拒绝对方主动要求握手的举动都是无礼的，但手上有水或不干净时，应谢绝握手，同时必须解释并致歉。二是问候礼仪。问候要有顺序，一般来讲位低的先行，下级首先问候上级、主人先问候客人、男士先问候女士，这是一个社会公德。称呼有别，适当提及对方的称呼，以示尊重，慎用简称。在各种场合，可适当用举手、点头、欠身、脱帽等方式向对方打招呼或致意。

（4）介绍礼仪。一是自我介绍。在社交活动中，如无人引见，即可向对方自报家门，将自己介绍给对方。若有介绍人在场，自我介绍则被视为是不礼貌的。注意自我介绍时间一般在1分钟之内，以半分钟左右为佳。介绍时还可利用名片、介绍信加以辅助；态度要亲切，随和；语气要自然，语速要正常，语音要清晰。介绍要简单明了，实事求是，真实可信，不可自吹自擂，夸大其词，内容要按照场合的需要进行自我介绍。二是介绍他人礼仪。确定谁是介绍人，除了公务交往中有接待员、秘书等做介绍人之外，在社交场合中一般由双方均有一定交情者来担任介绍人。被介绍的先后顺序，尊者有权先了解情况，一般把身份低、年纪轻的介绍给身份高、年纪大的；把男同志介绍给女同志；把熟悉的人介绍给不熟悉的人，把未婚者介绍给已婚者，把家人介绍给同事、朋友；如果有很多人同时需要介绍，就要按照职务的高低，按顺序介绍。作为第三者为他人介绍时，要先向双方打一声招呼，让被介绍的双方都有所准备。为他人介绍的内容，大体与自我介绍的内容相仿，可在三项要素（谁是介绍人、被介绍的先后顺序、被介绍的内容）的基础上进行酌情增减。时间宜短不宜长，内容宜简不宜繁，同时避免给任何一方厚此薄彼的感觉。

（5）会议礼仪。在社会实践过程中，我们经常参加座谈会、茶话会、培训会等，这几种场合均为轻松自如的环境，所以我们的表现必须自然开朗、受人欢迎。要注意的几个方面：一是准时入场，进出有序，切忌迟到。二是衣着整洁，尽量穿团队统一服装，不要穿看上去夸张的服装和令人分心的装束。三是座次有序，一般会议组织者引导大家按序入座；如果无人引导，则待主人和重要人物坐好后，在靠近他们的两边座位上坐下。四是会议开始前应该主动将手机关闭或者调整为静音振动状态，注意聆听，可以准备纸笔记录与自己相关的内容或要求。五是若有讨论，最好不要保持沉默，且想发言时要讲究顺序和秩序，不能争抢发言，应先在心里有个准备，用手或目光向主持人示意或直接提出要求。六是言谈得体，发言应简明、清楚、有条理，实事求是，声音大小恰当；反驳别人不要打断对方，应等对方讲完再阐述自己的见解，别人反驳自己时要虚心听取，不要急于争论。与他人有分歧，应以理服人，态度平和，听从主持人的指挥，不能只顾自己，如果有人提问，应礼貌作答，对不能回答的问题，应机智而礼貌地说明理由，对提问人的批评和意见应认真听取，即使提问者的批评是错误的，也不应失态。发言人发言结束时，应鼓掌以示肯定和支持。

（6）参观礼仪。一是如果参观场所对参观者的服装、发式有明确规定时，应该主动按照要求着装，以免发生危险。二是参观过程中，时刻保持安静，自觉将手机处于关闭或振动状态，不能闲聊，更不能一边参观一边吃东西。三是参观时把全部注意力集中到参观项目，不要舍本逐末、主次不分、不务正业。四是参观时，要看好、听好、记好。在规定允许的前提下，应该尽自己的一切可能，以笔记、绘画、录音、拍照、摄像等各种形式，为自己的参观做好记录。五是当讲解员讲解时，应耐心听取，不要轻率插话。遇到不懂的可以请教，万一讲解员的答复不能使自己满意，也应向讲解员表示感谢，不可流露出不满意的神情，或一声不吭地走开。六是在参观过程中，每个成员均要紧跟讲解员有序参观，避免掉队。个人要服从集体，听从指挥，不允许随意自行其是，不允许中途擅自离队。七是外出要请假，归队要准时，尽量不要在集体参观时个人独自行动。八是自觉遵守参观场所的规定。凡标明“谢绝入内”的场所，不要擅自闯入，凡不准拍照的设施或物品，不要私自拍照摄像。

四、临别礼仪

（1）留影纪念。准备好标旗，社会实践团队全体成员最先摆好队形并留出重要位置后，请领导和其他相关人员入席，合影留念。

（2）表达谢意。社会实践团队全体成员选择适当时机，向接待我们的领导和工作人员表示衷心的感谢，并欢迎他们到学校做客，两者之间保持联系以示友谊。

（3）握手道别。与对方握手道别。

（4）再次感谢。为表示诚挚的谢意，待返回学校后，应再次致电一封感谢信。

五、日常礼仪用语

初次见面说“久仰”；麻烦别人说“打扰”；
陪伴朋友说“奉陪”；赞人见解用“高见”；
欢迎购买用“光顾”；称人家庭用“府上”；
向人祝贺说“恭喜”；求人原谅说“包涵”；
客人到来用“光临”；与人分别用“告辞”；
归还原物用“奉还”；老人年龄用“高寿”；
请人勿送用“留步”；等候帮忙说“劳驾”；
看望别人用“拜访”；请人解答用“请教”；
赠送作品用“斧正”；很久不见说“久违”；
请人指点用“赐教”；求人方便说“借光”；
中途先走说“失陪”；托人办事说“拜托”；
对方来信用“惠书”；道己家里用“寒舍”。

第六节　社会实践安全保障

开展社会实践活动，安全工作尤为重要。需要通过加强安全防范意识，明确社会实践安全事项，建立学生参与社会实践活动的安全保障机制等相应的保障条件，确保学生社会实践达到预期的效果。

一、社会实践安全事项

社会实践中的安全包括交通安全、财物安全、住宿安全、交友安全、野外安全等。

（1）交通安全。乘坐正规的、有安全保障的交通工具，坚决抵制拉客行为。严格遵守各项安全乘载规定，服从工作人员的管理。

（2）财物安全。随身携带的现金不要太多，只留少量零用，不要将自己的行李交给不认识的人看管。在车、船上过夜时，要将贵重物品放在自己的贴身处。如果不幸被盗窃，应立即向当地公安机关报案，并积极配合公安机关开展侦破工作。

（3）住宿安全。要入住有营业执照并且管理正规的旅馆或招待所，可以将贵重物品交给服务台保管，夜间不要单独出去，睡觉时门窗要锁好，尽量不要与陌生人住在一个房间。

（4）交友安全。不随便接受陌生人的食物和饮料，不轻易答应陌生人的邀请或约会。

（5）野外安全。实践过程中需穿合适的运动鞋。雨天路滑，要注意行走安全，遇到大风大雨，要及时躲避。

二、社会实践的防范意识

社会实践的防范意识主要分为社会实践出发前、活动中、返回后等阶段，具体内容如下：

（1）社会实践出发前防范事项。出发前应办理好在实践地活动所需的必要证件和证明；应再次与实践地联系，确保所有安排（如食宿、交通）都已妥当；保持手机畅通。定时和家长、指导老师联系；做好安全预案，准备相关物品，不打无准备之仗；实践地选择自己比较熟悉的地点，实践前必须了解当地的风俗、背景、环境等。

（2）社会实践活动中防范事项。社会实践过程中，应听从领队老师和领队的指挥；团队行动，不特立独行，即便闲暇时，仍不要单独行动，不去危险地区（如悬崖），也不要晚上单独外出；遇到突发事故要及时通知学校及家长，遇事沉着冷静，谨慎机智；活动中应注意安全，不在危险的地区逗留，如因实践活动需要接近危险地段，需有专业人士陪同；乘车时保持秩序，上下车辆时不要拥挤，不要乘坐非正规的长途客运车辆；整个活动过程中，队员们应互相关心，互相帮助，领队应了解每名队员的活动情况。

（3）社会实践返回后防范事项。社会实践返回时，领队应与每名队员保持联系，确保每名队员安全返回。

三、社会实践的安全保障机制

做任何事情都会有风险，不能因为存在风险，就不去做有意义的事。政府、学校和社会都希望大学生能够走出校门，多参加社会公益活动和实践活动，成为有知识、有能力的合格人才。如果缺乏起码的安全保障机制，首先是学生家长不愿意学生参加社会实践活动，而缺乏公平的责任分担机制；其次是社会组织也不愿意接受实习学生，或是尽可能安排学生做一些非技能性的工作；再次是如果由学校承担责任，则令学校在组织学生社会实践活动时缩手缩脚、瞻前顾后；最终，所谓学生实践能力的培养就会流于形式。所以，为学生创造安全的实践基地和社会环境，需要政府、学校、社会共同担当相应的责任。

（1）校方安保机制。学校应当高度重视学生安全意识的培养，使安全教育指导成为学生参与社会实践前的必修内容，健全学生社会实践安全教育指导制度并严格实施，形成大学应有的安全文化氛围。

（2）社会安保机制。应当尽快建立大学生社会实践救助基金，而且这种救助基金的标准不能低于社会同等情形的赔偿标准。根据教育部网站公布的数据，2010 年我国大学生已经达到本专科在校学生数为 2231.88 万人，按照人均 10 元的标准，每年的救助基金在 2 亿元左右，完全可以用来解决大学生参与社会实践中的意外伤亡补偿。更重要的是，由教育部建立救助基金，无论从事件的调查，还是救助申请的审批程序等方面都会更加方便和快捷，教育部也可以通过事件的调查，对学校的安全教育义务给予指导和监督。

（3）保险部门机制。保险公司应当专门为大学生实践设立适当的保险种类。目前，保险公司设计的保险金与保费的比例大约是：1 万元的保险赔付缴纳 20 元的保险费，20 万元的保险赔付应缴纳 200 元的保险费，这种保险设计，无论是让学生自己负担还是由学校负担都过重。如果设置类似民航乘客保险的险种，缴纳 20 元可以享受 20 万元的保险赔付，缴纳 60 元可以获得 60 万元的保险赔付。这样的险种，家长和学校都是能够接受的，必将惠及全国近千万的学生及其家庭。

大学生处于一个特殊时期，是从一个享受家长、学校双重保护的未成年人向劳动者的一个过渡。在这一时期，学生虽然已经达到成年的年龄，但在社会阅历、危险防御、自我保护方面并不成熟，因此，还需要学校、社会给予更多的关注与保护。安全教育、特种保险、救助基金，虽然不能杜绝人身伤害事故的发生，但这样一个体系能够平衡学生、学校、实习单位的责任负担，可以解除学生及其家长的后顾之忧，可以减轻各方面压力，使其敢于为学生寻求更多的社会实践平台，安排时间更长、内容更丰富的社会实践。

为国家培养合格的人才是学校的神圣职责，也是全社会共同的责任。我们必须做更多的努力，将各种人身伤害事故的发生降到最低，完善大学生安全保障机制，为大学生提供社会实践能力创造安全的社会环境。

第四章　人生的青春之问

第一节　实践能力总体概述

大学生要学会在科学理论指导下树立正确的人生观，把自己的人生追求同国家发展进步、人民伟大实践紧密结合起来，通过不懈努力实现人生价值。本节的重点是引导大学生树立正确的人生观和创造有意义的人生，把握人生价值实现的条件，正确对待人生矛盾，自觉抵制错误观念。

一、实践教学要求

通过实践教学，引导学生严肃认真地思考人生，努力领悟人生的真谛，选择正确的人生道路，树立崇高的人生追求，实现应有的人生价值。实践教学要使大学生能够科学看待人生的根本问题，正确认识人的本质、人生观的主要内容、个人与社会的辩证关系。实践教学应该帮助大学生准确把握人生和实践正确的人生观，引导大学生树立马克思主义的人生观，追求科学高尚的人生目的，掌握人生价值的评价标准，把握和创造实现人生价值的条件，着重引导大学生实践服务人民、奉献社会的人生追求，更好地帮助大学生清楚地把握人的生命历程和确立奋斗目标，深刻理解人为了什么而活、应走什么样的人生之路等道理。实践教学应该帮助大学生在科学高尚的人生观指引下正确对待人生矛盾，自觉抵制错误观念，努力创造有意义的人生，其中着重帮助大学生在为人民群众服务、实现人民群众利益的过程中实现人生价值，走与人民群众相结合的道路，向人民群众学习，从人民群众中汲取营养，做中国最广大人民根本利益的维护者，使自己的人生大有作为。

二、实践教学目标

本节社会实践活动内容丰富，学生可以选取有关实践形式进行主题活动，如参加主题辩论赛、写一封家书、素质拓展等。学生在面对世界的深刻复杂变化，信息时代各种思潮的相互激荡，纷繁多样的社会现象，学业、情感、职业选择等多方面时加强考量，学会在科学理论指导下树立正确的人生观，把自己的人生追求同国家发展进步、人民伟大实践紧密结合起来，通过不懈努力实现人生价值。

在社会实践活动中，通过深入的主题实践活动引导大学生正确认识人生的根本问题，认识个人与社会的辩证关系，掌握人生观的基本理论；同时，深入领会马克思主义关于人生问题的基本理论，准确掌握面对和解决人生问题的科学方法，树立正确的人生观，明确人生目的、端正人生态度、认识人生价值，为创造有意义有价值的人生奠定良好的基础；最终，在科学高尚的人生观指引下，正确对待人生矛盾，自觉抵制错误观念，努力提升人生境界，成就出彩人生。

三、实践教学重点及难点

人生的青春之问社会实践教学重在让学生了解人生观的主要内容，主动遵循人生价值的标准，正确评价人生价值，掌握人生价值的实现条件，能够在实践层面辩证对待人生的矛盾。本节的实践教学着重使学生了解人生观的主要内容——人生目的、人生态度和人生价值，理解三者的相互联系、有机结合的关系，能够客观、公正、准确地评价社会成员的人生价值，并且掌握恰当的评价方法，把握人生价值实现的条件，正确对待人生矛盾，自觉抵制错误观念。

人生的青春之问社会实践教学难在使学生了解人性与人的本质的区别，牢记人生价值的内容，掌握处理人生矛盾的正确方法。本节的实践教学难在引导学生对“人是什么”和“人的本质是什么”等问题有科学的认识，了解人的自我价值和社会价值并妥善处理好二者之间的关系，以及科学认识实际生活中的各种问题，勇敢面对和正确处理各种人生矛盾。

四、实践教学形式

结合当前大学生人生观教育实际，重点考虑学生实践中感知人生价值实现的要求，树立正确的人生观，明确人生目的，端正人生态度，正确认识人生价值，努力创造有意义有价值的人生。本节实践教学通过主题辩论赛、一封家书、素质拓展三个主题实践开展教学，同学们可以结合自己的实际情况有选择性地开展实践活动，并按照指导教师要求做好实践工作的各个环节，扎实有效地进行实践活动。

第二节　实践典型案例与分析

一、案例一：中国大学生自强之星标兵——甘书杰

2015 年 3 月 21 日，团中央、全国学联主办的 2014 年度寻访“中国大学生自强之星”活动颁奖典礼在江苏南京东南大学隆重举行。团中央书记处书记傅振邦、新东方教育科技集团董事长兼首席执行官俞敏洪等出席了颁奖典礼。被组委会评价为“阳光暖男”的桂林理工大学旅游学院 2011 级的甘书杰同学作为 2014 年度“中国大学生自强之星标兵”获得者参加颁奖活动，“中国大学生自强之星标兵”荣誉称号在 2014 年度仅设 10 名。

在颁奖活动中，团中央书记处傅振邦书记为甘书杰同学颁发了证书，新东方教育科技集团首席执行官俞敏洪老师与获奖代表进行了座谈交流，甘书杰同学与参会的青年代表分享了在校期间努力奋斗、自强不息的个人学习生活经历，傅振邦书记现场为标兵们点赞，称赞他们充满了昂扬向上的正气和勇往直前的勇气，称他们为有形的正能量和鲜活的价值观，这种自强不息的精神也与社会主义核心价值观相通相融。他激励大学生以自强之星为榜样，把握时代机遇，找准人生坐标，在自己选择的道路上奋勇奔跑。傅振邦叮嘱大学生们，“勤学为基，修德为民，明辨为要，笃实为善”，要有信念、有梦想、有奋斗、有奉献，脚踏实地，用实干精神创造出美好的东西。

据悉，2014 年度“中国大学生自强之星”寻访活动于 2014 年 9 月启动，共有来自全

国 1141 所高校 10746 名大学生报名，吸引了上百万大学生的关注与评论。我校甘书杰同学凭借坚忍的意志和感人的自强事迹在 1 万余名大学生中脱颖而出，荣获该项评选活动最高奖项——“中国大学生自强之星标兵”称号（全国共 10 人），他是广西高校大学生唯一一名获得者。

甘书杰，于 1992 年 8 月出生于广西南宁，贫寒的家境，让甘书杰显得比同龄人成熟得多，也曾让他活在阴影之下。2003 年 8 月，甘书杰的父亲因食道癌晚期去世，家中为数不多的积蓄也随之耗尽。父亲去世 3 个月后，文化水平不高的母亲开始四处做清洁工，独自一人抚养甘书杰长大。为了减轻母亲的负担，甘书杰也做了大量兼职，当服务生、送快餐、送报纸、摆地摊、送牛奶、举广告牌、发传单等。为了减少、控制日常开支，甘书杰有每天记账的习惯。每一笔支出，他都详细地记录下来，精确到每一分钱。他希望自己的懂事能让母亲欣慰。

2013 年，甘书杰毕业于桂林旅游高等专科学校（现该校升本为桂林旅游学院），在校期间学习成绩优异，获自治区级优秀毕业生称号，之后专升本就读于桂林理工大学 2011 级旅游管理专业。学习上，他连年的德育、智育、体育、能力成绩保持年级前茅，大学期间获三次国家励志奖学金、一次校级特等奖学金、两次校级一等奖学金，发表学术论文 2 篇。课外涉猎广泛的甘书杰，2014 年成功入选 CCTV《诗行天下》演员组饰演骆宾王，同年 9 月 9 日央视首播；他以独立编导、表演、摄影、剪辑、配音的作品参加周星驰电影《美人鱼》角色甄选，在 12 万名选手中挺进全国 200 强；2015 年他成功通过南宁电视台面试，成为了栏目的制片、编导、主持及新媒体运营负责人。

“有任务就接，不会的就学，没时间就挤。”这是甘书杰的大学奋斗准则。他在进入大学后摆脱自卑自闭阴影，参加了 100 多场比赛，获得 60 多份荣誉，他以奖学金交学费、以兼职收入抵生活费、以比赛奖金补贴家用。在校期间，甘书杰先后担任了校学生会外联部副部长、校艺术团主持人、班长、宿舍长、班级学习委员及辩论队、篮球队、排球队队员等职务，工作态度及能力得到了师生们的认可。

“20 多年来，学校、社会、政府、国家给予了我们家许多帮助，奖学金、助学金、困难补助物资等让我们感受到了最大的温暖。”甘书杰说。同时他也尽己所能开始反哺社会，尽力帮助需要帮助的人。作为一名志愿者，他经常参加勤工助学工作，热衷公益服务，组织同学们开展乡村支教、环保行等公益活动。“生活中经历的这些磨难，对我来说是一笔很大的财富。感恩那些磨砺过我的曾经，感恩给予我们帮助的祖国。”甘书杰说，在艰难的困境中他学会了自立、自强，来自社会的帮助和关爱，更让他学会了感恩。“我会笑对人生，勇敢追寻心中的梦想！”

（本案例参考资料：中国青年报，2016-04-18；桂林理工大学学工在线，2015-03-27）

教师点评

（1）甘书杰同学充分展示了大学生自强不息、积极进取的精神风貌，用实际行动追求美德和高尚的人格，追求健康向上的精神生活。

（2）甘书杰同学树立了正确的苦乐观，坚信奋斗是艰辛的，同时也坚信天道酬勤，他的大学时光是绝对充实的，最终艰难困苦、玉汝于成。

（3）甘书杰同学树立了正确的顺逆观，证实了只有勇于正视逆境和战胜逆境，人生价值才能够实现。顺境和逆境是人生历程中两种不同的境遇，他在逆境中奋斗，逆境的恶劣环境磨炼意志、陶冶品格、积累战胜困难的经验、丰富人生阅历。处低谷而力争，受磨难而奋进，将压力变成动力，为广大同学树立了努力奋斗、自强不息的光荣榜样。

二、案例二：携笔从戎，保家卫国

十月的校园桂花飘香，食堂广场摆着鲜艳的大学生征兵宣传。怀着满腔的热血，桂林理工大学艺术学院视觉传达设计2014-2班陈长秋思量再三，最终在报名表上写下了自己的名字，从此在他人生的画纸上留下浓墨重彩的一笔。

在他心里，儿时的军人梦是他执着参军的勇气，军队的打磨却是他渴求的历练。入伍后，他经历了许多没有经历过的事情。在部队生活作息有严格的要求，两年里每天6点准时起床早操，这与学校的生活大相径庭。在学校里未洗的衣服堆积如山，而部队让他明白10分钟之内完成洗澡洗衣服是一种常态。在学校里他的作业常常拖到最后一刻，而在部队让他学会做事情就是立刻、马上。经历两年的千锤百炼，他从一个地方大学生完成了向一名优秀革命军人的转变。入伍期间，他参加过多次执勤处突任务，因表现突出，他获部队嘉奖四次，被评为“优秀士兵”。

入伍前，母亲常说他与父母的联系，仅仅局限于伸手要生活费，不懂得要经常和家人交流。在部队里，每当夜深人静独自站岗时，望向远处的万家灯火，才明白电话那头的家人是自己最大的依靠和支撑，才知道常打电话回家。当兵期间，亲人离世不能回家，父亲住院不能回家，他才学会了珍惜身边的人和事。逢年过节的时候，持枪站在岗位上，才知道什么是老兵说的“一家不圆万家圆”，终于知道什么是奉献，而不是自私自利。

清晨背着沉重的装备五公里武装越野，才知道坐在课堂是多么幸福的一件事，可是开弓没有回头箭，坚持！在学校的时候，感觉生活像大海一样让人迷茫，在部队逼着自己坚持之后，才知道在大海里航行需要坚持才能到达目标。以前从来都是三分钟热度的他，终于知道想要成功，就必须坚定信念，只有坚持才能得到回报，只有切身体会才能理解得到。

退伍复学后，他积极学习知识，团结同学，发挥自身特长积极参与各项活动。2015年新生入学后，他积极响应辅导员的号召，帮助教官训练本学院的学弟学妹，并在校运会开幕前为学院负责训练方块队，发挥了自己的特长，积极地完成领导和老师交给的任务。学习上，因为离校久了，学习跟不上，他不怕“丢脸”积极提问，寻求老师和同学的帮助，赶上了班级学习的进度。日常中，他还竞选担任了所在班级的班长，热心负责的管理班级的各项事务，虚心听取老师和同学的意见，一心一意的为同学们服务。工作中，他勤勤恳恳，把自己的经验运用到工作中去，不怕苦不怕累，圆满地完成班级事务工作。

（本案例参考资料：被时光偷走的那两年，桂林理工大学学工在线，2016-01-17）

教师点评

（1）以陈长秋为代表的参军入伍的同学们展现了当代大学生的精神风貌，洋溢着热血男儿的侠骨柔情。他们与祖国同行，自觉将人生目标同国家、民族和人民的前途命运紧紧联系在一起，从而最大限度地实现人生价值。新时代的大学生担负民族复兴的重任，要正确认识国家和民族赋予的历史责任和使命，自觉与国家和民族共奋进、同发展。

（2）大学生要在为人民群众服务、实现人民群众利益的过程中实现人生价值。人民群众是历史的创造者，是国家的主人，大学生只有走与人民群众相结合的道路，向人民群众学习，从人民群众中汲取营养，做中国最广大人民根本利益的维护者，才能使自己的人生大有作为。

（3）参军入伍是大学生的一次宝贵的社会实践机会。大学生参军入伍将获得“两个转变”：从思想上转变，提高思想觉悟，增强责任意识；从行动上转变，增强实践能力，提高实操技能。军队是革命的大熔炉，是大学生发挥聪明才智的大舞台，有利于大学生成长成才。

三、案例三：守其初心，慎终如始

赵亚男，中共党员，桂林理工大学地球科学学院资源勘查工程15-1班学生，在大一至大三期间，三年综合素质测评平均成绩排名专业第一，曾连续三年担任校级组织主要学生干部，获各类奖项数次。于2018年10月获北京大学直博研究生的推免资格。在学习上，赵亚男一直坚持的事就是从大一入学开始就决定要考取名校研究生，这也是她一直努力的方向和目标。

在成长的不同阶段，她都有自己坚定的目标，并且习惯于为自己的目标做好规划。

大一：为心中所爱，坚决不将就

因为地域限制，在填报高考志愿的时候，赵亚男未能填报所喜欢的地质专业。但她并没有就此放弃，在大一入学之初就下定决心要转到自己心仪的专业，为此，赵亚男付出了许多：提前了解转专业相关要求，要求自己在课余时间通过蹭课与自学来学习地质相关的专业知识。也是在大一，赵亚男就已经有了考取名校研究生的念头，在网上了解考研相关信息，向有经验的学长学姐请教考研相关问题，并且从那时起就进入了考研准备状态。就这样，赵亚男度过了忙碌充实的大一生活。

大二：所有的付出，终获成果

赵亚男如愿转到了地质专业，也是由于到了新的专业，赵亚男的时间就更加紧迫了，她的课表基本每天满课，在学习新知识的同时还要补修地质专业所欠缺的学分。因此，熬夜赶作业就成了赵亚男的生活常态，尤其是补修实习的那段时间，她赶实习报告直到凌晨两三点。纵使再没有时间，赵亚男也不会将疑惑埋在心底，学习刻苦努力的她在遇到自己无法解决的疑问时就会虚心向老师和同学求解。虽然赵亚男起步晚，但凭着她的坚持和毅力破除艰难，力争上游的冲劲，她的每门课的成绩都在良好以上，这是赵亚男熬了上百个夜晚所获得的成果。

大三：考研！考研！考研！

对赵亚男来说，考研是这一学年的主场，一千多个日夜的准备，只为考取心中所向往的名校的研究生。在考场上，赵亚男紧张过、胆怯过，但当她想起了自己在迎接这个考试之前所做的付出，吃饭、学习、睡觉，去食堂、教室、宿舍、图书馆，每天过着规律单调的生活；想起了导师对自己的鼓励与肯定，背后还有家人和同学的支持，她明白了自己并不是在孤军奋战，于是赵亚男就一鼓作气，充满信心地参加了考试。终于，皇天不负有心人，赵亚男所有的付出都指向了一个结果——北京大学直博研究生的推免资格。

大四：蓄势待发，继续前行

走在逐梦路上，不忘初心，砥砺前行。对未来的规划不能停止！在赵亚男看来，机遇和努力都很重要，但是只有努力是唯一可以把握在自己手里的。或许你的坚持和热爱不一定能实现梦想，真正实现梦想的人往往还是需要一些机遇，这个机遇是可遇不可求的，而且当机遇降临的时候，你需要做好充分的准备去迎接它，所以机遇和努力都很重要，但是只有努力是我们唯一可以把握在自己手里的！

（本案例参考资料：优秀毕业生·奋斗桂工人　访我校推免北京大学直博生赵亚男，桂林理工大学官网，2019-06-12；不忘初心，砥砺前行，桂林理工大学学工在线，2019-05-15）

教师点评

（1）大学生需要树立正确的顺逆观。赵亚男高考填志愿时因为地域的限制没有机会选择地质专业，但她没有放弃，刚入学就做好了一年后转专业的决定。在提前了解到转专业的相关要求后，为了不落后别人太多，她在大一时就学习地质专业的基础知识，她是在不耽误自己专业课程的时间跑去地学院蹭课。尽管她提前做了许多准备，但和地质专业的学生比还是落下了不少课程，她通过白天赶课，晚上赶实习报告，每天晚上学习到凌晨两三点来改变劣势。在这样的坚持努力下，她的成绩不断提高，综合素质不断加强，最终被北大录取为直博研究生。

（2）大学生需要树立进取的人生态度。赵亚男不仅学习成绩好，还积极将所学知识运用到学术竞赛中。她参与完成国家级、自治区级、校级大学生创新创业项目，获得国家发明专利，其他各类奖项更是数不胜数。不管是科研项目，还是实践实习，她总是在探索的路上不断进步着。青春是生命中最美好的一段时间，在她看来，青春是用来奋斗的。

第三节　主题实践活动设计

一、推荐活动一：我给父母写家书活动

××班级“一封家书”作文大赛策划书

（一）活动目的

在电子邮件普及之前，家书是主要的沟通方式之一，是维系家人情感的一种联系方式，其中包含着浓浓的亲情。家书是从大约文字产生的时候孕育出的一种艺术形式。作为当代新时期的大学生，应该秉承一颗感恩的心，去学习与工作。

（二）活动主题

树立正确的幸福观。

（三）活动时间

20××年××月××日。

（四）活动地点

教室。

（五）主办单位

××学院××班。

（六）参赛主体

班级全体同学。

（七）宣传方式

（1）由班干部带头在班内宣传，进行详细讲解。

（2）选取适当时间，播放关于幸福人生的短视频，引发同学们对人生观和人生价值的思考。

（3）在班级QQ群、微信群内进行宣传。

（八）活动流程

（1）班长和团支书带头宣传，讲解作文大赛活动目的、赛制及奖励。

（2）学习委员收集班级同学参赛作品，由教师和学生组成的评委组选出优秀作品。

（3）确定获奖名单。

（4）进行颁奖环节，由前六名获奖者在讲台上宣读。

（九）参赛要求

（1）作品原创，字数不限。

（2）以纸质版为主，采用学校制式稿纸。

（3）姓名写在稿纸背面。

（4）表达大学生期间对人生观和人生价值的思考。

（十）评分标准

（1）表达自己的真实情感。

（2）语言通顺优美。

（3）字体工整。

（4）情感深刻程度。

（十一）奖项设置

一等奖1名，二等奖2名，三等奖3名，优秀奖6名。

（十二）注意事项

（1）要求原创。

（2）主要表达自己对青春期人生价值的思考。

（3）字数不要太少。

××学院××班

20××年××月××日

教师点评

(1) 家书就像一面镜子，能照出写信人的心境与思想高度。当前关于大学生的信有两种，一种是关于不孝子向家长索取的，另一种是孩子向父母表达感恩之心的。孝敬父母，懂得感恩，是中华民族的传统美德，开展幸福观主题家书活动的目的是让大学生表达对父母养育的感激之情。大学生需要感恩父母，是因为父母给了我们生命，给了我们一个温暖的家。

(2) 通过开展"写一封家书"活动，让大学生明白幸福都是奋斗出来的。"奋斗本身就是一种幸福。只有奋斗的人生才称得上幸福的人生。"奋斗者是精神最为富足的人，也是最懂得幸福、最享受幸福的人。该活动引导大学生思考什么是人生的真正幸福，追求什么样的幸福，通过什么样的方式实现幸福。该活动让大学生明白，追求幸福的过程就是不满足于现状、不断追求和创造更美好生活的过程。

(3) 教师通过该活动引导大学生在追求幸福的过程中自觉把个人的幸福和社会整体以及他人利益相结合。"写一封家书"活动引导大学生思考在为社会做贡献、为他人服务的过程中获得幸福所需要的环境和条件，以此产生更大的幸福感，实现个人幸福与社会进步的相互促进。

二、推荐活动二：人生价值观主题辩论赛

人生价值观主题辩论赛活动策划书

(一) 活动目的

本着提高本班级同学的思辨能力，丰富课余生活，培养团队精神，锻炼思维表达的同时培养各位同学的创新精神，以同学之间互动为目的开展此次活动。使同学们更好地规划大学生活，在活动中认识自身的能力，找到自己的不足之处。同时希望通过本次比赛，丰富同学们的课余生活，提高临场应变能力，为今后进入社会打下坚实的基础，能更快更好地适应社会的发展，能更快地融入社会而不被社会所淘汰。此外，通过此次活动能够更进一步使同学们之间有一个相互沟通相互交流的平台，让全班同学之间形成一种相互学习、相互促进的良好风气。

(二) 活动主题

实现伟大中国梦，我与祖国共奋进。

(三) 参赛对象及比赛形式

(1) 参赛对象：班级全体学生。

(2) 报名形式：由班委组织，以宿舍组队或个人自由组队形式报名，4 人一组（不少于 2 人的智囊团），每队需自行选出一名成员作为领队。

(3) 比赛形式：比赛分为初赛、决赛两个阶段。

(4) 全程实行淘汰制，以随机抽签形式，分阶段进行比赛。

(四) 参赛要求

(1) 参赛队伍需随时关注比赛动态，了解比赛及抽取辩题时间，做到准时参加比赛。

(2) 比赛按时间计划进行，任何一方迟到 10 分钟，做弃权处理。

（五）时间

由师生共同商议安排。

（六）地点

公共教室或学院学生活动中心。

（七）辩论赛参赛原则

辩论赛内容必须符合四项基本原则、国家的政策，符合校规校纪，健康向上。

辩论不得做谩骂，诬陷等任何人身攻击。

（八）辩论赛程序（由辩论赛主席执行）

（1）由主持人宣布辩题，介绍参赛代表队及所持立场，以及出席嘉宾评委。

（2）选手进行自我介绍，要求简洁明确，有特色（每位选手限时20秒）。

（3）辩论比赛有以下几个具体过程。

1）开篇立论（总计4分钟）。

开篇立论要求逻辑清晰，言简意赅；正方一辩表明己方观点；反方一辩表明己方观点。

2）由双方二辩反驳立论（总计3分钟）。

3）由双方二、三辩攻辩立论（总计9分钟）。

4）自由辩论（共计8分钟）。

5）智囊团发问。

6）总结陈词（总计6分钟）。

7）观众自由提问时间。

8）评委现场点评。

9）现场宣布获胜队伍及优秀辩手。

10）辩论赛结束，评委退席。

时间提示：每方使用时间剩余10秒时，记时员举牌示意提醒，用时满时，举牌示意终止发言。主席宣布终止后时，发言辩手必须停止发言，否则做违规处理。

（九）评分标准

比赛评委将分阶段由学院领导老师以及学院团学干部担任。秉承公平、公正、公开的原则，力求为参赛选手营造一个良好的展现平台。

1. 个人评分标准

（1）语言表达（20分）：

普通话标准、语速适中；语调平仄合理；口语、肢体语言和谐；修辞得当、表达合理；表达流畅、说理透彻。

（2）逻辑推理（20分）：

逻辑推理过程清晰；论证结果合理、有力；善于处理逻辑难点。

（3）辩驳能力（20分）：

提问简明扼要；设问针对性强、火力强劲；回答问题精准、处理问题有技巧；反驳有理有据、论证有力；引用实例恰当。

（4）临场反应（20分）：

反应敏捷；用语得体；技巧多元得当。

(5) 整体意识（10分）：

分工合理、协调一致；衔接有序、互为攻守；自由辩论错落有致；气氛调节有度。

(6) 综合印象（10分）：

仪态、着装合理；台风与辩风；有风度及自默感；尊重对方辩友、评委和观众。

2. 团队评分标准

(1) 立论陈词（15分）：

开篇立论运辑清晰，言简意赅；论点明晰，论据充足，分析透彻，引证有力；论据内容丰富，引用资料充分适当准确；分析的角度和层次具有说服力和运辑性；语言表达流畅、有文采。

(2) 对辩辩驳（15分）：

表达清晰、论证合理而有力；回答问题精准、处理问题有技巧；推理过程合乎逐辑，事实引用得当；针对性强，有理有据。

(3) 攻辩小结（15分）：

全面归纳对方的矛盾与差错，并作系统的反驳和攻击；提问简明，击中要害；辩护有理有据及有力，说服力强。

(4) 自由辩论（15分）：

攻防转换有序，把握论辩主动权；针对对方的论点、论据进行有力反驳；坚守并能进一步巩固、扩大阵地；

(5) 回答提问（10分）：

根据辩论队的整体形象，从整体配合、语言运用、临场反应（语言、风度、举止、表情）等方面评分。

(6) 总结陈词（10分）：

全面总结本方的立场、论证，系统反驳对方的进攻，为本方辩护；语言表达具有说服力和逻辑性。

(7) 语言风度（10分）：

用词得当、流畅；语调抑扬顿挫、语速适中；表达清晰、层次清楚，逻辑严密。

(8) 团队配合及临场反应（10分）：

根据辩论队的整体形象，从辩风、整体配合、语言运用、临场反应（语言、风度、举止、表情）等方面评分；有团队精神，相互支持；论辩衔接流畅；反应敏捷，应对能力强；问答形成一个有机整体，有效地回应对方。

（十）奖励办法

根据评分标准，决赛评出的优秀辩手及优秀团体将获得学院颁发的证书及奖品。

教师点评

(1) 本次辩论赛能够激励和引导同学们大力弘扬以爱国主义为核心的伟大民族精神，进一步坚定“四个自信”。本次辩论赛增加同学们的知识储备，给予同学们很好的学习机会，同学们通过查阅大量的资料和请教老师来加深对辩题更深层次的理解，不再只是停留在表面肤浅的见解，这些过程使得每一次思考和探索都是一次知识上和心灵上的深造。

(2) 本次辩论赛能够促使同学们独立思考，发现问题，解决问题。辩论赛考验选手的知识层面，不仅在于对自己所持观点的理解，还在于对对方观点的知识也要有一定的了解，需要选手学会从不同的角度和立场去思考问题。在辩论赛中养成的思考能力对于大学生实现人生价值有重要意义。

（3）本次辩论赛培养同学们的团队合作能力和竞争意识。辩论赛场上 4 人代表一支队伍，4 人分工明确，各司其职，又能够相互配合、相互补充、取长补短，场下意见统一，场上配合默契。因此，同学们能够明确自己的职责，分工明确，团结协作，在辩论的过程中共同进步。

三、推荐活动三：实践能力素质拓展活动

大学生实践能力素质拓展策划书

（一）活动背景

党的十八大以来，习近平总书记多次到高校考察并与师生座谈，还多次给青年学生、大学毕业生、志愿者回信，对广大青年学子提出了殷切的期望，从“扣好人生第一粒扣子”到“青年强则国家强”，习近平总书记一次次对广大青年学子进行鼓励、鞭策和激励。总书记寄语青年，中国梦是国家的梦、民族的梦，也是包括广大青年在内的每个中国人的梦。“得其大者可以兼其小。”只有把人生理想融入国家和民族的事业中，才能最终成就一番事业。希望青年珍惜韶华、奋发有为，勇做走在时代前面的奋进者、开拓者、奉献者，努力使自己成为祖国建设的有用之才、栋梁之材，为实现中国梦奉献智慧和力量。

（二）活动目的

丰富大学生的课余生活，提高大学生的人际交往能力，有力地推动大学生素质拓展。通过这次活动，可以让同学们认识自我价值，找到自我定位，实现自我超越，发现自身问题，进而激发个人潜能，促进团队意识的形成，锻炼战胜困难的毅力与恒心，掌握多种思维方式，克服传统的局限的思考方法，激发创新活力，学会从多个角度看问题和发现问题。

（三）活动主题

不怕困难，勇于开拓，顽强拼搏，永不气馁。

（四）活动对象

班级全体同学。

（五）主办单位

班级委员。

（六）活动时间

20××年×月×日。

（七）活动地点

校园运动场。

（八）活动流程

活动的前期准备→活动的具体实施→活动的总结。

（九）活动前期

班长负责做好活动组织；副班长负责确认活动资料发放到各位同学；生活委员负责确

认活动需要的地点和物品；宣传委员负责拍摄整个活动的精彩画面；文艺委员负责主持人方面的材料；体育委员负责活动的实施；纪检部负责维持活动现场的秩序和纪律。

（十）具体活动

（1）班级自主举办一些体育活动，例如百里行、长跑、接力比赛、三人两足等。

（2）进行户外越野活动。

（3）心理拓展项目。

（十一）活动经费

预计：300 元。

用途：买活动需要的矿泉水、气球、装饰带、胶水、急救用品和荣誉证书等物品。

教师点评

（1）本次实践活动旨在提高同学们的自信心，鼓励同学们勇于超越自我。通过建立相互接纳、相互支持、相互信任的团体气氛来让同学们在活动中放飞自我，超越自我，肯定自我价值，提高自信心。

（2）本次实践活动通过激发同学们的潜能来完善同学们的人格。帮助同学们认识自我潜在能力和极限，克服恐惧心理和思想障碍，锻炼动手能力和创造力，培养上进心理，增强抗挫折和突破能力，使个性变得坚强而富有韧性，不断完善人格。

（3）本次实践活动能够提高同学们的心理素质，增强同学们适应社会的能力。素质拓展活动富有挑战性，在培养健康心理素质方面有着明显的效果。在特定的环境和气氛中，同学们不断克服自己的心理恐惧、提高情绪，调节自我控制能力、保持平和心态、挑战自己、战胜自己，从而塑造冷静、果断、坚忍不拔的良好意志品质。

第五章　坚定理想信念

第一节　实践能力目标

本节的重点是引导大学生在实现中国梦的实践中放飞青春梦想，在坚持理想与现实、个人理想与社会理想的辩证统一中，开辟将理想转化为现实的实践之路，坚定大学生在实现中国梦的实践中放飞青春梦想的信心与决心。

一、实践教学要求

在学习理想信念的基本理论知识的基础上，通过主题实践活动帮助大学生深刻认识理想信念的内涵及其重要性，树立崇高的理想信念，在实现中国梦的实践中放飞青春梦想。实践教学应该引导大学生坚定崇高的理想信念，激发起他们为民族复兴和人民幸福而发奋学习的强烈责任感与使命感，锤炼他们建设祖国、服务人民的本领。实践教学应该帮助大学生确立以马克思主义为指导的崇高理想信念，学习和掌握马克思主义的立场、观点、方法，确立正确的世界观和历史观，准确把握时代发展潮流，以科学的理想信念指引人生前进的道路和方向。坚持中国特色社会主义共同理想，要牢固确立在中国共产党领导下走中国特色社会主义道路、为实现中华民族伟大复兴而奋斗的共同理想和坚定信念。大学生要胸怀共产主义远大理想，要正确认识共产主义远大理想和中国特色社会主义共同理想之间的关系，要不断增强中国特色社会主义道路自信、理论自信、制度自信、文化自信，为崇高理想信念而矢志奋斗。

二、实践教学目标

本节社会实践活动内容丰富，学生可以选取有关实践形式进行主题活动，如参加主题演讲、主题团日活动、参观湘江战役纪念馆等。教师通过实践教学引导大学生追求远大理想、坚定崇高信念，从而为健康成长、成就事业、开创未来强化精神支柱和前进动力；引导大学生确立马克思主义的科学信仰，树立共产主义的远大理想和中国特色社会主义共同理想；引导大学生理解实践才是通往理想彼岸的桥梁，应当立志高远，立志躬行，立志做大事。

在社会实践活动中，相关主题实践活动引导大学生坚定正确的理想信念，激励大学生为一定的生活目标和社会理想而不断努力。实践教学不仅要提高大学生的知识水平，增强实践才干，更要坚定崇高的理想信念。具体而言，社会实践课程应当引导大学生确立马克思主义的科学信仰，树立共产主义的远大理想和中国特色社会主义共同理想，在实现理想的道路上脚踏实地、持之以恒地奋斗。

三、实践教学重点及难点

坚定理想信念社会实践教学重在让学生了解理想、信念的内涵、特征及重要性，树立科学的理想信念，掌握理想与现实的关系并且正确处理两者之间的关系，辩证了解个人理想与社会理想的关系及其处理方法。本节的实践教学着重使学生了解理想的内涵及其超越性、实践性、时代性特征，信念的内涵及其执着性、多样性特征，让学生明白理想指引方向，信念决定成败的重要性；着重使学生的理想信念建立在对马克思主义的深刻理解上，建立在对历史规律的深刻把握上；着重使学生辩证看待理想与现实的矛盾，理解实现理想的长期性、艰巨性和曲折性，通过艰苦奋斗和实践来实现理想；着重使学生认识到个人理想以社会理想为指引，社会理想是对个人理想的凝练和升华，自觉地把人生理想融入国家和民族的事业中，对自己未来生活的追求和向往与当代中国的社会现实相结合。

坚定理想信念社会实践教学难在让学生了解理想与信念的区别及联系，正确对待理想实现过程中的顺境与逆境，掌握个人理想与社会理想相结合的实践途径，在中华民族“复兴之梦”实现的过程中成就个人的“成才之梦”。本节的实践教学难在引导学生对理想与信念的区别及联系有科学的认识，辩证看待理想与现实的矛盾，培养有战胜艰难险阻的信心和坚忍不拔的毅力，坚持个人奋斗目标与国家、民族的奋斗目标相统一，把个人理想融入社会理想之中，在为实现社会理想而奋斗的过程中实现个人理想，自觉担负起实现中华民族伟大复兴中国梦的历史重任，把实现理想的道路建立在脚踏实地的奋斗上。

四、实践教学形式

结合当前大学生理想信念教育实际，重点考虑学生实践中感知理想信念实现的要求，立志为祖国的富强、民族的繁荣、人民的幸福，发挥才智，奋斗拼搏。本节实践教学通过主题演讲、主题团日活动、参观湘江战役纪念馆三个主题实践开展教学，同学们可以结合自己的实际情况有选择性地开展实践活动，并按照指导教师要求做好实践工作的各个环节，扎实有效地参加实践活动。

第二节 实践典型案例与分析

一、案例一：三十春秋燃蜡炬 大瑶山中筑梦人

莫振高，30多年资助近300名贫困生顺利考入大学，并发动社会力量帮助近2万名贫困学子圆大学梦。去世当晚，4600多名在校学生自发熄灯默哀致敬，网友追忆如潮……

生前，他用自己微薄的工资资助近300名贫困生，让他们顺利考入大学。他发动社会力量，帮助近2万名贫困学子圆了大学梦。在他的感召下，一代代瑶乡山里娃走出大山、勤奋求学，用知识改变了自己和家人的命运。他，是大瑶山中筑梦人。

身后，数千学生不远千里从各地赶回，送他最后一程，以至县城花圈脱销。去世当晚，4600多名在校学生自发熄灯默哀致敬。校友群、朋友圈、网络论坛，怀念、追忆如潮……他，是瑶乡学子的“校长爸爸”。

莫振高，一位普通的中学校长，为何能赢得如此爱戴？人民日报记者曾在广西都安瑶

族自治县一路探访，寻找答案……

“有困难，就找我”

他把学生当亲生子女来养，学生把他当爸爸来爱。

“莫校长没了？怎么可能?!”

2015 年 3 月 9 日下午，都安高中高三 355 班的韦彬彬同学，听到同学说起“莫校长的事”，不敢，也不愿相信这是真的。

噩耗，终于还是来了。老师满脸泪水地告诉班上同学，莫校长因突发性心源性疾病，永远地离开了。

伤悲，从都高蔓延开来。

惊悉校长辞世，校友韦景煜立刻请假 7 天，心急火燎地赶往北京首都国际机场，回都安了；连春节都“舍不得”回老家的广州校友杨晓乾，回都安了；在南宁工作的校友韦春燕，回都安了……“再忙，也要送校长最后一程。”

15 日上午，细雨纷飞，寒气袭人。数千名群众自发胸戴白花，手举花圈，依依送别莫校长。465 个花圈、数百米长的队伍，都安整个县城都悲痛欲绝……

在韦彬彬眼里，莫振高是校长，更是慈父。“早上 6 点 20 分，下午 2 点 20 分，傍晚 6 点 40 分，莫校长都会站在教学楼前那棵龙眼树下，看着我们进教室。”

如果天气好，早上莫振高校长就会广播：“今天太阳大，同学们可以晒晒被子。”中午，他的声音再次响起：“请同学们将被子翻一翻。”下午，广播声又响：“同学们记得收被子了，拍一拍、抖一抖……”

即便躺在病床上，莫振高校长最挂念的还是那些学生娃。校后勤处主任黄道锋回忆：就在莫校长辞世的前几天，他还打电话反复叮嘱自己两件事。一是尽管物价涨了，食堂能不提价就不提价；二是元宵节晚餐要像往年一样，免费给学生加餐，一个鸡腿一个鸡蛋，夜宵要提供汤圆，每个学生 10 个。

校资助办主任韦喜凤回忆：每年开学，总有一些家庭困难的孩子没勇气报到，只在校门口犹豫徘徊。这时，莫校长就会出现在校门口，拿着喇叭喊：“有困难，就找我莫振高!”

在都高执教 30 多年，莫校长用自己微薄的工资资助了近 300 名贫困生。为了帮助更多贫困孩子，莫校长学会了“化缘”，游说企业、单位、个体老板捐资助学。近 10 年来，他和学校的资助办团队，募得善款数千万元，资助 1.8 万多名贫困生圆了大学梦。

让瑶寨儿女走向世界

他把成千上万的山里娃送出大山，却被自己“锁”在瑶山一辈子。

“都安是广西贫困人口最多，贫困程度最深的县。”县委书记陈继勇说。对绝大多数都安学生来说，读书、考上大学，是走出大山、走出贫困唯一的路。

“让瑶寨儿女走向世界”，走进都安高中大门，一块大理石上，9 个烫金大字格外耀眼。这是都高的办学理念，也是莫振高校长的毕生心愿。为了让孩子们“进得来，学得好，考得上，出得去，成得才”，莫校长费尽思量。

早年，都安高中只有 1 栋宿舍楼和 3 栋小教学楼，外面下大雨，房里下小雨。

莫振高担任校长后，如燕子衔泥筑巢般一点点筹措资金，对校园进行硬化、美化、绿化。如今，图书馆、教学楼和宿舍楼相继拔地而起。

建设要投真金白银。县财政局副局长黄泳迭介绍：这些年来，县财政“勒紧裤带”，加大对都安高中的投入，但对都高的发展而言仍远远不够。钱从哪儿来？“抠”出来。

一次黄道锋和莫校长到南宁出差，筹备新建学生宿舍楼。县里建筑公司报价，一栋3000多平方米的大楼要150万元。为了省钱，莫校长决定包工不包料，自己采购钢筋、水泥等建材，一趟趟地到南宁各大建材市场，货比三家。最后，宿舍楼建成，才花了90多万元。

抠归抠，可该花的钱，莫校长从不含糊。学校科技大楼落成，莫校长“大手笔”地给教室里配了两台29英寸的闭路电视、一台高亮度的投影仪和100台电脑；几年前，他拍板挤出资金，选派97名教师参加华东师范大学研究生班学习。

在莫校长的带领下，都安高中高考升学率逐年上升，连续10年高考上本科线的学生达到76%以上，而且连续20多年有学生考上北大、清华。值得一提的是，都安高中还是广西唯一一所外语特色学校，2012年高考英语作文满分率居广西第一。

知识，改变了一代代山里娃的命运。如今，都安高中的学生遍布国内多个城市及美国、澳大利亚、德国、新加坡等国家，有上千名校友在北京工作。“让瑶寨儿女走向世界”的目标正慢慢实现。

由于治校有方、成绩突出，莫校长多次被推荐到党政机关任职，也有外地学校抛出高薪橄榄枝。但莫校长都婉拒了。“我走了，娃娃们怎么办？”执此一念，莫校长在都安高中一待就是30多年。

考上大学是最好的怀念

用担当与责任树立的丰碑，长留天地间，激励数代人。

“有的人死了，他还活着。”

近来，黄道锋一有空就会到南教学楼的施工现场转转。“莫校长心里还惦记着这栋楼，一定要保质保量建好。”

读书时，韦景煜没少到校长家蹭饭。校长对他说得最多的是“贫穷不可怕，可怕的是没有知识，所以要拼命读书，努力走出大山”。韦景煜说，这种“不放弃”的精神，是校长留给自己的财富。

蓝涵正计划和校友们一起成立一个基金会，用于资助家庭困难的学弟、学妹们。“让一代又一代的都安高中学生相互帮扶下去。”

3月18日，都安高中校园，师生恸哭、挽幛如云的悲痛场景，已然淡去。琅琅的读书声，不时从教室传出。高三356甲班的苏宝尧同学说，考上大学，走出大山，是对校长最好的怀念……

平凡，亦可砥砺成锋

没有轰轰烈烈的壮举，也没有惊天动地的豪言。毕其一生，他只做了一件事：让更多的瑶寨山里娃，走出大山，走出贫困，走向外面的精彩。

翻山越岭，遍访瑶寨，只为一个个娃仔重返校园；千言万语，千辛万苦，只为得到更多热心人的援手；不离不弃，以心相许，甘做教书匠、愿为孩子王……一举一动，平平凡凡；一言一行，平平常常。

平凡的莫振高，为何赢得如此尊重？因为，他甘于燃烧自己，照亮瑶乡娃奋进的路；因为，他用尽一生的力量，撑起了贫困生前行的天；因为，他用坚守和担当，诠释了“校长”的分量。

平凡之中蕴藏崇高追求，平静之中饱含满腔热情，平常之中彰显敬业奉献。于是，平凡砥砺成锋，成就了一个师者的伟大。

大德无碑，大道无形。谁为群众掏心，群众就会为谁点赞；谁把群众装在心里，群众就把谁刻上心碑。这是人心的度量，更是对平凡坚守的最好铭记。

30 年，四处募集三千多万善款资助 1.8 万名贫困学子圆大学梦。

（本案例参考资料：谢振华，人民日报，2015-03-25；共和国 70 年 · 广西 70 个发展印记丨校长爸爸莫振高学习强国，广西学习平台，2019-11-28）

教师点评

（1）“经师易得，人师难求。”莫振高像一座灯塔，照亮着教育者一直倡导的“教育为本”之百年大计的发展大道。在他的影响下，越来越多的爱心人士关注贫困地区的教育事业，一束束助学微光汇聚，形成了强大的圆梦力量。

（2）衡量人生价值的标准，最重要的就是看一个人是否用自己的劳动和聪明才智为国家和社会真诚奉献，为人民群众尽心尽力服务。正如感动中国组委会对莫振高校长的评价，“化作光明烛：千万里，他们从天南地北回来为你送行。你走了，你没有离开。教书、家访、化缘，埋头苦干，拼命硬干。你是不灭的蜡烛，是不倒的脊梁。那一夜，孩子们熄灭了校园所有的灯，而你在天上熠熠闪亮。”

（3）正确评价人生价值需要坚持物质贡献与精神贡献相统一。人的生产劳动是物质生产劳动和精神生产劳动的统一及两种生产劳动成果的相互转化。社会的发展与进步是物质文明和精神文明的共同发展与进步。莫振高的人生价值，既涵盖了他通过“化缘”对学生做出的物质贡献，也包括他引导学生成长成才做出的精神贡献。他以毕生的心血，用爱与责任铸就的丰碑，长留天地之间，耸立于万千学子心中。

二、案例二：为有“天渠”活水来

基本信息：

黄大发，男，汉族，1935 年 11 月出生，贵州遵义播州区平正仡佬族乡团结村半坎组人，小学文化，1959 年 11 月加入中国共产党，曾任贵州省遵义市播州区平正仡佬族乡草王坝大队大队长、村长、村支部书记，现任团结村名誉村支书。

20 世纪 60 年代起，他带领群众，历时 30 余年，靠着锄头、钢钎、铁锤和双手，在绝壁上凿出一条长 9400 米，地跨 3 个村的“生命渠”，结束了草王坝长期缺水的历史，乡亲们亲切地把这条渠称为“大发渠”。

人物事迹：

36 年来，黄大发忠实践行“修渠、致富”的誓言，带领群众绝壁凿天渠，建成一条跨 3 座大山、大小 9 个悬崖，主渠长 7200 米、支渠长 2200 米的水渠，解决了当地的缺水问题，改善了当地的经济发展和生活条件，被当地群众称为“当代愚公”。

草王坝曾缺水严重，村里人去最近的水源地挑水来回要走两个小时。1958 年，黄大发当选草王坝大队大队长。他许下承诺“一定要想方设法通上水，让大家吃上米饭”。这句话成了黄大发的人生信条。由公社牵头，村里组成施工队，黄大发任指挥长，开始修建“红旗大沟”，打通隧道建成沟渠，引来大山背后的螺丝河水。由于资金、技术等原因，工程只打通了 116 米长的隧道，水渠后来被废弃。但黄大发并没有放弃，因为他心中始终有一个执念：我是村支书，有责任修通水渠，解决村里人畜饮水问题，改变贫困现状。1989 年，54 岁的黄大发向组织申请到枫香水利站跟班学习水利知识和开凿技术。

经过多方奔走和申请，1992 年底，修渠工程终于立项。第二年正月初三，水渠工程冒着大雪开工。黄大发既当指挥长又当技术员，年近六旬的他总是冲在最前面。在修擦耳岩段时，一处倒悬的崖壁成了难题，年近六十的黄大发把麻绳系在自己身上吊下悬崖测量。修渠期间，黄大发的女儿和孙子相继因病去世，黄大发承受着悲痛，坚守在修渠一线。1994 年，水渠的主渠贯通，河水第一次满满当当地流进草王坝村。群众以黄大发的名字给这条渠命名为“大发渠”。

水渠修好后，为了兑现“带领村民致富”的诺言，黄大发把精力又放在脱贫致富上。他先后带头搞起养殖业、种植业，带领群众“坡改梯”，昔日的荒山荒坡变成了良田。

36 年，为梦想跋涉，僵直了手指，沧桑了面孔，但初心不变。青山不负英雄志，流水有情入心田，奔腾不歇的渠水悠悠长长，拍得悬崖直作响，崇山峻岭再难阻隔。愿你如他，初心不变，砥砺前行！

个人荣誉：

黄大发曾先后被遵义地委、行署授予年度先进生产（工作）者，多次被授予县、乡优秀共产党员称号，是贵州省第五届道德模范。

2016 年入选“贵州榜样·最美人物”。

2017 年 4 月 25 日，中央宣传部向全社会公开宣传发布“当代愚公”黄大发的先进事迹，授予黄大发“时代楷模”荣誉称号。

2017 年 5 月 13 日，贵州省委授予黄大发同志“全省脱贫攻坚优秀共产党员”称号。

2017 年 6 月 30 日，被授予贵州年份英雄十大人物“英雄”称号。

2017 年 7 月 24 日，被评为德耀中华第六届全国道德模范候选人。

2017 年 9 月，获得“2017 年全国脱贫攻坚奖奋进奖”。

2017 年 11 月，荣获第六届全国道德模范（诚实守信类）。

2018 年 3 月 1 日，当选感动中国 2017 年度人物。

（本案例参考资料：桂林理工大学学工在线，2018-11-20；黄大发，奉献 36 年凿通“生命渠”，人民日报，2019-10-12）

教师点评

（1）实现理想是长期性、艰巨性和曲折性的过程。理想越是远大，它的实现过程就越复杂，需要的时间也就越漫长。实现理想、创造未来，必须有战胜种种艰难险阻的坚定不移的信心和坚忍不拔的毅力。理想变为现实不是一帆风顺的，往往会遭遇波澜和坎坷。如果把实现理想设想得过分容易，对前进道路上的困难缺乏思想准备，遭遇到一点困难、曲折或失败就灰心丧气、悲观失望，那就会影响理想的实现。黄大发用三十六年，为梦想跋涉，僵直了手指，沧桑了面孔，但初心不变。青山不负英雄志，流水有情入心田，奔腾不歇的渠水悠悠长长，拍得悬崖直作响，崇山峻岭再难阻隔。希望同学们要像他一样，初心不变，砥砺前行。

（2）艰苦奋斗是实现理想的重要条件。“人类的美好理想，都不可能唾手可得，都离不开筚路蓝缕、手胼足胝的艰苦奋斗。”我们的国家，我们的民族，从积贫积弱一步一步走到今天的发展繁荣，靠的就是一代又一代人的顽强拼搏，靠的就是中华民族自强不息的奋斗精神。艰苦奋斗绝不是一时的权宜之计。那种认为“艰苦奋斗是老一辈的事，当代青年不需要艰苦奋斗”的观点，在理论上是错误的，在实践中是有害的。当前国家既面临着重要发展机遇，也面临着前所未有的困难和挑战。梦在前方，路在脚下。自胜者强，自强者胜。实现我们的发展目标，需要广大青年锲而不舍、驰而不息的奋斗，不断书写奉献青春的时代篇章。

（3）中国共产党自诞生之日起，就把为中国人民谋幸福、为中华民族谋复兴作为自己的初心和使命，并团结带领全国各族人民不懈奋斗，战胜各种艰难险阻，不断取得革命、建设、改革的伟大胜利。2015 年，遵义有关领导了解到，这位 80 岁的老支书有个心愿，就是有生之年能去省城看一看，于是决定满足他这个心愿。到了贵阳，老支书既没有提出到风景名胜去逛逛，也没有要求去商场转转，而是提出去贵州省委看看。站在省委大门口，黄大发注视着飘扬的五星红旗，看着“为人民服务”五个大字的石碑，一言不发地站立着……就这样，默默站立了 10 多分钟，黄大发回身对陪同人员说：心愿了了，可以回家了。陪同人员问：到别处看看吧？黄大发把头一摇：“党组织信任我，把草王坝村交给了我，现在，渠通了、电通了、路也通了，我交上答卷了。”

第三节　主题实践活动设计

一、推荐活动一：主题演讲

××班级“我的中国梦”主题演讲大赛活动策划书

（一）指导思想

以新时代中国特色社会主义思想为指导，通过“我的中国梦”主题演讲大赛活动组织开展，对大学生进行爱国主义、集体主义、社会主义教育，不断增强大学生中国特色社会主义道路自信、理论自信、制度自信、文化自信，教育引导大学生深刻领会实现中华民族伟大复兴是中华民族近代以来最伟大的梦想；深刻领会每个人的前途命运都与国家和民族的前途命运紧密相连；深刻领会空谈误国，实干兴邦，引导广大学生坚定理想信念，励志刻苦学习，积极投身实践，为努力实现“中国梦”，为全面建成小康社会而努力奋斗。

（二）活动主题

我的中国梦。

（三）活动内容

本次演讲比赛的主题为：“我的中国梦”，参赛者演讲紧扣主题，深入阐述，自由发挥。要求所有参赛选手演讲内容贴近大学生学习生活实际，突出表现文学素养、精神内涵。演讲内容健康活泼、积极向上，意义深刻。

（四）活动对象

班级全体同学。

（五）赛制赛程

（1）比赛原则：公平、公正。

（2）初赛：初赛由全体同学报名参加，选拔10名参加决赛。

（3）决赛：初赛选拔出的10位同学比赛。

（4）时间：20××年××月××日晚19：00。

（5）地点：多媒体教室。

（六）比赛规则

（1）比赛以公正、公平为原则，以丰富校园文化生活为宗旨。

（2）比赛有以下几个环节。

①选手自我介绍。大约每人1分钟，由评委打分。

②命题演讲。各选手按照抽签顺序，依次上台演讲，每人时间5~6分钟。

③即兴演讲。各选手按照命题演讲抽签顺序，依次上台演讲，每人大约3分钟（此环节为决赛中第三环节，初赛无此环节）。

④选手开始演讲。计时员开始计时，命题演讲中5分45秒时计时员第一次吹哨提醒，6分钟时计时员第二次吹哨，第二次吹哨时选手应立即停止演讲；即兴演讲中2分45秒时计时员第一次吹哨提醒，3分钟时计时员第二次吹哨，第二次吹哨时选手应立即停止演讲。

（七）奖励方式

比赛设一等奖一名、二等奖两名、三等奖三名。

（八）前期安排

（1）学习委员详细告知各位同学演讲比赛的具体事项，请各位同学做好参赛的前期准备。

（2）宣传委员加大宣传力度，活动开始前后请宣传部出展板，完成前后期新闻宣传，可联系记者团进行拍照和写稿子，并传到校新闻网与院新闻网上。

（3）班长联系主持人队，为比赛提供一名主持人。

（4）班长召开班委会，确立各项事宜并分配各项任务。副班长和团支书负责活动背景PPT制作及播放；纪律委员负责签到；生活委员负责会场前、后期清理；文艺委员负责会场布置；体育委员负责计时；组织委员负责参赛选手成绩统计和排名；心理委员负责现场维持秩序，学习委员负责赛后现场资料收集；宣传委员负责联系宣传部、主持人队、记者团，与选手胸牌的设计；班长负责嘉宾的邀请及欢送；体育委员作为机动人员，根据现场工作需要安排。

（5）评委及嘉宾邀请待定。

（九）活动流程

（1）主持人开场，介绍到场评委及嘉宾。

（2）比赛开始，选手按顺序出场，先进行自我介绍与命题演讲，再抽取即兴演讲题目，后面一组在前面一组表演时及时做好演讲准备，命题演讲结束后继续按照顺序进行即兴演讲。

(3) 本次比赛进行现场评分，一个选手演讲结束后，评委团进行评分，并由班长现场统计，每隔五个人就由主持人公布一次评分结果，演讲结束后由主持人宣布获奖选手，并颁发奖状。

(4) 请评委代表对此次演讲比赛进行现场点评。

(5) 全体同学欢送嘉宾离场，主持人言谢。

(6) 到场学生离场，全体班委留下清理会场。

(十) 后期处理

(1) 整理参赛资料，向学院提交或者存档。

(2) 班长、学习委员进行本次活动的总结。

(十一)

附：

班级"我的中国梦"主题演讲大赛评分规则

1. 评分标准 (总分 10 分)

(1) 演讲技巧。善于运用面部表情、手势和体姿，音调抑扬顿挫，富于变化，有熟练的技巧，有较强的艺术感染力，能吸引观众 (3 分)。

(2) 语音语调。语音语调标准，口齿清晰，发音准确 (2 分)。

(3) 演讲内容。积极向上，紧扣主题，体现当代大学生的精神面貌 (3 分)。

(4) 时间控制。严格遵守时间要求 (1 分)。

(5) 综合表现。衣着大方，举止得体，情绪饱满，仪表端庄，气质良好；整体流畅，气氛渲染得当 (1 分)。

2. 分值设定

总分 = 自我介绍 (10%) + 命题演讲 (60%) + 即兴演讲 (30%)

教师点评

(1) 有共同理想，才能有共同步调。在中国共产党领导下，坚持和发展中国特色社会主义，实现中华民族伟大复兴，必须树立中国特色社会主义共同理想。大学生要牢固确立在中国共产党领导下走中国特色社会主义道路、为实现中华民族伟大复兴而奋斗的共同理想和坚定信念。新时代坚持和发展中国特色社会主义，总任务是实现社会主义现代化和中华民族伟大复兴。

(2) "中国梦"就是要实现国家富强、民族振兴、人民幸福。中国梦是关乎国家的、民族的，更是与每一位大学生息息相关的，一个个小的梦想汇聚成为中国梦。每个选手可以从不同的侧重点，将小我与民族联系起来，努力实现自我的梦想，不忘初心，砥砺前行，为实现伟大复兴的中国梦汇聚力量。

(3) 该主题演讲能够加强同学们的爱国主义情怀，激发同学们热爱祖国大好河山、悠久历史与灿烂文化，感受祖国日新月异的变化，体会中国共产党建立新中国、改革开放等丰功伟绩。该活动着力引导同学们时刻心系民族命运、心系国家发展，将爱国情感转化为刻苦学习、奋发图强的动力，促使同学们树立伟大理想，提升道德素养，确立人生目标，立志成为未来祖国栋梁。

二、推荐活动二：主题团日活动

班级主题团日活动策划书

（一）活动背景

习近平总书记强调，核心价值观承载着一个民族、一个国家的精神追求，是最持久、深层的力量。广大青年要从现在做起，从自己做起，勤学、修德、明辨、笃实使社会主义核心价值观成为自己的基本遵循，并身体力行大力推广到全社会去，努力在实现中国梦的伟大实践中创造自己精彩人生。勤学、修德、明辨、笃实四个方面，既指明了培育和践行社会主义核心价值观的前进方向，又指明了实现途径和方法。四者辩证统一，有机联系，缺一不可。

青年的价值取向决定了未来整个社会的价值取向，青年是标志时代的最灵敏的晴雨表，时代的责任赋予青年，时代的光荣属于青年。如今，时代给予青年千载难逢的机遇，同时，也伴随前所未有的风险考验。对于新时期的青年，要大力弘扬传统美德，保持艰苦奋斗，厉行勤俭节约的生活作风；要主动到群众中去，多为群众解决力所能及的事；要用知识武装头脑，不断提升自己的素养，携起手来，激扬青春，在时代大潮中建功立业，成就自己的宝贵人生。

（二）活动主题

为实现中国梦注入青春能量。

（三）活动基本概况

1. 活动时间

××月××日 19：30-21：30。

2. 活动地点

大学生活动中心或公共教学楼多媒体教室。

3. 活动对象

班级团支部全体成员。

4. 活动形式

分享会，分组进行分享会并加入比赛环节。

（四）活动前期准备

（1）召开班干部会议。班级全体班干部开会，团支书向班干部们详细说明本次活动的主题，并让大家共同选择出这次活动的形式，让每个班干部都能出谋献计，表达自己的想法，商讨活动的形式与内容，最后投票决定。

（2）做好宣传工作。让同学们更多地了解本次团日活动的主题，时间地点和目的意义。

（3）除相关工作人员外，把班上全体同学分成若干组。

（4）奖品的购买，相关道具的筹备。

（5）资料的收集，游戏环节，问答环节的资料收集。

（6）团支书协助分配工作，各个班干部相互协调。

(7) 班长以及团支书负责整个流程工作的跟进。

(8) 各班干部相互配合，相互帮助，相互理解，共同对团日活动进行准备。

(9) 利用qq群，微博，微信等网络媒体以及各种宣传阵地加强活动的宣传，努力扩大活动的参与面和覆盖面。活动结束后需上交活动照片、新闻稿以及其他活动宣传资料。

(五) 班委工作安排（见表5-1）

表5-1 班委工作安排

序号	具体任务	负责人
1	活动策划，找主持人，做评分表	团支书
2	场地申请，场面控制	班长
3	下载视频，音响的租借	副班长
4	计分、跟进各组学习情况，提前收集各组分享资料（ppt）	学习委员
5	计分、抢答问题的准备	组织委员、体育委员
6	奖品和相关道具用品购买	生活委员、心理委员
7	现场拍照、活动前期后期qq微信，微博宣传	宣传委员
8	活动现场的布置和后期清理	全体班干部

(六) 活动简介

本次团日活动，采用分享会的形式，快乐学习的宗旨。本次的分享环节，抢答环节都加入评分，最后得出1，2，3名和2名优秀奖，以提高同学们参与的积极性。

分享环节（70分）：将班上的同学分为5组，让大家以小组的形式学习习近平总书记新时代中国特色社会主义思想，然后在活动现场让各小组以自选形式（ppt等）分享给班上的同学。

抢答环节（30分）：本次抢答的问题是关于中国特色社会主义思想，答对一道奖10分。

(七) 活动流程

(1) 同学签到完毕。

(2) 主持人开场。

(3) 全体唱班歌。

(4) 开场节目：具有文艺特长的同学表演。

(5) 分享会：第1、2、3组上台分享。

(6) 中场视频。

(7) 第4、5组上台分享。

(8) 抢答环节。

(9) 游戏环节。

(10) 宣布结果颁奖（前3名和2名优秀）。

班级团支部

20××年××月××日

教师点评

（1）本次团日活动采用分享会的形式，组织团员分享、讨论学习总书记讲话的感受和思考，努力让同学们将“勤学、修德、明辨、笃实”重要要求内化于心、外化于行。一是要勤学，下得苦功夫，求得真学问。要勤于学习、敏于求知，注重把所学知识内化于心，形成自己的见解，既要专攻博览，又要关心国家、关心人民、关心世界，学会担当社会责任。二是要修德，加强道德修养，注重道德实践。修德，既要立意高远，又要立足平实。要立志报效祖国、服务人民，这是大德，养大德者方可成大业。同时，还得从做好小事、管好小节开始起步，踏踏实实修好公德、私德，学会劳动、学会勤俭，学会感恩、学会助人，学会谦让、学会宽容，学会自省、学会自律。三是要明辨，善于明辨是非，善于决断选择。面对世界的深刻复杂变化，面对信息时代各种思潮的相互激荡，面对纷繁多变、鱼龙混杂、泥沙俱下的社会现象，面对学业、情感、职业选择等多方面的考验，要学会思考、善于分析、正确抉择，做到稳重自持、从容自信、坚定自励。四是要笃实，扎扎实实干事，踏踏实实做人。青年要把艰苦环境作为磨炼自己的机遇，把小事当作大事干，一步一个脚印往前走。

（2）本次主题团日活动呈现个人理想要以社会理想为指引。通过开展本次团日活动，让同学们明白追求个人理想的实践活动都是在社会中进行的，正确的个人理想不是依个人主观愿望随意确定的，从根本上说它是由正确的社会理想规定的。同时，个人理想的实现，必须以社会理想的实现为前提和基础。个人理想只有同国家的前途、民族的命运相结合，个人的向往和追求只有同社会的需要和人民的利益相一致，才可能变为现实。

三、推荐活动三：参观爱国主义教育场馆

参观湘江战役纪念馆活动策划书

（一）活动背景

文化是人的精神家园，是一个国家和民族的标志与灵魂。中国革命波澜壮阔的历史进程，革命者感天动地的丰功伟绩，革命旧址，遗物展现的震撼心魄的场景，永远都是感动和教育后来人的最佳教材。红色文化见证了“没有共产党就没有新中国”的历史，马克思主义中国化理论成果发展进程中的重要环节，提炼和凝聚了中国共产党人的革命精神，并使之在中国革命建设和改革开放的实践中得以传承，使同学们在实践教学中受到润物细无声的熏陶。

（二）活动目的

（1）通过聆听湘江战役纪念馆景点的讲解，点燃参与活动的人员的红色激情，真切的感受过去的烽火岁月，接受一次心灵的洗礼。

（2）促使同学们了解国家的历史，激发同学们的爱国热情，让同学们在实践中学到革命精神，坚定同学们承担历史重任的不变信念。

（3）进一步丰富广大学生的校园生活，增进同学之间的感情，构筑和谐校园生活。

（三）活动主题

缅怀革命先烈，坚定理想信念。

（四）主协单位

××班班委。

（五）活动时间及地点

时间：××月××日。

地点：湘江战役纪念馆。

（六）活动形式

参观湘江战役纪念馆，瞻仰烈士墓碑。

（七）活动流程

（1）带领同学乘车到湘江战役纪念馆。

（2）清点人数，组织同学进入馆内参观。

（3）听工作人员讲解馆内的物品，照片，文字材料。

（4）每位同学写下承诺书，签字立志。

（5）组织同学到相应墓碑瞻仰。

（6）带领同学回学校，活动结束。

（八）活动意义

通过举办此次活动引导和加强班级同学深刻感知红军坚定的理想信念，为同学们提供一个学习与交流的平台，提高大家对党的认识，坚定大家的理想信念。

（九）注意事项

（1）在出发前以及返程前需注意人员是否到齐，确保活动中同学们的安全。

（2）各位同学应积极配合班干部的工作，以确保活动的顺利进行。

（3）参观时要保持良好的秩序，不要出现交头接耳、大声喧哗、在馆内吃东西等不好的现象。

（4）参观时应该严肃认真，以提高自身素质、加强文化涵养为目的。

（5）提醒同学们把握自由参观的时间，以确保统一返程的时间无误。

（6）如果有意外情况的发生，务必第一时间告知班主任。

教师点评

（1）教师组织同学们参观湘江战役纪念馆和革命烈士陵园，使同学们学习和继承红军不怕苦和牺牲奉献的精神，激发同学们对中国革命历史的认同感，从而更加坚定中国特色社会主义的理想信念，让同学们明白中国特色社会主义不是从天上掉下来的，而是中国共产党带领人民历经千辛万苦找到的实现中国梦的正确道路。

（2）此次活动是一次极具意义的爱国主义教育课，有利于增强爱国主义精神和历史责任感，铭记革命先辈伟大事迹，学习继承革命精神，大力发扬爱国主义精神。

（3）此次活动让同学们更加坚定中国共产党的领导。中国共产党自诞生之日起，就把为中国人民谋幸福、为中华民族谋复兴作为自己的初心和使命，并团结带领全国各族人民不懈奋斗，战胜各种艰难险阻，不断取得革命、建设、改革的伟大胜利。

第六章　弘扬中国精神

第一节　实践教学目标

一、实践教学要求

通过实践教学，引导大学生在案例分析、实践活动中深入掌握中国精神的内涵，全面理解并自觉践行以爱国主义为核心的民族精神和以改革创新为核心的时代精神。掌握爱国主义的科学内涵和根本要求，通过实践活动进一步提升民族自尊心和自豪感，坚定爱国者的信念，以实际行动促进民族团结和祖国统一。通过学习改革开放伟大成就，调动同学们切身体验认真思考总结，深刻认识到创新始终是鞭策我们在改革开放中与时俱进的精神力量。通过主题实践活动，培养大学生弘扬时代精神与民族精神的主体意识与自觉行动，引导大学生明确意识到自己肩上担负的民族复兴的时代使命，激励他们主动担当，有所作为，相互勉励，共同进步，在学习生活中实践并传承中国精神，以实际行动做忠诚的爱国者和走在时代前列的奋进者。

二、实践教学目标

在实践中加深对中国精神的内涵与特征的认识。坚定四个自信，将远大理想与对祖国的高度责任感、使命感结合起来，做中国精神的弘扬者。系统学习与体验中国精神内容，从中华优秀传统文化中汲取养分，在改革开放实践中学习新时代中国精神的新内涵，促进个人成长与社会进步。

深刻认识大学生的历史使命，初步培养学习传播优秀传统文化能力。在明确时代使命与青年责任的基础上，提高创新意识与创新能力。自觉领会并弘扬中国精神的丰富内涵，分析蕴含在祖国建设发展、人民勤劳奉献、优秀传统文化中的中国精神，提升大学生的思想素质。把艰苦奋斗和创新发展结合起来，甘于奉献、乐于创新，主动把奋斗和创新作为大学生必备素质。

三、实践教学重点及难点

主题实践活动重点在于引领大学生通过案例体会爱国主义的内涵，明确爱国主义是民族精神的核心；充分认识人民群众对自己祖国的深厚感情，深刻理解个人对祖国的依存关系。从情感上、心理上、理性上体验对故土家园、民族和文化的归属感、认同感、尊严感与荣誉感，在调节个人与祖国之间关系时自觉运用爱国主义道德要求、政治原则、法律规范，坚定地做忠诚的爱国者。

通过案例分析，引导大学生全面理解改革创新是社会发展的重要动力，坚持改革创新是新时代的迫切要求。带领同学们讨论中华民族灿烂文明中处处彰显着的创新创造的民族禀赋，进一步强化大学生创新创造的信心。通过探寻当代大学生创新创造的典范事迹，引导大学生树立改革创新的自觉意识，激发大学生作为改革创新生力军的责任感，激励同学们刻苦学习，勤勉实践，主动担负起时代责任，主动增强改革创新的能力和本领，让改革创新成为实现青春梦想的强大动力，在改革创新的实践中奉献祖国、服务人民、实现人生价值。

四、实践教学方式

参观走访当地博物馆，深入了解当地历史人文知识，在欣赏大美河山、学习悠久历史中加深对祖国的热爱，用心感受人民群众开天辟地、生产革命的智慧勇敢，汲取中华民族艰苦奋斗、创新创造的禀赋精神。结合当地文化资源，开展“中华经典诵读”、诗文书法展示、优秀剧目演出等文化活动，亲身参与其中，感受美的力量，在文化传承与弘扬过程中，深刻体会中华民族绵延至今的爱国精神、创新精神。观摩学校大学生科技活动基地、创业孵化中心等，邀请创新创业朋辈典范分享经验感受，积极参与大学生学术科技活动，在实践中培养创新意识、创新能力、创新素质，在体验中理解创新是民族发展的根本动力，主动担负起大学生参与改革创新的时代责任。

第二节　实践典型案例与分析

一、案例一：爱国，是他刻在宇宙星空的座右铭

2018 年 7 月，国际小行星中心正式将编号为 212796 号的小行星命名为“郭永怀星”。

郭永怀，中国力学科学的奠基人和空气动力研究的开拓者，也是以烈士身份被追授“两弹一星”功勋奖章的科学家，他的名字以这样的形式继续熠熠发光。

“我们拼命地欢迎你!”

中国科学院力学所大楼三层，一直保留着首任副所长郭永怀的办公室。他的隔壁是力学所首任所长钱学森。早一步归国的钱学森曾数次写信给这个同门师弟：“快来快来，我们拼命地欢迎你!”

1938 年，中英庚子赔款基金会留学委员会举行了第七届留学生招生考试，在 3000 多名参考者中，力学专业原本只招一名。考试结果公布，郭永怀与钱伟长、林家翘一起以相同的最高分数同时被录取。

1940 年，郭永怀一行赴加拿大的多伦多大学应用数学系学习。次年，郭永怀来到美国加州理工学院，和钱学森一起师从世界气体力学大师冯·卡门。

当时，喷气式飞机已经出现，但声障是飞行速度进一步提升的难关。在康奈尔大学，郭永怀的研究为人类实现超音速飞行做出了重要贡献，他也因此在国际学术界声名鹊起，成为康奈尔大学航空工程研究生院的三个著名攻关课题主持人之一。

到美国来，是为了将来回去报效祖国

1945年，获得博士学位的郭永怀受聘到康奈尔大学任教，他的研究成果为人类突破音障、实现超音速飞行做出了重要贡献。当时，凭着他的研究成果和业务能力，想到美国任何一家科研单位工作都是没问题的。然而，他在回答美国有关部门提出的“为什么要到美国来?”这一问题时，他说：“到美国来，是为了将来回去报效祖国。”为此，他不能进入美国与国防尖端技术有关的实验室去工作，而他自己也有意不去和那些“敏感部门”打交道，免得将来给自己的回国增添不必要的麻烦。

1953年7月，朝鲜停战协定签订，日内瓦中美大使级会谈开始。不久，美国政府取消了禁止中国学者出境的禁令。

郭永怀的老伴李佩教授回忆说：“禁令一取消，老郭就坐不住了，整天盘算着回国。那时美国的许多朋友，包括已经加入美籍的华人朋友都劝他，为什么总是挂记着那个贫穷的家园呢？不劝倒罢，劝的人越多，老郭越来火。他说，‘家穷国贫，只能说明当儿子的无能！’”

何去何从？郭永怀选择了祖国的需要。为了避免美国当局节外生枝制造麻烦，他把十几年来写成的没有公开发表过的书稿，一叠一叠地丢进火里烧成灰烬，学生看到这一幕都惊呆了，李佩也感到非常可惜，便劝阻说：“何必烧掉？留下回国还有用。”郭永怀说：“省得他们再找麻烦，这些东西都装在我脑子里了，属于自己的知识，美方无法扣下。”

1956年9月30日，郭永怀、李佩等科学家到达罗湖边防站，他们终于踏上了祖国的土地。

“我想尽快投入工作”

郭永怀回到北京后，钱学森推荐他担任了中国科学院力学研究所副所长。不久，周恩来在中南海接见了郭永怀，问他有什么要求，郭永怀焦急地说道：“我想尽快投入工作……”

之后，郭永怀便全力以赴地投入到了高超空气动力学、爆炸力学、电磁流体力学、飞行力学和固体力学的研究和指导工作之中。

在我国“两弹”发展的关键时刻，钱学森再一次向党中央推荐了郭永怀。

在党中央决定自行研制核武器后，由105位科学家组成了一个特殊的科研群体。郭永怀当时担任九院副院长，主管力学部分，并负责武器化的设计指导。1963年，他随科研队伍前往青海新建的基地，在恶劣的自然条件下忍饥挨饿，风餐露宿，在艰苦的条件下解决了许多重要的动力难题，被戏称为核研究领域的“三尊大菩萨”之一。

在郭永怀的倡议和积极指导下，我国第一个有关爆炸力学的科学规划迅速制订出台，从而引导力学走上了与核武器试验相结合的道路。

同时，郭永怀还负责指导反潜核武器的水中爆炸力学和水动力学等相关技术的研究工作。此外，在潜对地导弹、地对空导弹、氢氧火箭发动机和反导弹系的研究试验中，他都做出了巨大的贡献。

在对核装置引爆方式的采用上，他提出了“争取高的，准备低的，以先进的内爆法为主攻研究方向”。为确立核装置的结构设计，郭永怀提出了“两路并进，最后择优”的办法，为第一颗原子弹爆炸确定了最佳方案，对一些关键问题的解决起到了决定性作用。这一方案不仅为第一颗原子弹研制投爆所采用，而且为整个第一代核武器的研制投爆（所）一直沿用。

"成为祖国力学事业的铺路石子"

郭永怀长期主持中科院力学研究所的工作，与钱伟长一起创办了清华大学力学研究班。1958年，郭永怀参与创建的中国科学技术大学成立，为新中国培养了大批不可或缺的尖端科技人才。

他的学生、上海大学终身教授戴世强一直记得1962年第一次见到郭永怀时的情景。当时，郭永怀对他的两个研究生说："我们这一代，你们及以后的二三代要成为祖国力学事业的铺路石子。"

戴世强说，郭永怀自己正是这样做的。作为我国近代力学的奠基人之一，他为此贡献了毕生精力，在中科院力学所，在中科大，在九所，到处可以看到他的"铺路石子"精神结出的硕果。

随他的名字一起铭刻在宇宙星空的，是爱国情

在20世纪50年代末，一批中国科学家突然"神秘消失"，时隔多年，人们才知道他们是隐姓埋名投身于我国的核武器研制。郭永怀就是其中一位。

1960年，郭永怀被任命为第二机械工业部第九研究所副所长，负责我国核武器的研制。"两弹"研制所在的青海基地，海拔3000多米，最低气温零下40摄氏度，生存环境极其恶劣。50多岁的郭永怀经常和其他科研人员一起，喝碱水、住帐篷、睡铁床。

在此期间，郭永怀同时参与领导了我国第一颗人造地球卫星"东方红一号"的研制。由于长期从事绝密工作，和家人聚少离多，郭永怀年幼的女儿过生日时向他要礼物，他只好满怀歉意地指着天上的星星说，以后天上会多一颗星星，那就是爸爸送你的礼物。

1968年12月4日，在研制基地整整待了两个多月的郭永怀，在试验中发现了一个重要线索。他要急着赶回北京，于是就让人抓紧时间联系飞机。然后，他匆忙从研制基地赶往兰州，在兰州换乘飞机的间隙里，他还认真地听取了课题组人员的情况汇报。

5日凌晨，飞机在首都机场徐徐降落，在离地面400多米的时候，飞机突然失去平衡，偏离了降落的跑道，歪歪斜斜地向1公里以外的玉米地一头扎了下去。只听"轰"的一声巨响，飞机前舱碎裂，紧接着，火焰冲天而起……

前来迎接郭永怀的人们从惊骇中清醒过来后，急忙向出事现场飞奔过去。找到郭永怀的遗体时，只见他常穿的那件夹克服已被烧焦了大半，而他和警卫员牟方东紧紧地拥抱在一起。当人们费力地将他俩分开时，才发现郭永怀的那只装有绝密资料的公文包完整无损地夹在他俩胸前……可以说，在飞机遇险、生命将尽的最后瞬间，郭永怀想到的只是用身体来保护对国家有重要价值的科技资料！

周恩来得知郭永怀牺牲的消息，顿时流下了眼泪。钱学森更是伤感不已地叹息："一个全世界知名的优秀力学专家离开了人世！"

郭永怀牺牲22天后，我国第一颗热核导弹成功试爆，氢弹的武器化得以实现。

1999年，中共中央、国务院、中央军委在人民大会堂隆重表彰为"两弹一星"事业

做出突出贡献的科技专家，郭永怀是被表彰的23位“两弹一星”元勋中的烈士。

（本案例参考资料：

［1］董瑞丰，“两弹一星”元勋郭永怀：甘做祖国力学事业的铺路石，新华网，2018-08-12；

［2］梁俊英，“两弹一星”元勋郭永怀：用生命保护国家绝密数据，党史纵览，2012-01）

教师点评

（1）郭永怀用实际行动诠释了当代知识分子强烈深沉的爱国情怀。他不惜当众销毁在国外的所有研究资料，克服重重阻挠、冒着生命危险回到成立不久的新中国，就是为了用自己的知识让祖国强盛起来。对科学家而言，呕心沥血取得的科学研究成果是他的珍宝。而在郭永怀心中，比科学研究成果更宝贵的是能够用自己的知识来报效祖国。在生命的最后一刻，用身体保护国家重要技术资料是他留给世人的永恒的姿势。

（2）郭永怀放弃优越的科研条件与生活待遇，完全不计个人得失，为强国兴国甘于奉献、攻坚克难。归国后，他顾不上女儿、不计较待遇，全心全意地投入到“两弹一星”的研究工作中。面对简陋的科研环境和艰苦的生活条件，郭永怀为工作人员率先垂范，乐观坚定地冲在科研攻关第一线，切实高效地解决了许多重大技术难题。他为“两弹一星”的成功研制披肝沥胆，无私奉献，无怨无悔地贡献了自己的全部的精力、智慧乃至生命。

（3）郭永怀在“两弹一星”研制工作中大胆创新，开创性地提出研究方案和技术设计。他深知只有创新才能让祖国巍然屹立于世界民族之林，因而高度重视创新人才的培养。作为我国近代力学的奠基人之一，他为培养创新人才倾囊相授、甘为人梯，贡献了毕生精力。

二、案例二：学习，是创新的唯一捷径

青岛港与世界上130多个国家和地区的450多个港口有着贸易往来，在世界贸易中发挥着举足轻重的作用。青岛港码头工人用智慧和汗水托起了自己的中国梦。

“大国工匠”许振超

“干就干一流，争就争第一。”这是青岛前湾集装箱码头有限责任公司固机高级经理、中华全国总工会原副主席（兼职）许振超的“座右铭”。

1974年，只有两年初中文化的许振超来到青岛港当上了一名码头工人。那时，港口装卸作业方式很落后，体力劳动繁重、工作环境艰苦。“当时我经常一边工作，一边思考：难道码头工人就不能摆脱这种出大力、流大汗的命运吗?”许振超回忆说。

慢慢地，青岛港进口了一些现代化机械设备。由于工人们不了解使用和维护技术，设备经常出故障，有的用了不到一年就损坏了，还有的酿成了事故。

“缺少知识误人误事，唯有知识才能改变命运。”这一信条很快占据了许振超的头脑。此后，许振超身上不离“两件宝”——笔记本和英汉小词典，刻苦自学桥吊核心电路等知识，其中不少是英文资料。

1984年青岛港组建集装箱公司，许振超因肯钻研、技术好，被选为第一批桥吊司机。

经过苦练，他成功练就了“一钩准”等“绝活”，带出了“王啸飞燕”等一大批具有社会影响的“绝活”品牌。

“绝活儿”模范许振超

许振超的“无声响操作”，偌大的集装箱放入铁做的船上或车中，居然做到了铁碰铁，不出响声，这是许振超的一门“绝活”，其实他所以创造了这种操作法，是因为它可以最大限度地降低集装箱、船舶的磨损，尤其是降低桥吊吊具的故障率，提高工作效率。实践证明，它是最科学也是最合理的。

有一年，青岛港老港区承运了一批经青岛港卸船，由新疆阿拉山口出境的化工剧毒危险品，这个货种特别怕碰撞，稍有碰撞就可能引发恶性事故。当时，铁道部有关领导和船东、货主都赶到了码头。为确保安全，码头、铁路专线都派了武警和消防员。泰然自若的许振超和他的队友们，在关键时候把“绝活”亮出来了，只用了一个半小时，40 个集装箱被悄然无声地从船上卸下，又一声不响地装上火车。面对这轻松如“行云流水”般的作业，紧张了许久的船主、货主们迸发出了欢呼。

许振超是位创新的探索者，他的认识很朴素：我当不了科学家，但可以有一身的“绝活”。这些“绝活”可以使我成为一名能工巧匠，这是时代和港口所需要的。就是凭借着这样的一种信念，许振超的“技术口袋”里的“绝活”越来越多了。

“一钩准”是许振超 20 世纪 70 年代初开门机时的创造。集装箱上有 4 个锁孔，从几十米高的桥吊上看下去，很难分辨，更别说用在空中摆荡的吊具放下去，一次把锁眼都对齐，把集装箱抓牢靠了。但是，许振超和他的队友们就是做到了。许振超炼成“一钩准”的诀窍是：钩头起吊平稳，钢丝绳走“一条线”。他的大徒弟张显新操作起来，轻松自如，一钩一个准。他笑着说：“我练了 1 年才练出来的。”

“一钩净”是许振超的又一项发明。在青岛港开吊车的司机，都知道一个“四稳”的口诀：就是在舱内起钩要稳，旋转时要稳，落钩时要稳和变幅时要稳。但要协调做到这四个方面很不容易。特别是落钩，操作不好就会造成货物撒漏。如何能做到不让货物撒出来？许振超开始练习，练了半年后，做到了吊具一钩下去，一点儿不差，他把这种技术起名为“一钩净”。抓粮食时，吊具一抓斗重 10 吨。要准确地把抓起来的 10 吨粮食装入长 12.5 米、宽 2.7 米的车厢，很不容易。因为吊车的抓斗伸张开有 3.4 米，比车厢要宽。许振超就反复练习，琢磨抓斗的嘴张多大正合适，终于找出了恰当尺寸。铁路运粮食时，对装车的标准要求很严格，粮食要在车厢内打个尖，高出车厢 80 公分，码头工人叫起“龙骨”。打这个“龙骨”很难，坡度要合适，坡面要平滑，盖上篷布后，才能不存雨水。许振超用他的“一钩净”，把这些问题给解决了。

许振超发明的“二次停钩”如今已经被桥吊司机们广泛应用。他经过统计发现，桥吊作业中最容易出安全问题的环节就是箱子一起一落的时候，为避免发生类似问题，他要求桥吊队每名司机在吊箱时都要做一次“二次停钩”，就是箱子刚离地和快落地的一刹那，放慢速度，先观察后起落，这样做虽然使每次操作时间多了几秒钟，但杜绝了事故隐患，最终提高了生产效率。

许振超的另一个“绝活”叫“无故障运行”。结合青岛港口的实际，许振超提出了一个核心班轮保班作业“一二三”的工作法，“一”就是“一个目标”：桥吊呈现无故障运行；“二”就是“两个制度”：凡是保班作业，一是技术主管昼夜值班制，二是出现突发故障15分钟排除制度；“三”是“三个事先”：对桥吊，保班作业前要技术主管事先检修一遍，事先掌握船舶技术资料、作业箱量，事先动员。功夫不负有心人，他们实现了保班作业无故障运行的目标。之后，他们又在全国沿海港口率先实现了“核心班轮保班全部100%”的目标。

绝活儿就是生产力

青岛前湾集装箱码头，工人绝活儿表演展现了一个个惊心动魄的画面：

在“立强飞刀”的绝活儿表演中，青年工人安立强利用固定在叉刀上的电动砂轮机，割断直径仅有两毫米并紧贴在灯泡上的钢丝。飞溅的火花，让现场的每一个人都为他捏了把汗。

“盲拆闸板阀”的绝活儿，则让人见证了维修工人平时在岗位上蒙着双眼练习对管道阀门的盲拆盲装。

“绝活儿就是生产力！”走进青岛港，在每个岗位上都能看到工人们娴熟的“绝活儿”技能。

时间回溯到2003年4月27日，超级巨轮“地中海法米娅”号靠港，需要紧急卸下3400个集装箱。能不能在最短时间内安全卸下这批集装箱，是对青岛港集装箱业务扩展的一次考验。

许振超给大家鼓劲加油：“咱们是当代中国产业工人，是码头的脊梁，这活儿一定要干净利落地拿下来，为咱中国人争口气。”8台桥吊一字排开，鏖战6小时27分钟，桥吊队创出了单船效率339个自然箱的佳绩，改写了世界集装箱卸货效率的新纪录，创出了震惊世界的“振超效率”。如今，这个纪录已经先后被他们刷新8次。

大型集装箱船“地中海洛丽塔”号船长曾感叹道：“10小时以内完成装卸，这是不可思议的装卸效率。我到过欧洲许多大港口，这里是最优秀的。”

青岛港集装箱“10小时完船保班”的这一年，许振超54岁，成了新时期产业工人的杰出代表，以他名字命名的“振超效率”扬名国际航运界。

在许振超看来，“青岛港能够有今天的发展，在于有一个培育‘金牌工人’的土壤和展现当代产业工人才华的舞台。”

青岛港的效率和品牌，都是以创造这一成绩的工人名字命名，比如：以曾经19次打破矿石装卸世界纪录的孙波命名的“孙波效率”、以全国闻名的灌装效率创造者皮进军命名的“进军灌装”……不仅装卸主业有员工品牌，就连后勤也有员工品牌，每个岗位都有学习的“楷模”。

目前，青岛港已经拥有了1380多个员工品牌和1800多个绝活儿，平均每17个人中就有一个员工品牌，每13个人中就有一项绝活儿。仅今年以来，全港就有3.2万多人次参加生产竞赛，创造、刷新生产纪录263项次，港口作业效率持续攀升。

最好的奖赏

许振超是20世纪60年代末毕业的“老三届”。他成为了世界一流的“技术专家”，在合资公司里再担重任，连外国合资方都佩服他。许振超踏着时代节拍前进的武器是“学习”。他在日记中写道：“悟性在脚下，路由自己找。”

在青岛港里，许振超虽然是工人，但从上到下都把他划到技术人员圈里。青岛港与英国铁行、丹麦马士基、中国远洋公司组建合资公司时，他反而进一步受到重用，被聘请出任专管设备和技术员的技术部固机部经理，手下工程师就有40多名，名正言顺地走进了技术管理人员的行列。合资公司开给他的月工资超过6000元，不但是固机部里最高的，而且比青岛港（集团）有限公司的党委书记还高。公司前两年还专门奖励了他一台笔记本电脑。

技术部技术主管刘俊泉是许振超的手下。他1986年大专毕业后，就和许振超共事。他说：“从文凭上看，我比老许高，但他做了我的领导，我服气，因为他的技术领先于我。我年轻时打扑克、下象棋，他则把所有的时间都用来学习。他比我大11岁，学习起来吃力得多，但他坚持学习，超过了我。现在我觉得不学没有出路，我业余时间也在学习。”

最令许振超自豪的是，青岛港几乎不用请外人帮助修理桥吊设备故障，他们有能力自己排除。看着设备转得安全，许振超说：“这是对我最好的奖赏。”

学习是唯一的秘诀

许振超是一名普通的码头工人，但他勤奋好学，成了一名“桥吊专家”；许振超只上过一年多的初中，可他凭借苦学苦练，成了码头上人人知晓的“许大拿”。许振超的脱颖而出，没有什么秘诀，用他的话说就是要学习。

20世纪70年代，他刚进港口的时候，别人上班包里只拎个饭盒，他的包里却多一本书。到上海港学桥吊，别人周末去逛上海滩，而他一门心思地泡在码头上鼓捣图纸。许多人感到“老搬”不会有什么大作为，可许振超相信：知识可以改变命运，岗位能够成就事业！他说过一句令工友们感到震撼的话：一个人可以没文凭，但不可以没知识；可以不进大学殿堂，但不可以不学习。

坚持学习。学习的过程是一个不断解放思想、继承创新、加快发展的过程。只有不断用新的知识武装头脑，我们才能把握新的发展机遇，才能够不断地接纳新事物和新观念。青岛港鼓励工人们掌握新知识，学习新技术，一个劳动密集型企业就逐渐实现了向技术密集型人才企业的转变。青岛港基层的一些干部都说，不学习就没有办法面对日新月异的发展形势和科技含量更高的竞争要求。

学无止境。“活到老，学到老”是句老话，许振超品出了这话的“个中三昧”。他用一种严谨的求学态度鞭策自己，警醒自己不能满足一知半解。他注意知识的更新，也注重不断地进取。基于这样的一种认识和百折不挠的钻研精神，许振超入港30年，实现了年年有创新。可贵的是他除了自己学，还带领着工友们一起学，他将自己多年来的驾驶、维修桥吊技术总结编制了一本《装卸桥司机操作手册》，把成才的捷径教给大伙。在他的带动下，全队工人把学习的风气搅浓了，一批“桥吊专家”冒了出来。

岗位成才。许振超的学习与实际联系很紧，他用学来的知识解决了大量的实际问题。青岛港轮驳公司的职工徐从泰向集团职代会提出了这样一个提案：配备6艘大马力拖轮、一艘趸船。徐从泰知道，这是一笔巨大的投入，能否通过，他有些担心。让他没想到的是：青岛港主管部门立即与他面对面反复论证，提交职代会通过后，投入2.4亿元，很快把他的提案变成了现实。近两年，青岛港职工提出的183条提案，件件有答复，事事有落实。职工提出的680多个金点子“点点生金”，产生效益2.3亿余元。

如今的许振超，仍经常在青岛港为他设立的“许振超大师工作室”里，和新一代码头工人，围绕自动化集装箱码头技术，开展以高效服务为目标的创新。“我们不要‘差不多’！要干就尽力追求完美，争取世界领先！”他说。

(本案例参考资料：

[1] 苏万明，“干就干一流，争就争第一”——“大国工匠”许振超的筑梦之旅，新华网，2019-01-10；

[2] 何春中，“金牌工人”缔造世界效率，中国青年报，2013-08-15)

教师点评

(1) 大国工匠许振超展现出新时代劳动者追求卓越的优秀品格。工匠精神是在平凡中追求卓越、在困境中勇于挑战、在成功时不断进取的品格。许振超在工作岗位上主动寻求突破，越突破越能实现突破，在桥吊技术上乐于面对挑战，越挑战越能接受挑战。他秉着中华民族吃苦耐劳、勤勉坚韧的精神，在生产劳动中实现人生价值，在追求卓越中砥砺优秀品格，精益求精，坚持不懈，从未停下奋斗的脚步。

(2) 许振超在工作中乐于创新、勇于实践，创造了许多“绝活儿”。为了使工作更高效更安全，他善于观察总结、发现问题，勤于思考、把握规律，以不甘人后、开拓创新的精神进行操作技术创新，刻苦钻研修理技术，带领同事共同进步，创造了青岛港的生产纪录，提升了港口工作效率。学习是许振超创新的不二法宝。许振超深刻理解创新对于国家民族生存、企业个人发展的重要意义，争分夺秒、见缝插针地坚持学习，从书本里学，在问题上学，向实践中学，也带动了更多同事自觉学习，营造了学习创新的良好氛围。

三、案例三：这是我们的战“疫”

中华民族一家亲。新冠肺炎疫情发生以来，来自祖国各个地区、不同民族的医护人员，纷纷驰援湖北、驰援武汉，大家有着共同的目标：战胜疫情。

新疆支援湖北医疗队巴哈古丽·托勒恒（哈萨克族）
“让团结之花绽开在方舱内”

近日，武汉市东西湖方舱医院C厅一位医疗队队员穿防护服教患者跳舞的视频火了，领舞的是来自新疆的巴哈古丽·托勒恒。

“刚进舱时，发现患者心情不太好，队长就建议我带头跳个舞、表演个节目，舒缓一下大家的心情。”第一次进舱的巴哈古丽·托勒恒接到了任务。

巴哈古丽·托勒恒从哈萨克族舞蹈《黑走马》开始，陆续就有戴着口罩的患者聚到她身边，跟着跳起来……

平时，医务人员都穿着防护服、戴着口罩，很难辨认；但这支来自新疆的医疗队，患者很熟悉，“他们写在防护服上的名字长又长，还个个能歌善舞的。”患者陈先生说。

除了带大家唱歌、跳舞、做操，巴哈古丽·托勒恒和队员们还把从家乡带来的红枣、核桃、葡萄干等新疆特产，分给舱内的患者。

网友们很喜爱巴哈古丽·托勒恒，有人还给她创作了手绘漫画；她第一时间把漫画做成微信头像。“不分民族和地域，大家都是一家人，让团结之花绽开在方舱内。”巴哈古丽·托勒恒说。

中部战区总医院护士张宏淼（土家族）
“看到病人出院，特别自豪”

“爷爷讲，当年是共产党解放了咱们土家人。轮到咱们出把力的时候，不能含糊。”这名淳朴的土家女孩，在疫情发生后退掉春节回家的车票，穿上防护服，加入抗击新冠肺炎疫情的队伍……

一天晚班，在查房过程中，张宏淼发现了一名有发热症状的疑似患者辗转反侧难以入睡；查完房后，张宏淼悄悄来到了这名患者的床边。

“我自己在武汉看病，每天心里悬着，实在睡不着。”患者轻声说。

“要注意休息，睡眠不好很影响康复。我也是一个人在武汉，有什么担忧可以跟我说说。”“不知道检测结果什么时候出来，担心被确诊，家里人还等着团聚……”张宏淼一直陪这名患者聊到凌晨2点。

“病人们都比较紧张，让他们把担忧吐露出来，我们再用专业知识加以排解，效果更好。”那晚，这名患者终于睡实了。

“看到病人出院，特别自豪。”张宏淼说。

甘肃首批支援湖北医疗队队员张燕琴（藏族）
“能为抗疫出点力，是我的荣幸”

“今天，是来武汉的第26天。工作、生活都完全进入了正轨，大部分患者的情况也一天天好转。”2月22日，张燕琴在日记中写道：“相信胜利不会遥远。”

张燕琴今年37岁，在甘肃省中医院工作了18年，现任康复医学科护士长。春节期间，她在医院值班。接到增援武汉的通知后，来不及与家人商量，就写了请战书。“我是党员，而且有在重症医学科工作的经历，让我上！”

她是藏族，老家在甘肃甘南藏族自治州。“我父亲是骨外科医生，从小耳濡目染，选择了这一行。这次来武汉支援，能为抗疫出点力，是我的荣幸！”

2月2日，丈夫王晨给她写来一封家书：“我和儿子整天盯着电视，看武汉的抗疫新闻。当看到你穿戴着厚重的防护装备时，我们能感受到你的坚韧与强大！期盼你早日平安凯旋！”

在武汉市中心医院后湖院区，张燕琴和同事分成两个组，照顾重症病人。除了常规的输液、喂药等护理工作，她们还要担负起打扫卫生、为生活不能自理的病人服务等工作。“他们说的武汉话，我听不懂，后来大家就说谢谢、竖大拇指。”张燕琴说。

“来了这么多天，还没有正经休息过。”张燕琴告诉记者，前几天她和同事去楼下散步，发现院子里的梅花开了，“春天已经来了，这座英雄的城市也快好了！”

北京瑶医医院院长覃迅云（瑶族）
“治好病人，才算真本事”

2月21日，在武汉市红十字会医院，51岁的袁先生康复出院，进入隔离观察期，这是覃迅云参与救治出院的第一位新冠肺炎患者。

覃迅云是广西瑶族人，现任北京瑶医医院院长。1月23日起，在北京的覃迅云就一边请战，一边通过远程会诊给患者看病。2月15日，请战获批的覃迅云和医疗队从北京西站上车到信阳东下车，再转乘大巴到武汉驰援一线。

第二天上午，经过防护培训之后，覃迅云到达武汉红十字会医院。这家医院收治的几乎都是急、危、重症患者！

有一次，覃迅云所在的病区里，有一位中年女士发烧40摄氏度持续不退，咳嗽憋气严重，不太配合治疗……覃迅云一直安慰她："你还挺年轻，请相信我们会把你这个病治好的。"随后，覃迅云又给她讲解了很多中医药的诊疗方案；如今，在覃迅云的治疗下，她的呼吸慢慢顺畅了……很多医护人员夸赞覃迅云，他总说，"医生只有治好病人，才算真本事。"

宁夏人民医院肝胆外科护士丁妮（回族）
——"建立信任，是成功治疗的前提"

"您今天好些了吗？要多吃些流质和软食。"早上8点，湖北襄阳市人民医院东津院区的发热病房，护士丁妮像往常一样推开病房的门……

32岁的丁妮是宁夏回族自治区人民医院肝胆外科护士，曾在襄阳上过三年学。第二批宁夏援助湖北医疗队开始组建后，丁妮报了名。得知丁妮作为医疗队员支援襄阳，昔日的班长发来信息："襄阳人民欢迎你！"

她被分配到襄阳市中心医院东津院区，负责新冠肺炎疑似患者的护理工作。为了节省防护服，她穿着纸尿裤，一进去就是7个小时不吃不喝；下午3点下班后，才能吃上午饭。

但丁妮并不觉得辛苦，对襄阳提供的生活保障，她充满谢意。"襄阳特意为我们准备了清真餐。看到我们不太适应南方气候，还专门买了电暖气。"

前两天，一名61岁的患者住进病房，得知确诊新冠肺炎后，情绪十分低落。丁妮瞧见了，每天早上查房时，主动跟他打招呼、问好，向他普及疾病防控知识，进行心理疏导，患者情绪逐渐平稳下来。

"和患者建立信任，是成功治疗的前提。"丁妮说。2月21日一早，她再次来到病房，发现患者的气色比之前好多了，心情看起来也不错……

战"疫"中的新生代力量

1月30日晚上19点26分，来自天津的26岁陈雨婷点击了发送键。

笔名"陈小桃"的她，在自己的微博上发送了一张原创漫画。画面中"热干面"躺在隔离病房，窗外是煎饼果子、小笼包、火锅、臭豆腐、烩面等一干美食卡通人物为它加油鼓劲。

短短几小时，漫画转发量将近9万次，点赞将近30万次，引发的相关话题#加油啊热干面#阅读1.1亿次，讨论4.5万次，不少人的朋友圈被刷屏。

"你的漫画是我这段时间看到最可爱最治愈的作品了，谢谢全国各地人民的帮助，热干面一定会加油的！"网友这样回复。

“窗外的美食们都戴着口罩，也都受伤了。但它们依然聚到这里，想要照顾好热干面小朋友。我想这也正是大家想要表达的‘隔离病毒，不隔离爱’。”陈雨婷在接受本网记者采访时表示。

就像这幅漫画上所呈现的，新冠肺炎疫情来袭，如一声军号迅速将一群“90后”“00后”号召起来，凝聚为一支昂然而充满活力的青春之师，为抗击疫情贡献新生代的力量。

“我们的内心火热”

“到达武汉时天空下着小雨，但是我们的内心火热。”1月25日，作为四川省首批援助湖北医疗队成员、西南医科大学附属医院呼吸二科护师，27岁的邱少平在日记中这样写道。

第一天进到武汉市红十字会医院，邱少平用35分钟完成消毒和设备穿戴，“呼吸不畅，感觉头昏缺氧”。但他忍着难受，和同事们一起为病人进行护理操作：静脉输液、皮下注射、雾化吸入、翻身，甚至为特殊患者处理大小便等。一天照顾完二三十个病人，后背全是汗水，额头尽是压痕。

新冠肺炎患者常常出现血氧饱和度低等症状，作为科室为数不多的男护士，邱少平要承担起搬运氧气瓶的工作，“医用氧气瓶重40~45公斤，搬起来上下楼非常沉。每次心里都催着自己快一点，能早一刻帮助病人解决呼吸困难的症状。”他告诉记者。

和许多奋战在一线的医护人员一样，为了节省装备，邱少平在上班的几个小时不喝水，硬扛过去。“要珍惜我们的每一套装备。”工作起来口干舌燥，精疲力竭。但他说，“患者知道我们是从四川来的，都很感激，每次都说‘谢谢’，或者在操作完成后对我们点点头，这个简单的举动让我常常忘记了自己的疲惫。”

“第一位痊愈患者‘胖哥’出院了！”这大概是抗“疫”的二十多天来邱少平最开心的一件事，这让他感到光明和希望，“可爱的同伴们，我们约好，待到疫情结束，来一碗热干面，端一杯白云边！”

“我要尽自己的一分力量”

在距离邱少平所在医院不到30公里的地方，是为抗击此次疫情新建的雷神山医院。2月初，华北电力大学核科学与工程学院2019级研究生钟正统正在这里负责连接安装风机通风风管。

“我在家中看到了雷神山医院建筑的紧急招募令，作为一名工科研究生，没有医学知识，不能参与到病毒防控的第一线，但我有力气，可以去搬砖，可以去参加医院建设的施工，我要尽自己的一分力量。”钟正统接受采访时说。

2月2日，钟正统正式投入工作。在紧张施工的工地上，还有2000多名和他一样的建设者正在疫情险急中“逆流而上”，奋不顾身投入到建设一线。

“从早上七点半一直工作到晚上十二点，有几次为了抢进度，甚至连续工作24小时。”钟正统回忆道。在夜晚气温接近零摄氏度的武汉，工地现场的工人以“两班倒”高负荷地工作着，维持医院建设24小时运转，努力确保医院按计划交付使用。

“来了就尽自己的最大努力把事情干好，至少不是一个人在战斗。”钟正统这样安慰着自己。高强度工作9天后，雷神山医院正式交付使用，这天他兴奋地发了条朋友圈：“致敬所有参与这场战役的建设者、工作者，道一声辛苦了！”

年轻人有热情、有力量

为更好地遏制疫情扩散蔓延，全国各地越来越多的志愿者主动充实抗“疫”生力军，用实际行动为打赢疫情防控阻击战贡献力量。

上海外国语大学学生金正悦在网上集结了“无名男女子混合雷锋公益团”，在短短2天的时间内从全国到全球募集到了近5000只口罩并及时发往武汉、宜昌等医院，110名成员中基本上都是“00后”。

2月14日，北京迎来了今冬第七场雪。对中国地质大学（北京）的王泽同学来说，每一个雪天都意味着社区防疫工作更难上几分。

“当时看到社区疫情防控工作繁重，自己也想出一分力，就联系居委会报名成为一名社区党员志愿者，没犹豫。”王泽在接受本网记者采访时表示。

“现在天气这么冷，加上雪天路滑，而且新冠肺炎对免疫力弱的老年人威胁更大，让社区里的大爷大妈们再担任主力军，不合适。”王泽说。

志愿者的工作主要是协助安保人员给小区居民测体温、登记等，看起来简单，其实他们也有心里“打鼓”的时候。

“一开始我以为我不怕，结果第一天做好防护上岗统计信息时，就遇到一位不戴口罩还满不在乎的居民，沟通时他咳嗽了几声，当时真的很担心，下了岗后我还专门咨询了医生朋友。”随着工作开展起来，王泽也慢慢“淡定”了，不但加强自己的防护意识，也劝说社区的居民们遵守规定，做好防护。

“刚看到他们报名的时候我们还比较惊讶，但是年轻人有热情、有力量，能经得住‘折腾’，统计信息，排查隐患，掌握住户情况，很快就成为社区工作的主力军。”社区负责人王大妈说起年轻的志愿者们由衷夸赞。

朝阳一般的温暖和力量

在四川自贡，来自成都工业学院的志愿者兰星雨也曾经历过与王泽同样的“心理斗争”。

“我的工作主要是社区防疫宣传，以及在高速路口驻守点为来往车辆人员测量体温。上岗前不觉得害怕，但是到了公路口，看着陌生的司机师傅，真的有点怕，但是慢慢就适应了，我们‘00后’也不是那么娇气嘛！”兰星雨在接受采访时表示。

白天参加完社区服务，晚上还有一份重要工作：给事实孤儿的监护人打电话宣传防疫知识。(事实孤儿，正式名称为“事实无人抚养儿童”，指父母没有双亡，但没有能力或没有意愿抚养的儿童。)

“事实孤儿一般是由爷爷奶奶在照看，老人家对外界很多事情都不了解，我跟他们说要减少接触，不要去人多的地方。”从高中时期就开始关注事实孤儿们的兰星雨，凭借自己长期以来的“工作经验”，很快就赢得了信任。

一直以来，兰星雨觉得自己是个备受宠爱的孩子，而这次志愿服务，让她有了新的看法，“父母不让我做家务事是因为宠着我，可是国家现在很多地方都很缺人，防疫工作是大家的，缺人自然就要补上。”

在浙江、四川、湖南等许多社区，大量来自高校的青年学生利用寒假报名担任志愿者，他们在高速路口驻守点为来往车辆人员测量体温并在各点位上做好各项登记工作；他们在各大社区走街串巷宣传防疫知识，协助进行公共场所消毒，为群众讲解防疫误区、发放预防资料、做好外来人员动向登记，大大缓解了社区的燃眉之急。

“我们的努力不会白费，走过的大街小巷流过的汗水见证着我们每一名志愿者的努力。年轻人总有着朝阳一般的温暖和力量。”兰星雨坚定地说。

让国家放心

这些“疫”线上奋战的“90后”“00后”们，平时也喜欢过“小确幸”的生活。钟正统喜欢打球、看书；邱少平没事的时候会弹吉他；陈雨婷喜欢创作一些可爱的漫画，是小有名气的灵魂画手；兰星雨爱吃家乡菜，还经常发愁自己不会做饭；王泽擅长游泳，但是更喜欢和朋友们一起聚餐……

这些不久之前可能还在悠闲享受寒假、围着父母撒娇欢笑的孩子，站在战“疫”前线时，他们却开始学会了“擦着眼泪说没哭”“流汗流泪说放心”。

援鄂之事一直瞒着父母的邱少平在1月25日抵达武汉时刚好被央视新闻记者直播采访，于是他全程用帽子口罩把脸挡得严严实实，但妈妈还是从电视中听出了他的声音。这才得知他前往疫情严重地区进行支援。

钟正统决定到武汉支援雷神山医院建设时父母强烈反对，认为感染风险太高。但他竭力说服，“我还年轻，抵抗力好，自己也有工地经验，最终爸妈还是同意了。”

从小时候乖乖听从父母，到开始说服父母；从依赖父母，到保护父母乃至更多的人，他们是从什么时候长大了呢？

“人间不值得”“独生子女”“娇生惯养”这些标签已然褪去，他们是从什么时候改变了呢？

“虽然我们喜欢过自己的小日子，但并不意味着我们在看似平淡的生活中失去了斗志和社会责任感。相反，我们更加懂得珍惜平凡生活里的快乐与美好。”邱少平这样解释道。

在和平富足中长大，看起来好像只关注自己“小日子”的年轻一代，疫情如同发令枪，唤醒了他们心中潜藏的英雄气概。或基于乡土情怀，或关注家国天下，或执着于社会责任，他们向着疫情宣战！

“以往美好的小日子，都是建立在社会安稳这个大日子上。现在，当社会需要我们的时候，我们要奉献自己的力量。正如网络上热传的哪有什么岁月静好，只不过有人替你负重前行，我们长大了，也要为更多的人负重前行。虽然我们年轻，但我们可以让国家放心！”王泽这样说。

创作“加油啊热干面”的陈雨婷一直有一个温暖的期待——尽快推出另一幅作品：“等到疫情过去了，我还要画一幅‘热干面出院图’，到时大家会一起去迎接它，我相信这一天一定会早日到来。”

李兰娟院士点赞青年医护

五四青年节前夕，中国工程院院士李兰娟在接受中国青年报记者专访时说，这场疫情中，一批90后、00后医护人员明知有被感染的风险，却依然在一线拼尽全力，希望他们记住这场战“疫”，在未来的日子里继续为国家奉献。1月18日，受国务院及国家卫健委的委托，国家卫健委高级别专家组成员、传染病诊治国家重点实验室主任李兰娟和钟南山院士等一行6人抵达武汉研判疫情，并向国家就加强疫情防控与救治等提出具体建议。2月1日~3月31日，74岁的李兰娟主动请缨，率领浙江医疗队奋战在武汉抗疫前线。

“这次全国派遣4万多医护人员中，有很大一部分是90后、00后的医生和护士，他们在这次抗击疫情中表现得非常英勇，得到了很大的锻炼和提高。”李兰娟院士说，在湖北以及武汉市是真刀真枪地“打仗”，他们明知道去有可能被感染新冠肺炎病毒，但是勇往直前，深入到“红区”救治病人，勇于奉献和牺牲。

李兰娟认为，90后、00后新一代的年轻人思想非常活跃，他们朝气蓬勃，在这次抗击疫情中表现得非常勇敢，也善于运用新的技术、理念。像她率领的浙江驰援武汉医疗队中，有不少年轻的医生、护士和技师，他们在应用新技术、新设备、新方法中，发挥了非常重要的作用。

在抗击新冠肺炎疫情中，社会各界对医护人员的尊重达到了空前的高度，很多年轻人表示要报考医学专业和投身这个行业。在李兰娟看来，广大医护人员冒着被感染的风险勇往直前、救治病人，充分展示了医护人员救死扶伤的精神。

“医患双方有一个共同的‘敌人’，就是要战胜疫情和疾病。医患之间没有矛盾，只有一个共同‘战争’目标，大家共同努力战胜疾病，让人民更加健康。”李兰娟说，通过这场抗击疫情，我们国家的医患关系应该会得到更好的发展。很多年轻人感受到医生职业的崇高和伟大，是能挽救人生命的伟大事业。一个人有这种奉献的精神，希望做一个对人类有价值的人，他们就可能会选择做医生。

李兰娟说，年轻人就是在这样一种与“敌人”斗争中成长起来的，从五四运动到抗日战争、解放战争，都有一代代年轻人为了革命理想奋不顾身。这一次，我们的90后、00后年轻人传承了中华民族的优良传统，为了抗击疫情奋不顾身，充分说明中国青年是优秀的。

李兰娟说，一个国家的兴旺要看年轻的一代，看他们能不能具备艰苦奋斗、勇往直前的精神，能不能有敢于牺牲、为国家奉献自己的精神。抗击疫情中，90后、00后年轻人已经表现出了勇于奋斗、不畏牺牲的精神。

五四青年节前夕，李兰娟寄语青年人，继续弘扬五四精神，热爱祖国和人民，勇于奉献、牺牲，发扬年轻人的智慧和朝气蓬勃的科学态度，把疫情中的收获用到今后的人生道路上，敢挑重担，勇于奉献，让国家更加强大。

（本案例参考资料：

[1] 李龙伊，付文，范昊天等，5位少数民族医护人员一线战疫——协力同心抗疫同行，人民网，2020-02-27；

[2] 宋子节，李枫，战“疫”中的新生代力量，人民网，2020-02-18；

[3] 李剑平，李兰娟院士点赞青年医护：希望你们记住这场战“疫”，中国青年网，2020-04-27）

教师点评

（1）“抗疫精神”丰富了中国精神，展现了民族团结、共抗疫情的爱国精神，唱响了众志成城、爱国奉献的时代赞歌。在抗击疫情的全民战斗中，中华儿女展现出民族团结、亲如一家的爱国情怀。在疫情面前，各民族兄弟姐妹同甘共苦，相扶相持，齐心协力，全力以赴，有伟大祖国作后盾，在各条战线的各族同胞以坚定的决心和强大的信心共同战

"疫"，我们坚信此战必胜！

（2）广大青年在抗击疫情中勇于担当、甘于奉献，用行动奏响了中国精神的时代强音，彰显了中国青年的蓬勃力量。战斗在抗击疫情第一线的最美逆行者、最美建设者等之中有不少青年人，他们坚定地、勇敢地、乐观地选择了担当，选择了奉献。在全民战"疫"中80后、90后，甚至是00后用实际行动有力证明：在祖国和人民需要的时候，中国青年一定会冲锋在前。也许他们平日没有豪言壮语，可是在战"疫"中展现了这一代青年人的豪情壮志——为祖国勇担当、为人民甘奉献。

（3）抗击疫情是一场全民作战的艰苦战役。从国士无双的院士专家，到居家隔离的普通百姓，大家都在一起战斗，特别是奋战在一线的医护工作者展现了中华民族艰苦奋斗的伟大精神。他们写下请战书，从四面八方汇集到离病毒最近的战场，汇集到祖国最需要他们的地方，汇集到最需要他们的患者身旁。他们为救治患者身着防护服不吃不喝连续工作十几个小时，争分夺秒地在病床间一路小跑，不在乎被护目镜压伤了脸庞，累得彼此依偎着睡在地板上。这其中的艰苦只有他们自己才知道，但这其中彰显的艰苦奋斗精神，每个中国人都知道。向他们致敬！

第三节 主题实践活动设计

一、推荐活动一：参观博物馆

做忠诚的爱国者
——参观桂林博物馆

（一）实践活动目的

参观桂林博物馆，了解桂林底蕴深厚的历史文化，在欣赏大美河山、学习悠久历史中加深对祖国的热爱，用心感受人民群众开天辟地、生产革命的智慧与勇敢，汲取中华民族艰苦奋斗、创新创造的禀赋精神。

（二）实践活动任务与方式（见表6–1）

表6–1 实践活动内容与方式

单位	时间	地点	任务	成果
参观小组	课余时间	桂林博物馆（临桂新区平桂西路）	提前了解参观内容，制定参观路线，确定讨论题目等； 提前了解交通路线，开展安全学习，做好安全预案； 集体参观主题展馆，做好记录； 小组讨论，心得分享	参观心得、图文汇编、视频记录等

（三）实践活动内容

1. 参观漓水春秋——桂林历史文化陈列

了解桂林灿烂的史前文化。从3万多年前宝积岩人的岩洞生活，到1万多年前甑皮岩人、庙岩人的文明遗迹，再到距今6000年左右的晓锦遗址，深入了解桂林灿烂的史前文化，特别是通过观察迄今为止两广地区最早的碳化稻米标本，了解中华文明中稻做文化典范。

了解桂林名称由来、历史地位。由于秦凿灵渠，汉通零陵峤道，桂林成为了南通海域、北达中原的水陆交通中枢。桂林由桂林郡、桂州等历史名称沿用而称“桂”；宋代桂林为“西南会府”，明靖江王就藩桂林，清承明桂林府治，桂林在很长历史时期内都是广西的政治、军事、经济和文化中心。

了解桂林在抗日战争、解放战争中独特历史和重要地位。抗日战争期间，中国共产党设八路军桂林办事处，担负党中央、南方局、新四军联络南方各省和香港党组织的重任。抗战时期，全国知名作家、艺术家和学者一千多人一度云集桂林，桂林成为著名的“抗战文化城”，留下了许多优秀的文化作品和遗迹。通过学习桂北人民解放总队、桂北游击队武装斗争解放桂林的历史，深刻体会桂林军民的革命精神。

2. 参观画里人家——桂林民俗文化陈列

欣赏桂林“江作青罗带，山如碧玉簪”的自然风光，了解通汇湘江与漓江的水系所展现的劳动人民的智慧和力量，感受因地制宜的建筑方式、生产方式、生活方式所蕴含的生存智慧和美好向往，增强爱国主义精神。

欣赏桂林民俗文化，了解各族人民节日习俗、生活习俗等，观看少数民族服饰展览，想象山歌民谣回旋在青山绿水间，牢记各族人民共同开发建设桂林这片美丽的土地，增强民族团结意识。

3. 参观靖江遗韵——桂林出土明代梅瓶陈列

了解梅瓶的来源。在理解中国瓷器的悠久历史和精湛技艺的基础上，探索“梅瓶之乡，桂林一绝”的盛况，领略梅瓶所折射的明代社会政治、经济、文化生活掠影，欣赏明代梅瓶精美绝伦的艺术魅力，增强爱国情怀与文化自信。

了解梅瓶的形制和得名。梅瓶是具有储酒实用、陈设装饰等多重用途的器物，始见于唐代，流行于宋代，元明清大量烧造并日趋风行。梅瓶以短颈，小口，丰肩，圆腹，敛腰，窄胫为基本特征。“梅瓶”一词出现不晚于清康熙时代，民国初年对其得名有不同解说，一是以许之衡所撰《饮流斋说瓷》“口径之小，仅与梅之瘦骨相称，故名梅瓶也”为解释，即其瓶口仅能插细瘦的梅枝；二是认为多用以盛“梅酝”酒而得名。通过了解梅瓶，增强对祖国灿烂文化的理解力、审美力和自信力。

了解梅瓶的精美。欣赏桂林博物馆收藏的精美梅瓶——青花双龙戏珠纹高胫带盖梅瓶、青花岁寒三友仙人故事图带盖大梅瓶等。

4. 参观友谊桂林——馆藏外宾赠送礼品陈列

欣赏从桂林博物馆收藏的近3000件（套）中精心挑选的200多件（套）外宾赠送礼品，包括金银器、玉石器、陶瓷器、漆器、牙骨器、木器以及书画摄影等，扩大国际视野，树立人类命运共同体意识，自觉促进国际交流与合作。

（本案例资料来源：桂林博物馆）

（四）实践活动要求

1. 组建参观小组

一般5~8人组成一组，选出组长，定好组名，收集小组成员电话、特长、健康等信息。

2. 制定活动方案

根据先期了解信息，经过团队商议，确定活动时间、地点、内容、分工等。了解参观内容，制定参观路线，确定讨论题目，明确交通路线，开展安全学习，做好准备工作和安全预案。

3. 开展参观活动

在参观前通过相关知识竞答调动同学们的积极性，学习并遵守参观规定的前提下，确保实践活动安全有序，做好参观记录。

4. 组织心得分享

围绕弘扬中国精神，每个组员汇报参观的体验、学到的知识、引发的思考等，将参观心得汇编成册或分享到小组QQ群。

教师点评

（1）知史明智，鉴古知今。满怀景仰去认真学习中华民族灿烂悠久的历史文化，由衷地热爱这片养育我们的土地，由衷地热爱这片土地上勤劳智慧的人民。这样深沉炽热的爱让大学生能够真真切切地体会到自己属于这里，自己的根在这里，产生强烈的身份认同感。流连在博物馆中，让人不禁感慨万千，透过一件件珍贵的展品深刻体会中华民族伟大文明中蕴含着的创造精神、奋斗精神、团结精神、梦想精神。正是这样的民族精神，让每一个中国人倍感自豪、充满自信；正是这样的民族精神，继续为新时代中国发展提供着强大精神动力。

（2）鲁迅曾说："唯有民魂是值得宝贵的，唯有他发扬起来，中国才有真进步。"2020年春，我们赫然发现正是中国精神指引着全国人民众志成城共同抗击疫情，而她也将继续指引着全国人民凝心聚力为实现中华民族伟大复兴的中国梦而努力奋斗。新时代大学生正在薪火相传地接过前辈传承弘扬的中国精神，开始主动担负起时代赋予的重任，为祖国强盛、人民幸福而刻苦求知，踏实实践、大胆创新、续写新时代中国精神的新篇章。

二、推荐活动二：举办专题诗词朗诵会、书法展等

扬中华之浩然气
——诗文朗诵会、书法展等

（一）实践活动目的

结合当地文化资源，开展"中华经典诵读"、诗文书法展示、优秀剧目演出等文化活动，亲身参与其中，感受美的力量，在文化传承弘扬过程中深刻体会中华民族绵延至今的爱国精神、创新精神。

（二）实践活动内容及方式（见表6-2）

表6-2　实践活动内容与方式

组织单位	参与单位	活动方式	活动内容	活动成果
团支部	以个人、小组为单位，全体学生参与	朗诵会	诗文朗诵（爱国主题或指定篇目）	图片、视频等
学院或协会	个人参观	书法展	书法作品展示（爱国主题或指定篇目）	作品集、图片等
学院或协会	以班级小组、表演小组为单位	话剧展	优秀话剧片段（爱国主题或指定篇目）	图片、视频等

（三）实践活动方案

为弘扬中国精神、践行社会主义核心价值观，丰富大学生文化生活，举办××团支部“我爱你中国”朗诵会。通过团员青年朗诵一首诗、一段文章，力图实现以文化感染人、鼓舞人、教育人的积极作用。

1. 参赛对象

团支部全体团员青年，以个人、组合或团体均可，鼓励团体参与。

2. 朗诵主题

（1）新时代，新征程，新青年，新作为。

（2）以我诵读，赞我中华。

（3）奋斗的青春最美丽。

（4）以行动凝筑未来梦，用青春点亮中国梦。

（5）青春无问西东，岁月自成芳华。

3. 具体安排

时间：20××年×月×日××时。

地点：××。

4. 注意事项

各参赛节目务必准备朗诵配乐及动态视频，于×月×日与报名表一并交给团支部宣传委员。

所选作品体裁不限、切合主题，内容积极向上，具有时代气息，体现当代大学生风采。

朗诵时间3~5分钟。

5. 评分办法及标准

评分办法：比赛采取现场朗诵，评委现场打分的办法进行，去掉一个最高分，去掉一个最低分，其余成绩平均得分为参赛选手最终得分。

评分标准（满分100分）：

内容：紧扣主题，表达准确，内容充实生动，积极向上，有真情实意。（30分）

语速：普通话标准，口齿清晰，声音洪亮，正确把握朗诵节奏，富有感召力，朗诵抑扬顿挫。（30分）

仪态：精神饱满，姿态得体大方，感情饱满真挚，表达自然，能通过表情的变化反映朗诵的内涵。（20分）

台风：能正确把握朗诵内容，声情并茂，朗诵富有韵味和表现力，能与观众和评委产生共鸣。（20分）

（四）实践活动资料

1. 桂林山水诗词

《送桂州严大夫同用南字》韩愈

苍苍森八桂，兹地在湘南。江作青罗带，山如碧玉篸。户多输翠羽，家自种黄甘。远胜登仙去，飞鸾不假骖。

《送谭八之桂林》王昌龄

客心仍在楚，江馆复临湘。别意猿鸟外，天寒桂水长。

《送高三之桂林》王昌龄

留君夜饮对潇湘，从此归舟客梦长。岭上梅花侵雪暗，归时还拂桂花香。

《送任五之桂林》王昌龄

楚客醉孤舟，越水将引棹。山为两乡别，月带千里貌。羁谴同缯纶，僻幽闻虎豹。桂林寒色在，苦节知所效。

《桂林》李商隐

城窄山将压，江宽地共浮。东南通绝域，西北有高楼。神护青枫岸，龙移白石湫。殊乡竟何祷，箫鼓不曾休。

《桂林路中作》李商隐

地暖无秋色，江晴有暮晖。空馀蝉嘒嘒，犹向客依依。村小犬相护，沙平僧独归。欲成西北望，又见鹧鸪飞。

《送杜秀才归桂林》许浑

桂州南去与谁同，处处山连水自通。两岸晓霞千里草，半帆斜日一江风。瘴雨欲来枫树黑，火云初起荔枝红。愁君路远销年月，莫滞三湘五岭中。

《送公孙器自桂林归蜀》杨衡

桂林浅复碧，潺湲半露石。将乘触物舟，暂驻飞空锡。蜀乡异青眼，蓬户高朱戟。风度杳难寻，云飘讵留迹。旧户闲花草，驯鸽傍檐隙。挥手共忘怀，日堕千山夕。

《漓江杂咏》康有为

锦石奇峰次第开，清江碧溜万千回。问余半月行何事，日读天然画本来。

《漓江画山九马》林克武

漓江饮马欲何之，不尽芒山烟雨迷。曾逐秦兵临桂海，也随汉戟过边陲。雄风鞭策行千里，壮志凌云胜昔时。仰首崖头观宇宙，一声长啸九天披。

《漓江》唐暄

桂阳江上石凌空，谁作丹青画本工。涧树参差清磴影，岩花磊落碧云丛。神仙洞府无凡近，城市山林自郁葱。倚棹中流更回望，居然海上看瀛蓬。

《漓江泛舟》翦伯赞

阳朔溪山春已深，烟波江上雨沉沉。奇峰夹岸千千万，一路看山到桂林。

2. 桂林抗战剧目

抗战期间云集桂林的文化工作者“把舞台当作炮台，把剧场作为战场”，通过戏剧这一人民大众喜爱的艺术表现形式宣传抗日救亡，宣传爱国主义，取得了很好的效果。当时，在桂林组建了各类文化救亡团体 99 个，文艺演出团体 60 余家，上演了 10 多个剧种。1944 年春举办的西南剧展，时间持续 3 个月，参演者来自 5 省的 33 个团队，演员近 900 人，演出剧目 60 多个、175 场，观众达 10 万人次，是中国戏剧史上空前的壮举。

推荐剧目：

(1)《旧家》《桃花扇》《人面桃花》，欧阳予倩；

(2)《秋声赋》《回春之曲》，田汉；

(3)《长夜行》《回声》，于伶；

(4)《心防》，夏衍。

(本案例参考资料：

[1] 抗战文化："文化抗战"阵地焕发新的青春，桂林生活网；
[2] 桂林抗战时期的经典剧目《旧家》等再次搬上舞台，中国日报网）

教师点评

（1）充分开掘和利用当地文化资源，开展"中华经典诵读"、诗文书法展示等文化活动，亲身参与其中，感受文化所蕴藉的向真向善向美的巨大力量；在文化传承弘扬过程中深刻体会中华民族绵延至今的爱国精神、创新精神，进一步坚定文化自信；通过阅读、朗诵、书写洋溢着家国情怀的诗文，深刻理解历代志士仁人以民族兴亡为己任的爱国情怀，自觉担负起当代大学生的历史责任与时代使命。

（2）桂林抗战文化是在中国共产党领导下所创造的革命文化。通过排演抗日优秀剧目，引导大学生铭记中国共产党领导中国人民为民族独立进行艰苦卓绝斗争的历史，铭记中华民族勠力同心共御外侮的历史；通过了解剧作内容、时代背景、人物性格等，了解在桂林抗日文化城里的各界文化战士的独特斗争方式，深刻体会中华儿女不畏牺牲捐躯报国的爱国精神。

三、推荐活动三：参加大学生科技创新体验活动

科技创新新青年
——大学生科技创新体验活动

（一）实践活动目的

观摩学校大学生科技活动基地、创业孵化中心等，邀请创新创业朋辈典范分享经验感受，积极参与大学生学术科技活动，在实践中培养创新意识、创新能力、创新素质，在体验中理解创新是民族发展的根本动力，主动担负起大学生参与改革创新的时代责任。

（二）实践活动内容及方式（见表6-3）

表6-3　实践活动内容与方式

组织单位	内容活动	活动时长	活动内容	活动成果
团支部	参观学校大学生科技活动基地、创业孵化中心等	1小时	由团支书、组织委员、宣传委员分别带领一个小组进行参观讲解	图片、视频等
团支部	组织创新创业达人分享会	2小时	邀请互联网+获奖学长、创业成功校友、学科竞赛获奖团队分享经验和收获	心得、图片、视频等
团支部	参与大学生学术科技活动	6个月	组织团员青年组队参加大学生学术科技活动，帮助联系指导老师等	作品、获奖、图片、视频等

（三）实践活动方案

为激励团员青年提升参与大学生创新创业活动热情，培养创新意识与创新能力，××团支部举行创新创业达人分享会，邀请互联网+获奖学长、创业成功校友、学科竞赛获奖团

队分享经验和收获。

1. 活动主题

创新创业，有你有我。

2. 活动时间

20××年×月×日××时。

3. 活动地点

××××活动室。

4. 参加人员

××××团支部全体同学。

5. 活动内容

邀请互联网+获奖学长、创业成功校友、学科竞赛获奖团队等分享经验和收获。

6. 活动流程

（1）展示互联网+获奖学长×××获奖作品视频。

（2）互联网+获奖学长×××分享经验和收获。

（3）展示创业校友×××创业成功案例视频。

（4）创业成功校友×××分享经验和收获。

（5）展示学科竞赛获奖团队××××获奖作品视频。

（6）学科竞赛获奖团队××××分享经验和收获。

（7）嘉宾与同学交流。

（8）学院团委书记×××介绍学院创新创业活动成绩、赛事、政策等，鼓励大家积极参与大学生创新创业活动。

教师点评

（1）创新是民族进步的灵魂、国家兴旺发达的动力。大学生中有不少先行者在全面深化改革的新时代大胆探索，积极创造，在为国家富强、社会进步的创新尝试中实现了个人的人生价值。通过和身边的创新创业先锋交流，清楚地意识到建设社会主义现代化强国就必须不断创新，大学生肩上担负着改革创新的时代重任，学习创新创业先锋乐于创新、勇于争先的精神，学习他们坚忍不拔、艰苦奋斗的精神，激励自己在大学时代刻苦学习、开阔眼界、勤于实践、勇于探索，自觉培养创新意识、创新能力和创新素质。

（2）以奋斗作为青春的底色，是大学生自觉弘扬以改革创新为核心的时代精神的必选项。唯有奋斗，才能激发青年人创造的潜能；唯有奋斗，才能实现大学生创新的梦想。把创新创造的个人梦想融入伟大的中国梦，就为梦想找到了正确的起点；将锐意进取的奋斗精神化作追梦的推进器，就为梦想找到了实现的基础。

第七章　践行社会主义核心价值观

第一节　实践教学目标

一、实践教学要求

通过实践教学，引导大学生认识到社会主义核心价值观是当代中国精神的集中体现，在案例分析、实践体验中进一步体会社会主义核心价值观承载着国家民族的精神追求、凝结着全体人民共同的价值追求；引导大学生在实践中学习，在体验中成长，在深入社会主义新农村、学习新时代青年榜样等生动具体的主题实践活动中深刻领会社会主义核心价值观的基本内容、重大意义，培养大学生在学习生活中自觉践行社会主义核心价值观的良好习惯，自觉以向真、向善、向美的实际行动加强自我价值观塑造，汇聚起建设社会主义现代化强国和实现中华民族伟大复兴的中国梦的磅礴力量，坚持做社会主义核心价值观的践行者、弘扬者。

二、实践教学目标

在实践中加深对社会主义核心价值观基本内容的认识。全面理解社会主义核心价值观是中国共产党凝聚全党全社会价值共识做出的重要论断。深刻把握社会主义核心价值观的必要性和重要性。明确社会主义核心价值观高度契合了中国特色社会主义发展要求，有机承接着中华优秀传统文化和人类文明优秀成果，通过案例分析深入了解社会主义核心价值观具有丰厚的历史底蕴、坚实的现实基础和强大的道义力量。

自觉提升知行合一能力，深刻认识大学生践行与弘扬社会主义核心价值观的时代责任，以高度自觉自信的状态，培养学习、实践、弘扬、培育社会主义核心价值观的综合能力；有效提高理论思辨能力，能够在学习社会主义核心价值观基本内容和重大意义的基础上做到笃实明辨。通过分析探讨，加深对社会主义核心价值观先进性、人民性和真实性的正确认识和深度思考。

坚定社会主义核心价值观自信。通过主题实践，使大学生充分理解社会主义核心价值观是中国特色社会主义道路自信、理论自信、制度自信和文化自信的价值内核，自觉加强社会主义核心价值观所体现的价值自信与价值自觉，培养实事求是的素质。通过走访调研，充分了解社会主义核心价值观生成于中国特色社会主义建设实践这一事实，通过讨论研究，深入理解社会主义核心价值观是中国特色社会主义本质规定的价值表达。学会客观理性地分析看待事实，在实践中成长进步。

三、实践教学重点及难点

引导大学生关注祖国发展和国际大势，深入思考、科学分析培育和践行社会主义核心价值观的重大意义。深刻认识到社会主义核心价值观能够有效整合我国社会意识，凝聚社会价值共识，坚持和发展中国特色社会主义的价值遵循。自觉培育和践行社会主义核心价值观，不仅有利于提高国家文化软实力，而且有利于增进社会团结，化解社会矛盾，最重要的是为保证我国经济社会沿着正确的方向发展、实现中华民族伟大复兴提供了正确科学的价值支撑。

组织社会主义核心价值观主题示范活动，激励大学生自觉组织、参与形式多样、实实在在地践行和弘扬社会主义核心价值观活动，使之成为发自内心的认同和习惯。通过社会实践、志愿服务、榜样分享等，引导大学生在实践中深化对社会主义核心价值观的坚实现实基础的认识，理解并认同社会主义核心价值观是与正在进行的最为宏伟而独特的中国特色社会主义建设实践相互适应、密切结合的。

四、实践教学方式

开展新农村实地调研，引导大学生深入实际了解社情民情，体验改革开放40多年来农村在经济、社会、文化、生态等方面的发展进步，进一步坚定“四个自信”，理解社会主义核心价值观的先进性、人民性和真实性；以义务支教、文化下乡、科技增产等志愿服务活动，培养大学生在实践中发现问题、解决问题的能力，激励大学生主动担负起时代使命，为祖国强盛而努力奋斗，培养大学生自觉践行和弘扬社会主义核心价值观的习惯和能力；引导大学生从身边做起、从小事做起，从学会处理好宿舍同学关系到学会乐观豁达地看待问题，友善平和地与人沟通，在个人层面做践行社会主义核心价值观的先锋。

第二节 实践典型案例与分析

一、案例一：新时代长征路上的好榜样——第一书记黄文秀

2019年6月16日21时，广西壮族自治区百色市乐业县大部出现大雨到暴雨。23时43分，乐业县新化镇百坭村第一书记黄文秀给广西日报社广西云发来视频。看到视频里的瓢泼大雨、咆哮山洪之后，感觉到担心的记者随后在微信上留言“安全第一”，然而很久都没有得到回复，多次拨打电话过去，只能打通，却始终没人接听。

“现在那么晚了，天气预报说有暴雨，你一个女孩子现在开车回村里挺不安全的，明早再回吧?”“不行，我今晚必须得赶回去，那用屯可能有发生洪涝的危险。”当晚，不顾家人劝说，黄文秀决定返回乐业，途中她还与村干部了解村里山塘、水利设施受损等情况。

6月18日下午，凌云县“6·17”强降雨灾害救援现场传出不幸消息，事故中失联的黄文秀确认遇难。这名年仅30岁的驻村第一书记，因公殉职，将她年轻的生命永远定格在了扶贫路上。

“我心中的长征，驻村一周年愉快”

一代人有一代人的长征，一代人有一代人的担当。黄文秀在《扶贫，从“新手”到“熟路”》的文章中写道：“在我驻村满一年的那天，我的汽车仪表盘的里程数正好增加

了两万五千公里。我简单地发了一个朋友圈：‘我心中的长征，驻村一周年愉快。’”两万五千公里，对于黄文秀来说，有着别样的理解。黄文秀经常以“长征的战士死都不怕，这点困难怎么能限制我继续前行”来勉励自己、激励队友，不向贫困低头、不向困难屈服，以“不获全胜决不收兵”的坚定决心和顽强毅力，带领群众在脱贫路上攻坚克难。这，就是黄文秀践行的初心。

百坭村是一个深度贫困村，石山林立，山路蜿蜒陡峭，基础设施薄弱，全村11个自然屯散落在大山深处，有几个屯离村委10公里以上，最远的达13公里。“当初组织考虑到一个女孩子去偏远的百坭村开展工作不方便，但黄文秀主动承担了责任，而且决心特别坚定。”百色市委组织部的同志说。刚到村里时，有群众认为黄文秀是来“镀金”的，不可能真心扶贫，心里不免对她产生怨气。贫困户黄邦旋因未能如愿通过低保申请，就把怨气撒到黄文秀身上，拒绝为上门做工作的黄文秀开门。但她丝毫没有气馁，一次次通过各种途径做黄邦旋的思想工作，不仅讲清讲透各项扶贫政策，还不断激励他通过自己的努力早日光荣脱贫。最终，道理讲通了，心气顺畅了，黄邦旋脸上也有了笑容。黄文秀还为他争取到7000元产业奖补资金，黄邦旋一家通过种植水果，顺利实现脱贫。

为了更好打开局面，黄文秀积极向村里的老支书讨教工作“诀窍”。此后，她到群众家不再拿着本子问东问西，而是脱下外套帮他们扫院子、干农活、种油茶、摘果子，一边干活一边唠家常。她利用休息时间，把贷款买来的私家车当作工作车，花2个月时间遍访全村195户贫困户，绘制百坭村“贫困户分布图”，把每一户的住址、家庭情况、致贫原因等，都详细标注出来。村民们渐渐发现，这个新来的年轻的女书记不仅学说当地话，还主动与大家同劳动、聊家常，不带丝毫娇气，很快就都喜欢上了她，把她当成了自家人，“你这个丫头，还真是难‘缠’得很哩。”黄文秀用守初心、担使命的实际行动，赢得了百姓信赖，赢得了群众支持。

修一条通向富裕幸福的光明路

想致富，先修路。百坭村有5个屯交通困难，虽然多年前通了砂石路，但连年雨水冲刷，路面已破损不堪，雨季陡峭路段连摩托车都无法通过，严重影响群众出行，制约产业发展。黄文秀看在眼里急在心里，她带着村“两委”班子熬夜做方案、拿对策，及时向有关部门申请，积极筹措资金硬化了1.5公里通屯路，安装了47盏路灯，修建了4个蓄水池，逐步改善了百坭村生产生活条件。如今的百坭村，道路更好了，路灯更亮了，蓄水池更多了，村里更美了，脱贫致富的人更多了。

“靠山吃山，靠水吃水。”黄文秀带领村干部和群众，深入研究、挖掘百坭村的资源优势，学经验、找路子，大力发展杉木、八角、砂糖橘、枇杷等特色种植产业，千方百计拓宽群众增收渠道。全村的杉木种植面积从8000多亩发展到2万多亩，八角从600多亩发展到1800多亩，砂糖橘从1000多亩发展到2000亩。仅砂糖橘2018年就销售了4万多斤，销售额22万元。同时，她联络母校师生来村里开展支教，为筹办百坭村幼儿园多方奔走；开展文明家庭评比、村规民约吟诵等活动，丰富群众的精神文化生活，激发群众的脱贫内生动力。在黄文秀这位第一书记的带领下，百坭村经过努力，贫困发生率从22.88%降至2.71%，88户418人顺利脱贫，村集体经济收入实现增收6.38万元，还获得了2018年度百色市“乡风文明”红旗村荣誉称号。百坭村及村里贫困户取得的点点滴滴进步，都凝聚着她辛勤的汗水，闪耀着她奉献的光芒。

看似寻常最奇崛，成如容易却艰辛。黄文秀坚守初心、埋头苦干，把人民的幸福举过自己头顶，用柔弱的肩膀挑起扶贫重担，在平凡的岗位上创造了不平凡的业绩，谱写了共产党人的时代担当。

她选择“回来”

“她本有很多选择。”昔日导师郝海燕说，“以她的能力，留京或出国都没问题。”但是她志不在此。出生于广西农村的黄文秀，求学过程中，依靠党和国家的扶贫资助才得以完成学业。学成回报这片土地，帮助更多像自己一样的困难群众，是她的心愿。她曾对自己的老师说：“我是从贫困大山里走出来的孩子，得到过党和政府的资助和培养，希望将来能为祖国和家乡贡献自己的一分力量。”

有一次，她到最远的长沙屯走访结束后，村民黄仕京坚持要留她吃晚饭。黄仕京家有5口人，父亲已经84岁，大儿子在广西民族大学就读，小儿子考取了广西医科大学，他们家因学致贫，除了正常政策支持外，黄文秀还帮助他申请了“雨露计划”的5000元补助。

饭间，黄仕京突然问：“黄书记，听大家说你是大学毕业，还是北京回来的研究生，怎么会想到这么边远的农村工作呢?”

“百色，是一个集革命老区、少数民族地区、边境地区、大石山区、贫困地区、水库移民区‘六位一体’的特殊地区，是全国扶贫攻坚的主战场之一，作为自己的家乡，面对如此情况，怎么还有理由不回来呢?”“一个世界著名的社会学家说过‘一个国家的落后在于精英的落后，而精英的落后在于嘲笑民众的落后’，我们党深刻明白这个道理，从而提出要教育扶持一批人脱贫，并且扶贫要扶志和扶智相结合，这样一个切实为群众谋发展、谋福利的党，怎么能不响应它的号召呢?”黄文秀把跟黄仕京的这段对话，记录到了自己的一篇扶贫体会文章里。

黄仕京听了她的话，当场端起酒碗向她敬酒，说：“我也要让孩子在学校申请入党。”

“每天都很辛苦，但心里很快乐”

在到百坭村担任第一书记之前，黄文秀在田阳县那满镇挂职副书记。因为乐业的扶贫工作，百色市委宣传部需要派两名干部到乐业担任第一书记。“她父母的身体状况越来越不好，尤其是她父亲，她没有告诉我们，我们宣传部没有一个同事知道。”百色市委宣传部干部科科长何小燕说，领导找到黄文秀提出希望她能够挑起扶贫这个重担的时候，她没有过多考虑，也没有讲自己的困难，欣然接受了组织的任务。

在她居住过的10平方米左右的驻村宿舍中，简易书架上摆着两本驻村日记，一言一语中记录着她扶贫的心路历程和点点足迹，“我是我们村扶贫攻坚的第一负责人，我还不够勇敢”“发现我的方言进步了，可以和贫困户完整用桂柳话交流了”“我们村产业园的牌子一直在努力中，5个致富带头人也在培养中，每天都很辛苦，但心里很快乐”……

为打赢脱贫攻坚这场决战，在中国大地上，仍有无数像黄文秀一样的第一书记和帮扶干部在接续奋斗。他们中有很多人，告别亲人，放下爱情，舍弃本可一帆风顺的前程，走到最贫困的地区，跋山涉水，啃硬骨头，在清贫中践行青春的誓言，在沉默中孕育爆发的力量，用满腔的热血和不退缩的韧劲为苦瘠之地的百姓拼出充满希望的路。有的人，已经像黄文秀一样，付出了最美好的青春和生命。

他们，值得我们致以最崇高的敬意！

（本案例参考资料：

[1] 徐顺东，心中的长征　青春的赞歌——追忆百色市驻乐业县百坭村第一书记、优秀选调生黄文秀，广西日报，2019-06-20；

[2] 徐顺东，梁莹，魏恒等，用生命坚守初心和使命，党员干部之友，2019-08；

[3] 中共广西壮族自治区委员会，在脱贫攻坚第一线谱写新时代青春之歌，求是，2019-18）

教师点评

（1）深情地爱着自己的祖国、自己的家乡，是黄文秀选择放弃大城市的工作机会，毅然回到家乡的根本原因。为这片养育了她的土地，她自觉担负起党和人民赋予的历史重任，到祖国最需要的地方去，到人民最需要的地方去，热忱地和群众打成一片，乐观地在“心中的长征路”上攻坚克难，真心实意为身处贫困地区的家乡群众干实事、谋福利，展现了新时代新青年昂扬而深情的爱国方式。

（2）黄文秀始终牢记自己是一名共产党员，在第一书记岗位上无私奉献、服务群众，在脱贫攻坚第一线忘我工作、倾情投入，以家乡的发展、人民的富裕为自己的使命，扎扎实实地做好每一件为人民服务的事情，勤勤恳恳地落实每一项脱贫攻坚战的任务，她始终不忘初心，牢记使命，直至生命最后一刻。黄文秀同志不幸牺牲后被党中央追授为“全国优秀共产党员”称号，她全心全意为人民服务的精神是当代青年最宝贵的精神财富。

（3）黄文秀的青春之歌是一首谱写着勇于担当、甘于奉献精神的赞歌。她将群众冷暖挂在心间，和贫困群众一起干农活，一起想对策，真心实意帮助群众解决实际问题，自己辛苦也是幸福。黄文秀勇于担当、甘于奉献的精神写在了家乡的大山里，写在了群众的想念里，把第一书记口碑深深刻印在百坭村群众心坎上，如同一座坚实美丽的丰碑。

二、案例二：用奉献和坚持让鸟儿回来——塞罕坝人青山梦

首都北京向北400多公里，河北省最北端。一弯深深的绿色镶嵌于此。她叫塞罕坝。

在中国森林分布图上，相对于全国2亿多公顷的森林面积，这112万亩的人工林似乎有些微不足道。在中国沙化荒漠化分布图上，地处风沙前缘的这一弯绿色，却显得弥足珍贵。她，每年为京津地区输送净水1.37亿立方米、释放氧气55万吨，是守卫京津的重要生态屏障。三代人，55年。将昔日飞鸟不栖、黄沙遮天的荒原，变成百万亩人工林海，相当于为每3个中国人种下一棵树，创造出当之无愧的生态文明建设范例。

为什么是塞罕坝？循着绿色的召唤，穿行在她的林海里，从每棵树、每个塞罕坝人身上，我们找到了答案。这就是矢志不渝的拼搏和奉献，对绿色理念的彻悟和坚守，对中华民族永续发展的使命和担当。

“塞罕坝能种树，能种出大树”

树，在塞罕坝是最平常的东西，也曾是塞罕坝最稀罕的东西。

从塞罕坝机械林场场部驱车向东北方向驶去，进入红松洼自然保护区。在一整片低矮

的樟子松林中，远远就能望见一棵落叶松兀自挺立。20多米高，枝杈密布，主干粗壮，两个人才能合抱起来，树龄已超过200岁。不知谁悄悄用红布把树干围了起来，树枝上还系着一条条五彩绳，随风飘动。“这是树神吗?”记者好奇。“我们叫它功勋树。没有这棵树就没有今天的塞罕坝。”林场党委办公室主任赵云国说。

时间回溯到清朝同治年间，她还是茫茫原始森林中的一棵小树。那时的塞罕坝，物产富饶，牲畜繁育，是皇家猎苑木兰围场的一部分。塞罕坝的命运从那时起遭遇逆转。清朝晚期，国势渐衰，为弥补国库空虚，同治皇帝宣布开围垦荒。此后，树木被大肆砍伐，原始森林逐步退化成荒原沙地。塞罕坝展览馆里，几张泛黄的照片记录着当年的惨境：光秃秃的山丘，狂风肆虐的沙地，难觅活物……往北是茫茫大漠，往南是京畿重地，这道连南接北的重要生态屏障，轰然倒下了。大自然的报复如洪水猛兽一般。西伯利亚寒风长驱直入，内蒙古高原流沙大举南进。北京被几大风沙区包围，来自不同方向的“灌沙”让首都上空常常灰黄一片。如果不堵住这个离得最近的沙源，不扼住这个风口，首都的生态环境将难以为继。

20世纪60年代初，正值国民经济困难时期，国家仍咬紧牙关，下定决心建一座大型国有林场，恢复植被，阻断风沙。此时的塞罕坝，荒凉了近半个世纪，自然条件越来越恶劣：年平均气温零下1.3摄氏度，无霜期不到两个月，降水量只有400余毫米。1958年，当地曾搞了大唤起、阴河等小型林场，不但树没种活，人都快活不下去了，只好匆匆下马。

塞罕坝还能不能种树?种什么树?人们疑虑重重。

1961年，时任林业部国营林场管理总局副局长刘琨临危受命，带着6位专家登上塞罕坝。10月，本应秋色斑斓，坝上却已刮起遮天蔽日的白毛风。他们先是在亮兵台和石庙子一带石崖下，发现被火烧过的黑黢黢的树根。反复辨认，确定是落叶松。在凛冽寒风中行进到第三天，不知谁喊了一句：“你们看!”大伙儿的眼睛瞬间都亮了：渺无人烟的荒漠深处，一棵落叶松迎风屹立。一群人扑上去抱住树，含着眼泪大喊：“塞罕坝能种树，能种出大树。我们要在它周围建起一片大森林、大林海!”塞罕坝机械林场由此成立。

这就是塞罕坝精神

1962年，369人肩负使命，或坐车，或骑马，或徒步，豪迈上坝。他们来自全国18个省区市，平均年龄不到24岁，127人是刚走出校园的大中专毕业生。初来乍到，热血青年们干劲十足，两年种下6400亩落叶松。但没过多久，他们就被当头泼下一瓢瓢冷水：辛辛苦苦种下的幼苗一株株接连夭折，成活率还不到8%。“那年春节，大雪下了一米多厚，气温零下四十几摄氏度，我们愁眉苦脸地在坝上熬过了除夕夜。”81岁的退休职工张省回忆说。比气温还低的是创业者的心情。是去还是留?

不服输的塞罕坝人沉下心来，找原因、想对策。“不是树种的问题。苗木都是从东北运过来，长途跋涉后根系大量失水，到了塞罕坝已经蔫了，哪还能种得活?”张省说。外运不行。塞罕坝人决定白手起家，自己育苗。“落叶松是阳性树种，幼苗期耐不了高温和阳光直射，以往通常采用遮阴育苗法。这样做产量上去了，但苗木就变得脆弱了，经不了风雪。”当年承担育苗工作的退休职工尹桂芝回忆。于是，塞罕坝人反其道而行之，首次在高寒地区取得全光育苗成功。

通过早春播种、夏秋管护、冬季雪藏，塞罕坝人育出的幼苗，上面像个矮胖子，苗株短粗，下面又像大胡子，根须发达，透着壮实劲儿。1964 年的春天姗姗来迟，决定塞罕坝命运的关键时刻到了。林场职工集中在三面环山的马蹄坑，连续大干 3 天，在 516 亩荒地上种满了自己精心培育的落叶松幼苗。这就是让每个塞罕坝人都难以忘怀的马蹄坑大会战。经过 20 天焦急和不安的等待，奇迹出现了，96.6%的幼苗开始放叶，奋力而顽强地伸向天空，塞罕坝人在汗水与泪水交织中欢呼雀跃。5 年过去了，绿色不断萌发，希望不断升腾。十年过去了，60 多万亩树木让濯濯童山换了人间。

但上天对塞罕坝人的考验并没有结束。1977 年 10 月 28 日，天空阴沉，气温越来越低，雨越下越急，树木很快被厚厚一层冰凌包裹。瞬间，树枝断裂声铺天盖地，撕人肺腑。那场雨淞灾害中，20 万亩林木毁于一旦，十几年心血换来的劳动成果损失惨重。林场老职工后代闫晓娟说："妈妈含着泪投入到生产自救，当时坡陡路滑，在往山下拖断木时被大树砸断了左腿，落下了残疾。" 1980 年，林场又遭遇百年不遇的大旱，12 万亩树木旱死。毁了，从头再来。面对一次次灾难，塞罕坝人没被击垮。凭着超常的恒心和意志，塞罕坝人仅仅用了 20 年，就造林 96 万亩，总量 3.2 亿多株。一道坚实的生态屏障再次拔地而起，浑善达克沙地的南侵步伐戛然而止。

亮兵台的绿色卫士

2000 年，刘琨老人最后一次上坝，望着郁郁葱葱的连片树林，久久不愿离去。2013 年，他走完了 90 年的人生。按照遗愿，家人把他的骨灰撒在了亮兵台。亮兵台，清朝康熙皇帝点将阅兵之处。今天，人们登临于此，看到的是一棵棵笔直的落叶松如一个个绿色卫士，守护着绿色疆土。退休后的张省每次上坝一定要去亮兵台。那里有他种下的树，有他对故人无尽的思念。三代人的青春和岁月，还清百年间历史欠下的生态账。

从亮兵台一路向西，落叶松林逐步过渡到樟子松林，高度明显矮了一截。在林场最西部的三道河口分场，记者遇到了王建峰。王建峰 1991 年到林场工作时，塞罕坝已完成大规模造林，一片绿色海洋。但没想到，他要去工作的三道河口却还是海洋中的孤岛，举目望去，沙丘连片。"那时候没电、没路，也没多少人，进进出出都靠一匹白兔马，最难的是种不活树。"王建峰说。"一年青，二年黄，三年见阎王。"在这块塞罕坝沙化最严重的区域，从落叶松到沙棘，再到柠条、黄柳，能种的都试了一遍，但种什么死什么。塞罕坝通常采用裸根苗造林，但到了这里的沙地，裸根苗吸收不到水分。王建峰又尝试用盐水浸根。他想，人渴了要喝水，树渴了也要吸水。这一大胆的设想依然以失败告终。反复试验，他们终于找到办法：把在陆地上培育两年的幼苗，移植到容器桶内再培育两年。取掉容器桶进行栽植，既能保水，也能吸水。三道河口终于开始由黄变绿。

"好比在青石板上种树"

时间走到 2012 年，党的十八大召开，生态文明建设被提升至前所未有的高度，中国生态文明建设开启新的征程。塞罕坝的绿色攻坚，也向着更强的堡垒进发。那就是最后近 9 万亩石质荒山。"这些地方大多岩石裸露，土层只有几厘米，最大坡度达到 46°，好比在青石板上种树。"林场林业科科长李永东说。在这里种一亩树，成本至少要 1200 元，而国家补贴只有 500 元，种得越多搭进去的就越多。更何况，当时塞罕坝的森林覆盖率已达八成，最后这一小块硬骨头，还有没有必要啃？值不值得啃？塞罕坝人义无反顾地选择了宣战。“党中央明确提出，生态文明建设功在当代，利在千秋。”林场场长刘海莹说：“哪能只想着眼前值不值呢？”

认识坚定了，但行动起来却千难万难。第一次上石质荒山，林场职工范冬冬看着寸草不生的山坡，心里直发怵：“怎么上得去啊？”手脚并用爬了上去，第一项工作就是挖坑。按照整地技术规范，需要在山上挖出长和宽各70厘米、深40厘米的坑，一亩地要挖55个。坑虽不大，可薄薄的土层下全是石头，挖变成了凿。拿起钢钎、尖镐，叮叮当当凿了没多大一会儿，双手就起了血泡。“当时北京市一所高中的学生来体验生活，几十名学生半天也没凿出一个坑来。”李永东说。但最难的还不是凿坑，而是搬运苗木上山。坡度陡，机械无法作业，只能靠骡子驮或人背。一株容器苗樟子松浇足水后足有七八斤重，坡陡地滑，骡子扑扑腾腾爬两步，就累得呼哧带喘。“它们有时也给你甩脸色，闹不好就罢工。”范冬冬说。骡子上不去的地方，就只能靠人背着树苗往上爬。常年背苗子的人，后背往往都有麻袋和绳子深深勒过留下的疤痕。

苦心人，天不负！塞罕坝人硬是啃下7.5万亩硬骨头，全部实现一次造林、一次成活、一次成林。“剩下的1.4万亩，2018年将全面完成。”林场副场长张向忠说，那时，塞罕坝将完成全部荒山造林，实现森林覆盖率86%的饱和值，让绿色遍布塞罕坝的每一个角落。“塞罕坝处于森林、草原和沙漠过渡地带，三种生态景观历史上互有进退，是全国造林条件最艰苦的地区之一。”中国工程院院士、森林培育专家沈国舫感叹。但塞罕坝交出的成绩单却令人惊讶：单位面积林木蓄积量达到全国人工林平均水平的2.76倍，全国森林平均水平的1.58倍，世界森林平均水平的1.23倍。

“要让鸟儿回来”

在塞罕坝林场展览馆的墙上，一行行娟秀的毛笔字引起了记者的注意，这是第一代林场人张启恩在退休多年后写给当年林业部老领导的信。信中写道：……要让鸟儿回来，停止沼泽地造林……塞罕坝机械林场场长刘海莹说：“他们那一代人已经意识到，造林的目的不仅仅是为了种树，而是为了把被破坏的生态系统恢复起来，恢复生态是我们几代人的事业。”“恢复生态是我们几代人的事业”，正是这样的大格局大视野，塞罕坝人总能在取和予之间做出正确的选择。

1962年，北京大学毕业生、时任林业部造林司工程师的张启恩不仅自己接受组织调遣，成为林场第一代技术员，他也把在中国林科院工作的妻子和三个孩子从北京带到坝上。因为在造林中意外摔伤，他的后半生都与轮椅为伴。当年和张启恩一起上坝的大中专毕业生有127位，塞罕坝成为当时知识分子最集中的林场，由于条件匮乏，第一代创业者的孩子，都没能接受高等教育。塞罕坝机械林场老干部科李建军说：“老一代人有个共同点，他们爱孩子，但是林子有事情的时候，他们肯定是奔林子去。”

“爱孩子也爱林子”。正是因为知道生态文明事关子孙万代，塞罕坝人才怀着一颗迫切之心，优先对满目疮痍的荒原进行抢救。塞罕坝机械林场森林旅行社经理闵学武提道：“10岁左右的时候，我的父亲领我上山去采蘑菇，我就拿着这个小木棍随走随打这么高的小树的树梢，我父亲在后面看到了，把我一顿训斥，我当时是一点儿也不理解，我觉得这个树怎么比他亲生儿子还重要，现在我理解了。”父亲的严厉，让闵学武明白了，种好一棵树需要几十年，而毁掉一片林，却只在一念间。也正因为如此，在林场旅行社担任经理的闵学武，面对汹涌而来的旅游人潮冷静而克制。眼下，林场120家旅游接待单位，占地不足560亩，不到林场总经营面积的万分之四。“就比如说像一块肥肉到嘴边了，我们却没有大快朵颐，说到底还是为了保护这片森林。”

“舍我其谁”

要“像保护眼睛一样保护生态环境，像对待生命一样对待生态环境”。曾经有个地方要毁掉林子改建停车场，时任阴河林场党支部书记的李建军带着伙伴们去理论，他们要与林木共存亡的架势，很快吓退了对方。时任塞罕坝阴河林场党支部书记李建军：“保住了我们父辈栽的这些树，我们当时非常非常高兴，欣喜若狂，天上下着那么大的雨，我们坐在敞篷车上，那是欢呼雀跃，一路高歌。”

当年，作为林场唯一一个机械专业的毕业生，任仲元一上坝就发现机械造林不成功的原因出在机器上，他自学俄语，改造履带部件材料，让那些“大家伙”都派上了用场，林场大规模机械造林的序幕由此拉开。时任塞罕坝机械林场机械工程师任仲元回忆说：“我跟你说啊，我当时的心情是什么呢？这个事必须我得办，舍我其谁也。”“舍我其谁”，正因为塞罕坝人把植树造林、恢复生态视为自己的天职，才迸发出“舍我其谁”的宣言。如今“舍我其谁”的豪迈，已经传递到新一代的手里。

在绿色上做文章

北京环境交易所，塞罕坝林场18.3万吨造林碳汇正在挂牌出售。全部475吨碳汇实现交易，可获益1亿元以上。森林每生长出1立方米的林木蓄积量，平均可吸收1.83吨二氧化碳，释放1.62吨氧气，这是大自然回馈给塞罕坝的巨大财富。种好树，塞罕坝人有一种朴素的生态意识；用好树，塞罕坝人有一种自觉的生态意识。“荒原变成森林，森林换来绿水青山，绿水青山在无声无息中变成金山银山，塞罕坝形成了良性循环发展链条。”林场副场长陈智卿说。

但仅仅5年前，时任千层板分场场长的陈智卿还在为职工每个月的工资发愁：“守着那么大一片林子，却感觉有了上顿就没了下顿。”那是塞罕坝发展进程中无法回避的一段阵痛期。木材占林场全部收入的90%以上，销售渠道单一，主要供应给煤矿用于巷道支护。随着各地小煤矿接连关闭退出，木材价格跌入谷底。痛定思痛，塞罕坝从生态文明建设大棋局中找准落子时机——在林场一片实施改培作业的林地上，落叶松、云杉、桦树、樟子松、油松相伴其间，高低错落，层次多样，煞是好看。

造林施工员曾立民告诉记者：“当年人工造林时每亩按照333棵的高密度栽植落叶松，我们通过近自然管护，不断去除次树、选留好树，最终每亩保留15棵左右，再利用树下空间种上幼苗，高大的树冠能为树苗挡风抗寒，对病虫害的抵抗力也更强。”这是塞罕坝独到的“砍树经”：过去“以砍养家”，砍树是为了卖钱；现在“以砍养树”，遵循去小留大、去劣留优、去密留匀的原则，完善森林生态链，让树木长得更好。

2012年，塞罕坝自我加压，将每年木材砍伐量从15万立方米调减至9.4万立方米，这一数量不及年蓄积增长量的四分之一。保护生态环境就是保护生产力，改善生态环境就是发展生产力。红线之下，塞罕坝建立了极严格的林业生产责任追究制，一旦发现超蓄积、越界采伐林木行为，实行一票否决制，坚决追究责任。

东边不亮西边亮。少砍树不但没有砸了塞罕坝人的饭碗，反而倒逼塞罕坝人开辟出一片新天地。“同样是树，却能做不同的文章，与其卖木材，不如卖整株苗木。”陈智卿说。把最擅长的育苗投入产业经营，塞罕坝人如鱼得水。几年时间，8万余亩绿化苗木基地一片嫩绿，1800余万株树苗可供商业销售，每年给林场带来近千万元收入。一番转变之后，木材收入占林场总收入的比重下降到50%以下，以前只有一条腿的“板凳”有了越来越多的支撑点。一番转变之后，塞罕坝人最终受益。目前，林场职工人均年工资收入9万多元，还有4万多元的绩效奖金。这样的工资水平，不仅明显高于当地城镇职工平均水平，也高于全国林场平均水平。

“傻傻的抠劲”

在开发与保护的考题上，塞罕坝人常有意想不到之举。眼下正是塞罕坝的旅游旺季，天南海北的游客纷至沓来。去年，塞罕坝国家森林公园接待旅游者50万人次，门票收入达到4400万元。按照规划，塞罕坝完全可以承受100万人次接待量，再轻松增加收入4000多万元。这可是几乎不用任何投入就可以落袋的真金白银。但塞罕坝人却做出决定：严格控制入园人数、控制入园时间、控制开发区域、控制占林面积。“塞罕坝再未批过旅游项目用地，再未增加过酒店床位，对超过限额的游客，我们只好拒之门外。”林场旅行社经理闵学武说。塞罕坝人并非看不上这笔钱，而是算清了开发与保护的大账。林场党委副书记安长明说：“如果生态效益没有了，用再多的经济效益也难以挽回。经济账和生态账、小账和大账孰轻孰重，头脑必须清醒。”

目前，林场正联合地方政府展开生态旅游环境提升行动，为住宿和餐饮场所安装小型污水处理器，并建设一座垃圾处理场。行走在林场，可见一座座白色风力发电机分散其间。塞罕坝有优良的风电资源，但在引进风电项目时，林场管理者明确了只能利用边界地带、石质荒山和防火阻隔带，不占用林地，不采伐林木。只要影响到树，影响到“绿”，眼前有大钱也不挣！塞罕坝人就是有这种“傻傻的抠劲”。前人栽树，后人乘凉。不因小失大，不寅吃卯粮，不急功近利。塞罕坝人的“抠劲”，彰显的是生态文明建设的大局观、长远观、整体观。

“当人与森林和谐共处”

对自己吝啬的塞罕坝人，对周边居民却格外“大方”。在林场，只要不在防火期，周围村民就可以进山采集野菜、蘑菇、药材等林下作物，一年可为一个家庭带来5000元左右收入。在围场县，从苗木种植到旅游开发，从手工艺品制作到发展交通运输，越来越多的人争相搭上塞罕坝这趟绿色发展快车，每年可实现社会总收入6亿多元。

尝到绿色甜头的村民们，也深深烙下绿色意识。紧邻千层板分场羊场营林区，34岁的村民程小刚7年前利用自家房屋办起了农家院，一年收入可达十几万元。“从小看着这片林子一点点长了起来，没想到这些树能改变自己的命运。”儿时，树木还没成林，程小刚的父母种地为生。树渐渐多了，草也长出来了，程小刚做起放牛娃。实施禁牧后，程小刚到县城做了打工仔。直到小树林成为森林，游客渐多，程小刚抓住机会，自己做了老板。“我特别在乎这些树，看有客人出门，一定要提醒他们爱护每一棵树，千万别吸烟。”

他说，村里人有个共识，宁可让家门上的门号牌掉了，也不能让防火责任牌掉了。

人因自然而生，人与自然共生。“林业超出你的想象，当人与森林和谐共处，能为彼此创造更多价值。”林场林科所所长程顺说。守住绿水青山，塞罕坝创造了价值难以估量的金山银山——曾经的皇家狩猎场，成为今天的动植物物种基因库。塞罕坝有陆生野生脊椎动物261种，昆虫660种，植物625种，大型真菌179种。在华北地区降水量普遍减少的情况下，当地年降水量反而增加60多毫米，为辽河、滦河涵养水源、净化水质1.37亿立方米。周边区域小气候有效改善，无霜期由52天增加至64天，年均大风天数由83天减少到53天。以现有的林木蓄积量，塞罕坝每年释放的氧气可供近200万人呼吸一年。中国林科院评估显示，塞罕坝的森林生态系统每年提供超过120亿元的生态服务价值。沈国舫评价说：“从造林、护林到用林，塞罕坝将绿色理念贯穿始终，成为建设美丽中国的一支重要力量。”

大自然没有辜负人的努力和付出——20世纪50年代，北京年均沙尘天数为56.2天，如今已下降到10.1天。2016年，北京沙尘天仅有5天。巨变背后，塞罕坝的绿色贡献功不可没。

(本案例参考资料：

[1] 陈二厚，张洪河，赵超等，从一棵树到一片“海”——塞罕坝生态文明建设范例启示录，新湘评论，2017-18；

[2] 田军，传承艰苦奋斗精神　实现绿色创业梦想，中国工运，2014-05；

[3] 弘扬塞罕坝精神座谈会发言摘编，河北林业，2018-08)

教师点评

(1) 塞罕坝三代人攻坚克难植树造林的感人事迹，是我国生态文明建设的缩影。生态文明建设是关系全国人民福祉、关乎中华民族未来的长远大计。习近平总书记指出：“良好生态环境是最公平的公共产品，是最普惠的民生福祉。”践行和弘扬社会主义核心价值观，倡导富强、民主、文明、和谐，其中包含着有效推动生态文明建设这一重要内容。当代大学生应该用热忱、科学和创新守护祖国的青山绿水蓝天，做美丽中国的建设者、守护者。

(2) 塞罕坝精神突出展现了中华儿女的忠于使命的奋斗精神。塞罕坝三代造林人心怀建设保护祖国绿水青山的梦想，以坚强的意志、科学的方法攻克一道道难关，始终坚守使命，艰苦创业，敬业奉献。习近平总书记作出重要指示“全党全社会要坚持绿色发展理念，弘扬塞罕坝精神，持之以恒推进生态文明建设”。实现从“黄沙遮天日，飞鸟无栖树”的荒漠变为“河的源头、云的故乡、花的世界、林的海洋、鸟的乐园”的绿色梦想，正是凭借塞罕坝人半个多世纪忠于使命的不懈奋斗。这是激励大学生成长成才的伟大精神财富。

(3) 塞罕坝人历经半个世纪的艰苦努力，形成了人与自然和谐发展美好图景，深刻诠释了“绿水青山就是金山银山”的理念。推动形成绿色发展方式和生活方式更是发展观的一场深刻革命。我们必须始终秉持人与自然和谐发展理念，共同努力实现人民富裕、国家富强、美丽中国的伟大目标，为子孙后代留下天更蓝、山更绿、水更清的优美环境，实现中华民族永续发展。

三、案例三：用奋斗作青春最亮丽的底色——桂工青年好榜样

“种植养殖政府给奖补，党的政策太好了！边书记，明天赶闹子我再多买些鸡仔回来养……”听到贫困户的这句话，边晓杰悬着的心放了下来。连日来，边晓杰来回穿梭在村里，向贫困户宣传产业以奖代补政策，嘱托贫困户开展春耕复产工作，并清清楚楚地帮每户贫困户都记着一笔产业账。

边晓杰是桂林理工大学一名共青团干部，2018 年 1 月，在坚决打赢脱贫攻坚战的时代号召下，边晓杰毫不犹豫地选择了把扎根基层作为青春的最美底色，成为桂林理工大学派驻灌阳县顺溪村第一书记。

桂工 90 后第一书记的战役：回村战“疫”

疫情发生后，边晓杰顾不得家人的反对，从河南老家第一时间返回帮扶村开展防疫工作。大年初七开始，边晓杰连续一个月吃住在村，带领党员干部封村值班、巡街宣传、入户排查，将全村农户进行网格化管理，对全村 670 户 2041 名村民进行摸排，建立外出返乡人员台账，摸排出湖北、武汉返乡人员 2 人，其他省返乡人员 16 人，安排专人对重点区域返回人员进行重点观察、定期测量体温。

防疫一线，边晓杰彰显着共青团干部的本色，永远走在最前面。顺溪村紧邻省道，跨区域人员流动较多，边晓杰深知，要想保护好村民的生命安全和身体健康，阻断疫情蔓延进村，就一定要扎牢守紧进村的关卡，拒疫情于村门之外。

为了做到外防输入，边晓杰和村两委干部分成几个小组，在村里的出入路口建起了“劝导站”。安排专人轮流值班和不间断宣传，量体温、做登记，逐一严格做好外出返乡人员的登记确认工作，教育引导群众禁止一切聚会、宴席和不必要的外出。劝导红白喜事、集会 3 起，劝返非必要外出人员 20 余名，有效地提升了村民思想认识，把好了病毒入口关。

面对疫情，不少群众还存在侥幸心理，出门不戴口罩，甚至聚集、打字牌等现象还时有发生。为了引导广大村民正确理解、积极配合，科学有序参与疫情防控，边晓杰带领村干部采取分片区网格化管理，通过流动广播喊话、悬挂警示标语、发宣传单、微信群发等方式进行全覆盖全天候宣传，并组织村干部对全村人员往来情况进行全覆盖排查，逐一严格做好外出返乡人员的登记确认工作，不漏一户，对疫情重点人员进行居家隔离观察。

“只要是外地返乡人员，一律在家隔离，每天两次检查体温”“麻烦您靠边停车，下来测下体温，做个登记”“大家出门务必戴好口罩，保护自己也是保护他人……”就这样，在疫情防控工作中，边晓杰变成了劝导员、宣传员，带领村干部为村民建起疫情防控的安全线，确保了 670 户 2041 人的疫情防控工作得到有效落实，实现了零感染、零接触。

桂工 90 后第一书记的战役：攻坚战役

一年之计在于春。随着天气回暖，眼下田间地头不少村民陆续开始着手春耕备耕，这也是帮助贫困户规划产业和申报奖补资金的最佳时机，所以发生了文章开头的一幕。

在加强疫情防控和确保安全的前提下，边晓杰一有时间就通过入户、电话等方式，同贫困户一起合计种植养殖计划，全力做好春耕的准备工作。目前，边晓杰已经帮助 80 余

户贫困户申报了特色产业奖补项目，其中涉及养殖、种植等产业。

今年是脱贫攻坚的收官之年，解决贫困户“两不愁三保障”问题仍是当前的重点。为了最大程度减少疫情影响，督促村里贫困户危房改造动工，边晓杰隔三岔五就会到村里两户贫困户危房改造项目现场了解进展情况，确保今年的危改任务如期完工。

“能够在基层最需要的地方贡献自己的力量，才能对得起青春的名义。”作为一名90后团干部，在谈到基层奋斗的岁月，边晓杰坚定地说道。

桂林理工大学“第二课堂”引领青春成长

“虽然我们不能像防疫一线的医务工作者一样救死扶伤，但是我们运用自己的专业知识线上辅导小学生们学习，看到小学生们因为解开了困惑他们很久的数学题而展露笑容，这便是最有意义的事情。”寒假期间，桂林理工大学给排水科学与工程学生王浩参加了桂工青年防疫志愿者线上助学服务队，负责线上辅导小学生功课。

“宅家期间，学校在第二课堂平台上为我们开设了十几门创新创业直播课，指导我更投入地去孵化我的创业项目。”桂林理工大学创客苏相丁如是说。

疫情当前，桂林理工大学团委积极搭建第二课堂云平台，通过开展“第二课堂”系列活动，引领青年大学生成长发展。截至目前，同学们通过学校第二课堂网络管理系统“到梦空间”参与“思想成长”“志愿服务”“技能竞赛”“创新创业”等第二课堂活动24660人次，累计发放第二课堂3212.9学分。形式多样的线上“第二课堂”活动，为宅家学习的桂工青年献上一份丰富精美的文化礼包，陪伴每一名桂工青年度过难熬的战疫时光。

思想成长不延期

“返校会延期，但思想成长还是要不断前进。”寒假期间，桂林理工大学所有班级团支部，以“筑起防疫青春长城”为主题，召开了线上主题团日活动，凝聚共识，同心抗疫。线上开学以来，各团支部每周组织团员青年学习共青团中央“青年大学习”网上主题团课，采用集中学习和个人自学的形式抓好桂工青年的思想引领。

疫情期间，学校青马班学员坚持定期召开读书分享会。与往常不同的是，3月份的读书分享会是通过网络连线的方式进行，学校党委书记李国忠如约与青马班学员“云相聚”在“网络会议室”，共同分享《入党——40个人的信仰选择》《我为什么加入中国共产党》等读书感悟，大家结合抗疫期间涌现的共产党员主动请战、坚守一线的先进事迹，更深刻地体会到了共产党员的初心、使命、责任与光荣。

志愿服务不停歇

学有所长，更有所用。疫情防控期间，学校组织106名志愿者组成“桂工青年防疫志愿者线上助学服务队”，为桂林市中小学生提供一对一线上助学服务，目前已为近60名学生解决了学生停课、作业无人辅导的问题。

此外，200余名桂工青年响应家乡所在地政府号召，加入社区、村屯防疫志愿服务队伍，向广大群众宣传疫情防控知识、协助公共区域开展消毒作业、排查往来人员体温、登记往来车辆、劝离聚众活动等，在“第二课堂”中践行志愿服务精神，与全国人民一起共克时艰。

网上活动不掉线

学校结合“第二课堂成绩单”制度，在网上发起了第二课堂活动。推出“科学防疫，从我做起”新型冠状病毒感染的肺炎疫情专题线上知识竞赛，累计参与人数达11000多人。

同时，开展疫情防控主题征稿活动，面向广大师生征集抗疫的文字、图片、短视频、音乐等网络创新作品，并对优秀作品进行展播。一首首改编歌曲、一幅幅手绘作品、一个个原创祝福视频，凝聚着广大桂工青年对一线战“疫”人员的敬意和感恩，对打赢疫情阻击战的坚定信心，以及为武汉加油、为中国加油的暖心祝福。

创新创业不停步

作为广西本科高校创新创业教育指导委员会主任单位，桂林理工大学在寒假期间组织开设广西高校双创网上学堂，采用网上课堂教学、在线自主学习、在线实战模拟、在线小组讨论等多种形式，实现教师与学生创新创业意识与能力的双提升、双促进。

面对疫情，学校适时转变工作思路，调整创新创业工作推进模式，以中国“互联网+”大学生创新创业大赛和“创青春”全国大学生创业大赛为切入点，实施“金种子”项目培育计划。通过视频会的形式召开了“金种子”项目培育工作推进会，共遴选项目40余项，选拔近百名教师组成校内导师团队，创建线上创新创业项目工作室30余个。组织教师和学生积极参与各类线上直播课程13场，累计参与达到3000余人次。

（本案例参考资料：

[1] 桂林理工大学团委，青春相框：决战双“役”的90后驻村团干部——边晓杰，桂林理工大学官网，2020-03-31；

[2] 刘茜雯，周化兴，桂林理工大学“第二课堂”引领青春成长，桂林理工大学官网，2020-03-19）

教师点评

（1）习总书记在2020年5月五四青年节到来之际寄语新时代青年“新时代中国青年要继承和发扬五四精神，坚定理想信念，站稳人民立场，练就过硬本领，投身强国伟业，始终保持艰苦奋斗的前进姿态，同亿万人民一道，在实现中华民族伟大复兴中国梦的新长征路上奋勇搏击。”边晓杰在第一书记的岗位上以坚定的理想信念指引行动，以坚定的人民立场服务群众，自觉践行和弘扬社会主义核心价值观，在抗击疫情中勇于担当，在扶贫攻坚中善于创新，真诚奉献，为实现中华民族伟大复兴中国梦而努力奋斗！

（2）“奋斗是青春最亮丽的底色。”习总书记在纪念五四运动100周年大会上的讲话中强调“民族复兴的使命要靠奋斗来实现，人生理想的风帆要靠奋斗来扬起。”我们身边的青年大学生胸有大志、心怀大爱，为抗击疫情而奋斗，为脱贫攻坚而奋斗，为党和国家、民族的伟大事业在奋斗。主动迎接挑战，自觉担负重任，甘于奉献，乐于创新，在奋斗中成长，在奋斗中成才。

（3）创新是一个民族进步的灵魂，是一个国家兴旺发达的不竭动力，也是中华民族最深沉的民族禀赋。大学生思维活跃，勇于探索，是创新的生力军。在校园里，“互联网+”“创新创业”“学科竞赛”等是大学生关注的热点话题。正是在科技创新的实践中，在学科竞赛的筹备中，在创业计划的孵化中，大学生们主动汲取知识，努力把知识化为实践；在团队协作中不断提升创新能力，在创新实践中找到并实现着自己的梦想。“苟日新，日日新，又日新。”当代大学生把拳拳爱国心、殷殷报国情投入创新实践当中，努力实现青春梦、中国梦。

第三节 主题实践活动设计

一、推荐活动一：青年志愿者服务活动

走进大美新农村
——新农村实地调研与志愿服务

（一）实践活动目的

深入农村，开展实地调研、志愿服务，在实践考察中切实感受社会主义新农村建设的发展、农民生产生活方式的进步。通过查阅资料、座谈访谈了解改革开放四十年来农村经济发展、社会保障、文化建设等方面的发展变化。积极参与科技兴农、义务支教、文化下乡等志愿服务活动，切实践行和弘扬社会主义核心价值观。

（二）实践团队名称

“青春建功新时代，坚定信心跟党走”——××大学信息科学与工程学院赴××市××县××村开展乡村振兴实践调研团队

（三）实践活动的基本要求（见表 7–1）

表 7–1 实践活动的基本要求

单位	时间	地点	内容	成果
社会主义核心价值观实践团队	暑期	高校结对帮扶乡村、新农村示范点	进行科技兴农、义务支教、文化下乡等志愿服务； 就精准扶贫、科技兴农、生态文明、文化建设等多个方面开展实地调研，提出合理化建议	调研报告、图文汇编、视频记录、发展建议等

（四）实践活动的主要内容

聚焦乡村振兴与产业增收，以实际行动深入××市××县××村，多角度、多方式、多内容记录乡村新面貌。通过时间和空间等多种维度，切实感受改革开放 40 年来新成就，感受党的富民政策的智慧和行动，让青年学子在实践中体验，在体验中成长，切实做到受教育、长才干、做贡献。

（1）访历史观新貌，看乡村变化、听乡村故事，以文字、图片、声音、视频还原“壮美广西”。

（2）重走长征路，铸造红军魂，聆听先烈事迹，传承革命精神，见证“红色广西”。

（3）珍视传统文化，记录民族工艺，培养文化自信，留住乡村的“根”与“魂”，参与乡村精神文明建设，感悟“文化广西”。

（4）以关爱为导向，以技能促发展，对接乡村需要，充分发挥专业优势，践行精准服

务，做好“服务广西”。

（五）实践活动的地区概况

（1）××市××县××村地理位置。

（2）××市××县××村交通情况。

（3）××市××县××村人口数量。

（4）××市××县××村特色产业等。

（六）实践活动的可行性分析

（1）交通便利，××村毗邻国道G322，道路建设条件较好，便利团队乘车前往。

（2）沟通无障碍，团队成员有当地人，熟悉本地环境、道路，精通本地方言，与村民沟通无障碍。

（3）设备齐全，团队有电脑、单反、DV、维修工具、投影仪、音箱、幕布，可便于实现“美丽广西”“文化广西”“和谐广西”和“服务广西”等主题实践目的。

（七）团队成员的具体分工

根据社会实践目标，按照“全员参与，各司其职，分工明确”的原则组建优势明显、特征鲜明的专业社会实践团队（见表7-2）。

表7-2 大学生主题社会实践团队成员情况汇总表

序号	姓名	单位	特长、优势（范例）	具体分工（范例）
1			具备社会实践经历；研究方向为大学生思想政治教育，能够很好地结合实地开展思想政治教育工作	指导老师
2			具备社会实践经历；擅长区域旅游发展战略，景区旅游规划与策划，曾参与国家AAAA级景区创建项目，设计旅游标识系统	指导老师、可参与当地相关工作
3			学校某志愿者协会副会长；擅长组织策划活动	队长、协助指导老师开展工作等
4			学校某无人机协会成员；擅长整体立体场景拍摄	负责村貌整体历史变迁照片采集、视频制作等
5			学校某青年新媒体中心成员；擅长微信公众号的运营	对当地传统文化进行调研
6			中青网通讯站采编部成员；擅长撰写新闻稿与采访	不同人群访谈及“合作社+基地+农户”生产模式调研等
7			具备全国大学生互联网+创新创业大赛经历；沟通能力强	“合作社+基地+农户”生产模式调研等
8			擅长手绘素描及艺术设计	收集并手绘当地特色民居、幸福感画面等
9			学校某志愿者协会成员；细心、沟通能力强	资料整理及义务维修等
10			当地人	负责活动执行、后勤保障及联络工作等

（八）实践活动的详细计划

本次暑期社会实践以“青春建功新时代，坚定信心跟党走”为主题，以××村为调研对象，通过“美丽广西”“文化广西”“和谐广西”“服务广西”四个篇章，以时间和空间等多种维度开展调研工作，在实践中坚定理想信念，在感受中增强爱国热情和奋斗热情。

1. 探索“美丽广西”成型的轨迹及发展现状

选择××村不同年龄段的4代人作为研究对象，从出行方式、生活情况、家庭收入、居住条件、居住环境、受教育情况、村容村貌、生产工具、对党的认识等方面，分别对每一代人进行照片收集和访谈，描绘不同代际村民对各时段本村的风貌、人情，体会变化。

对“合作社+基地+农户”生产模式进行学习、调研，感受精准扶贫政策的落地、落实。

对自然环境情况进行调研。

团队以时间纵轴为主线，以时代特征为主题，使用相机、DV记录时代发展留下的印记，通过今昔自然环境及人文环境的对比，感受中国改革开放40周年给我们的生活带来的巨大变化。

2. 感受“文化广西”沉淀的过程及文化底蕴

泱泱中国疆域辽阔，有数不完的壮丽河山，道不尽的中华文化。广西壮族自治区是少数民族聚集地，民族特色突出，民族精神、民俗文化集中汇聚。团队珍视传统文化，旨在培养文化自信，让大学生在走访调研中躬亲祖国大地，在××村实践服务中实际参与文化传播和文明创建，在文化之旅中实现民族团结教育。

实践中，团队将深入了解并感受当地的地域文化，搜罗当地民族符号载体以及传承工艺，如服饰、饮食、建筑、民俗活动，了解、挖掘其背后的故事及其发展变化。总结材料，团队将拍摄记录当地有文化沉淀的相关实物、载体，展现“魅力八桂”的浓郁文化色彩，感受到“文化广西”沉淀的过程及其文化底蕴。

3. 重温“和谐广西”背后的艰辛及漫漫长征路

“红色文化”让团队师生在红色文化之旅中实现爱国主义理想信念教育。

团队将参观红军堂，以重走长征路的形式品味红色文化，领会长征精神。此外，我们将以访谈的形式，聆听革命先烈的红色事迹，从革命老前辈的记忆中深入了解当年红军长征的艰辛历程，挖掘其背后的故事，从而对红色文化有更深刻的理解。

收集能够展现当地村民生活富足、幸福感、获得感的照片，并为其手绘，将其打造成对外宣传的一张名片。

本次社会实践是在大学生群体开展德育的有效载体，使同学们在寓教于乐中受到润物细无声的熏陶，感受“和谐广西”的来之不易，传承和发扬中华优秀的长征精神。

4. 开展“服务广西”的一系列义务助民活动

新时代，新使命，青年大学生作为中国特色社会主义的建设者和接班人，重担在肩，本团队为培养大学生“服务地方”的意识和责任感，将开展“服务广西”系列活动。

（1）如今越来越多年轻人选择外出打工赚钱，农村留守儿童、空巢老人日益增多。本着促进家庭亲情联系、建立温馨纽带的目的，为留守儿童、空巢老人提供一次与外出亲人的视频通话的机会，并义务为他们寄信、邮件包裹给在外的亲人。

（2）深入群众，以实际行动帮助当地群众，开展志愿服务活动，如电脑和家电义务维修，帮助当地群众下地农作，挑柴担水，做好乡村清洁等。

（3）与××村村委会沟通、交流地方发展的情况以及突破瓶颈的方式，归纳资源禀赋和地方优势，为实现柑橘经济持续创收，打造服务型经济产业撰写相关反馈、建议报告。

（九）实践活动应急方案

应急组主要职责：负责活动期间突发事件的及时上报、处理、善后等各项工作。负责疏散师生，维护秩序，保持现场，协调有关单位（如公安、消防、卫生等部门）负责救援和抢险。

应急处置程序：突发事件发生后，各小组成员必须将所发生的事故情况及时、准确、全面地汇报给应急组长，并及时启动应急预案。小组负责人必须第一时间赶到事发现场指挥协调。根据事件性质向公安、交警、消防、卫生防疫、交通管理等部门紧急求援，使灾情较快得以控制，受伤人员及时得到救治。

教师点评

（1）通过了解新农村富民政策、产业增收情况，深刻体会在党的领导下建设“富强、民主、文明、和谐”国家的积极实践，进一步增强对社会主义优越性的认同，提高践行和弘扬社会主义核心价值观的自觉性。通过了解专业合作社建设改变乡村面貌，村民纷纷走上经济致富、生活健康的道路，焕发乡村发展的新活力。

（2）深入了解少数民族文化传承和团结致富的经验。通过走访瑶族、壮族、苗族等少数民族村民，收集各民族颇具特色的文化经典和生活习俗，整理各民族团结一心共同致富的生产经验，对党的民族政策有更深入的理解，自觉促进民族团结进步。

（3）在社会实践中参观爱国主义教育基地，了解这片土地上的为了民族独立、人民解放可歌可泣的历史，激发大学生的爱国情、报国行。鼓励大学生把当地的红色历史与绿色资源结合起来，为乡村振兴、绿色发展提供可行性的意见建议。

二、推荐活动二：义务支教实践

义务支教进行时
——大学生义务支教实践活动

（一）实践活动目的

通过参与支教，了解社情民情，加深对建设教育强国、加强基础教育的重大意义的认识，更加明确地体会到是社会主义祖国为大学生提供了良好的受教育机会，作为有知识、有能力的大学生应该感恩祖国和人民，明确责任，自觉担当；加强大学生服务社会、服务群众的自觉意识，在实践中提高为人民服务的本领，在支教过程中更深刻地理解、践行和弘扬社会主义核心价值观。

（二）实践活动内容及方式（见表 7-3）

表 7-3 实践活动内容与方式

单位	时间	地点	内容	成果
支教团队	暑期	高校结对帮扶乡村小学等	开展爱国故事会、敬老我先行、班级一家亲等少先队主题活动； 组织课业辅导、知识探索、科学实验、艺术实践、体育活动等； 进行家访活动； 募集书籍、文具、文化体育活动器材等，捐赠给乡村小学； 进行结对帮扶	调研报告、图文汇编、视频记录、发展建议等
支教小组	平时课余时间	高校周边乡村小学	开展爱国故事会、敬老我先行、班级一家亲等少先队主题活动； 组织课业辅导、知识探索、科学实验、艺术实践、体育活动等	活动总结、图文汇编、视频记录等

（三）实践活动要求

1. 组建实践小组

一般5~8人组成一组，选出组长，定好组名，收集小组成员电话、特长、健康等信息。

2. 制定活动方案

根据实地了解，经过团队商议，确定活动时间、地点、内容、分工等，做好准备工作和安全预案。

3. 开展支教活动

坚持践行和弘扬社会主义核心价值观，充分调动小学生参与活动的积极性，鼓励向真向善向美，确保实践活动安全，严守学校纪律，确保个人安全。

4. 组织实践分享

围绕践行和弘扬社会主义核心价值观，小组汇报活动实施情况、实际效果、小组总结、个人心得等。

教师点评

（1）支教扶贫，铸魂育人。大学生义务支教既是服务社会的实践锻炼，也是个人成长的重要经历。支教活动中，小学生们充满希望的目光，会让大学生们切身感受到自己肩上的责任。自觉践行社会主义核心价值观，无论今后走到哪里、在做什么，都会记得个人的成长有赖于祖国的培养、人民的哺育，都会坚信能够服务群众、奉献社会才是实现个人价值的正确途径。

（2）大学生在义务支教的实践过程中，能更加真切地感受到信仰的力量、信念的力量。大学生给小学生们上课，教的不仅是课本上的知识，还有看待世界、对待人生的眼光。大学生身体力行地向小学生们传递正确的世界观、人生观、价值观，引导他们爱家爱校爱亲人师友，爱党爱国爱社会主义。这些美好的希望和坚定的信仰能让小学生们在正确的道路上走得更远更坚实，也让大学生们更坚定自己服务社会、甘于奉献、勇于担当的信念，自觉地践行和弘扬社会主义核心价值观。

三、推荐活动三：照片及视频展演

我的舍友最可爱
——舍友合影或视频竞赛及展示

（一）实践活动目的

为丰富学生的社区文化生活，展现出我院社区团结友爱的精神风貌和同学们青春进取的宿舍生活，举办“我的舍友最可爱”舍友合影或视频竞赛，以此进一步增进宿舍成员之间的友谊，建立更加良好人际关系，共同创建温馨的宿舍环境，营造出和谐融洽的学习生活氛围。

（二）实践活动安排

时间：每年5月。

主题：我的舍友最可爱。

方式：舍友合影或视频。

（三）作品内容要求

展现同学们团结进取、友爱互助的精神，可以拍摄舍友一起勤奋学习、坚持锻炼、美化宿舍、快乐生活等合影或视频。

（四）作品要求

视频时长：30~120秒。

照片像素：5~20MB。

将作品打包压缩为zip文件格式后，以宿舍号命名，提交至指定邮箱。

（五）实践活动流程

（1）活动前期准备。

（2）一轮评比安排。

（3）二轮前期准备。

（六）活动注意事项

（1）加大宣传力度，提高同学们参与的积极性。

（2）整个评比过程应该公平公正。

（3）将通知及时下发时，并且要确定通知到位。

（4）合理分配人数，合理安排时间。

教师点评

（1）作品展现大学生在宿舍学习生活中自觉营造团结友爱、互助共进的良好氛围。

（2）在舍友相处中主动掌握良好的语言沟通技巧、有效的心理疏导方式，形成理性平和、宽容乐观的心态。

（3）通过活色生香的宿舍生活，学会彼此理解、友好沟通、和谐相处、互相帮助，从身边做起、从小事做起，切实做到社会主义核心价值观在个人层面所倡导的友爱精神。

第八章　明大德守公德严私德

第一节　实践能力总体概述

道德是做人之本，立德树人是当今教育的首要任务和目标。在大学生思想政治教育中，明大德守公德严私德是重要的教育内容。在中国特色社会主义新时代的教育实践中，大学生不仅要学习各专业的科学文化知识，还要具备高尚的道德品质和良好的行为习惯。因此，道德培养与道德训练是实践教学的重要内容。本节重点引导大学生继承中华传统美德，全面把握社会主义道德建设原则和核心，恪守公民基本道德规范，提高道德修养积极性和主动性，培养高尚健全的社会主义道德品质。

一、实践教学要求

在学习道德的产生与本质、道德内容体系、原则和核心等理论的基础上，通过主题实践活动帮助大学生深刻认识道德在社会生活中的重要作用，进一步了解中国传统道德，自觉继承中华民族优良道德传统和人类道德文明的优秀成果，弘扬社会主义道德，恪守公民基本道德规范，努力提高道德修养的自觉性。同时通过学习社会生活领域的道德规范和法律规范，在实践中进一步体会道德对于个人生活及社会秩序的重要性，通过“道德文明之星”评选、主题公益助残实践、社会道德调查等多种实践活动，培养加强道德修养和法律修养的自觉性，锤炼高尚品格，为解决走向社会、立业成家等人生重大课题打下良好基础。

二、实践教学目标

本节社会实践活动内容丰富，学生可以自行选取有关活动进行主题实践，如分小组开展道德情况调查，积极参与班级“道德文明之星”评选，组建志愿者小分队到福利院等有关机构开展爱心助残公益活动等。学生在主题实践中进一步了解和掌握在社会主义市场经济条件下的道德建设要求，明确公民道德建设理论内容及其重大意义，通过实践引导学生树立社会主义道德观、荣辱观。

进一步认识公共生活和公共秩序的基本特点和要求，帮助大学生认清公共生活与公共秩序的本质，强化公德意识。积极开展职业道德训练，通过深入的主题实践活动引导大学生正确认识当前我国的就业形势，提高自身的职业道德，培育学生高尚的职业精神；树立正确的择业观、创业观、家庭爱情事业观，在社会生活中严守个人道德，掌握道德和法律对婚姻家庭的基本要求。

三、实践教学重点及难点

道德理论和道德规范的社会实践活动重在感悟道德重要性，知晓道德的起源、本质、功能与作用，以此提高对自己道德修养的层次和水平要求，提高主动修为的积极性，并在实践中对照自己道德品质现状，不断摒弃不良道德习惯，树立个人良好道德品行习惯，审视自己的日常道德行为，从严要求自己，时常督促自己，继承和弘扬中华民族优良道德传统，建构新时期的道德观念，牢固掌握公民道德基本规范，在实践中做到诚信交往，严守社会公德，正确处理好家庭与爱情有关问题，树立正确的择业观、创业观。

因此，本节实践教学重点在于掌握良好道德品质对大学生的基本要求，能够在实践中体会道德力量，增强自我修养的积极性与主动性，不断提高自身道德水平。

四、实践教学形式

结合当前大学生道德教育实际，重点考虑学生在实践中感知道德建设要求，培养道德修为积极性。本节实践提供“班级道德文明之星”评选、假期福利院爱心助残公益、道德实践调查三个主题实践开展教学，同学们可以结合自己的实际情况选择开展道德社会实践活动，并按照指导教师要求做好实践工作的各个环节，扎实有效地在实践活动中培养道德情操，完善自我，实现道德水平的不断提高。

第二节 实践典型案例与分析

一、案例一：全国敬业奉献道德模范黄旭华

中国核潜艇之父——黄旭华

2019 年 9 月 29 日，中华人民共和国国家勋章和国家荣誉称号颁授仪式于人民大会堂隆重举行。会上，“中国核潜艇之父”黄旭华被授予中华人民共和国最高荣誉勋章“共和国勋章”。黄旭华是中船重工第 719 研究所名誉所长，首批中国工程院院士，是我国第一代核潜艇总设计师。他隐姓埋名 30 年，成功研制出我国第一代核潜艇。他在深潜试验中将个人的生死置之度外，亲自随产品深潜到极限，创世界首例。黄旭华先后获全国科学大会奖、国家科技进步特等奖、2013 年度获“感动中国人物”、2017 年获第六届敬业奉献类全国道德模范等称号，被誉为“中国核潜艇之父”。

求学桂林 少年立志

同学们也许不知道，这位闪亮于军工行业的科学巨星是从桂林中学走出的毕业生，是桂林毕业的优秀学子。今天，就让我们一同走近这位桂林中学毕业的知名校友——黄旭华。黄老先生是我国核潜艇研究设计专家，原籍广东省揭东县玉湖镇新寮村。1926 年 3 月，黄旭华出生于广东省汕尾市，祖辈大多从医，很小的时候，父母就希望他未来能够从医。1941 年，正值日本帝国主义大举入侵，中华大地烽火连天，地处西南大后方的桂林，则是当时全国文艺界知名人士聚集的地方。这年秋天，15 岁的黄旭华随哥哥从广东家乡

来到桂林。考入桂林中学后，黄旭华被安排在桂林中学高35班读书。虽然时局动荡，但桂林中学的治学要求一点儿也没有松懈，这给了他难得的求学经历。正是这段艰苦的岁月，让少年黄旭华在收获知识的同时也坚定了一颗爱国主义的心。因为家乡在海边，他对海有很深的感情，战乱中目睹日军的舰艇炮击沿海城市，他就暗下决心，要为振兴祖国造船事业做出贡献，也为日后研制核潜艇埋下了伏笔。黄旭华青年经历的时代到处是惊涛骇浪，他埋下头，甘心做沉默的砥柱；一穷二白的年代，他挺起胸，成为国家最大的财富。新中国成立后，黄旭华先后在海军和国防科工委任职，他曾任核潜艇总体设计研究所所长、研究员、中国核潜艇工程总设计师。为中国核潜艇事业奠定了坚实的基础。1994年，黄老当选为中国工程院首批院士。黄旭华院士的事迹感动了中国，在中华大地上口口相传。

情定海军工　献身核潜艇

为什么后来学起了造船？黄老后来回忆，“那时日本人入侵，我们被迫离开华南沿海家乡，往内陆转移。轰炸一来，必须躲到掩体中。那时我就想，要么上天，要么入海。”1949年黄旭华从上海交通大学造船系毕业，没想到自己会和核潜艇连在一起，1958年，聂荣臻元帅以战略家的勇气向中央请求搞核潜艇，党中央、毛主席很快批准。我国批准核潜艇工程立项，核潜艇研制马上进入准备状态。那时中苏关系尚处于蜜月期，依靠苏联提供部分技术资料，是当初考虑的措施之一。1959年，苏联提出中断对中国若干重要项目的援助，开始对中国施加压力。这一年，赫鲁晓夫访华，中国提出希望苏联帮助中国发展核潜艇。赫鲁晓夫傲慢地说，“核潜艇技术复杂，耗钱多，你们搞不了。只要苏联有了，大家建立联合舰队就可以了。”赫鲁晓夫的傲慢，令毛泽东发出巨人的怒吼：核潜艇——一万年也要搞出来。黄旭华是新中国最早参加核潜艇设计的29个人之一，曾有过几年仿制苏式常规潜艇经历又毕业于上海交大造船系。从这一时刻起，黄旭华的人生就牢牢地和核潜艇拴在了一起。为了祖国的核潜艇事业，黄旭华隐姓埋名工作30多年。这一年开始，由于工作性质需要高度保密，黄旭华开始减少了和家人朋友的联系，不多的家信中也只能告诉父母自己在北京工作，但工作单位、地址和具体内容一个字不能透露，尽抛心智于中国核潜艇研制事业。核潜艇被称为集海底核电站、海底导弹发射场和海底城市于一体的尖端工程，谁能想到中国的核潜艇竟是从玩玩具开始的。20世纪60年代初，美国的一个玩具店，一个个铁灰色的玩具正在出售。在去飞机场途中，一个中国外交官停车对妻子说，“这玩具不错，买一个回去给咱们的宝宝玩玩。”玩具是一艘铁皮做的导弹核潜艇。这个不经意带回国内的儿童玩具，成为我国研制核潜艇的第一个模型。潜艇和核潜艇有着根本区别，核潜艇什么模样，大家都没见过。当时，只有黄旭华等少数人搞过几年苏式仿制潜艇，握在黄旭华等研制人员手中的，除了一些模糊不清、从外国报纸上翻拍的外国核潜艇照片和零碎的报告之外，就是那件从西方玩具店里买来的核潜艇模型。他们弄来这个核潜艇玩具模型，拆了装，装了又拆，而“真家伙”的内部结构则一无所知。在奉命研究核潜艇前，黄旭华是一名文艺活跃分子。五六岁时歌曲简谱一拿到手就会唱，中学时他曾毛遂自荐男扮女装演小姑娘（街头剧），大学时他还是文艺社团的头面人物，可自从选择与核潜艇为伴后，他就把爱不释手的口琴、扬琴、胡琴、小提琴统统送人了。为了中国的核潜艇，新婚不久，黄旭华告别妻子只身来到风暴经常光顾的试验基地。后来他干脆把家也搬到了荒凉的小岛。为了艇上千万台设备、上百公里长的电缆、管道，他要联络全国 24 个省市的 2000 多家科研单位，工程复杂。那时没有计算机，他和同事们用算盘和计算尺演算出成千上万个数据，送走了一个个不眠之夜。黄旭华所在的这个半岛，当时一年刮两次风，每次刮半年。岛上每人每月可领 3 两油，他和同事曾在半年内一点油星也没见到。伙食也很“绿色”，有一句俏皮话说，早上土豆烧白菜，中午白菜烧土豆，晚上土豆白菜一道烧。核潜艇工程涉及航海、核能、导弹、计算机等几十个专业，被称为浮动的海上科学城堡。在这个尖端科学工程中，黄旭华负责总体设计。黄旭华碰到的第一个难题就是核潜艇的形状。黄旭华选择了难度很大，却是最先进的水滴线型为艇体的形状。为了确定水滴线型的可行性，他和同事们在实验室里不知度过了多少个不眠之夜。常规潜艇大部分时间在水面航行，大多采用线型设计，而核潜艇大部分时间在水下航行，为了尽量减少水对潜艇的阻力，必须采用水滴型设计，但这会使核潜艇的操纵性差一些。其间，黄旭华和广大科技人员一起奋力拼搏，正确地提出了两型核潜艇主要设备配套项目和艇的总体方案，成功地处理好艇与核动力、武备、声呐、导航、通讯以及人工大气环境诸系统之间的协调关系。1964 年研制出我国第一艘核潜艇，比美国的第一艘核潜艇研制时间缩短了近两年，各项性能也均超过美国 1954 年的第一艘核潜艇。中国，成为继美、苏、英、法之后世界上第五个拥有核潜艇的国家。1970 年 12 月 26 日，我国第一艘攻击型核潜艇下水，1974 年 8 月 1 日，中央军委发布命令，将我国第一艘核潜艇命名为“长征一号”，正式编入海军战斗序列。朱德总司令健步登上指挥舰专程检阅了“长征一号”，打了一辈子仗的老元帅庄重地抬起右手，向那条钢铁巨龙，也向以黄旭华为代表的制造这条钢铁巨龙的科学家们敬礼。

花甲痴翁　志探龙宫

1981 年，我国第一艘导弹核潜艇顺利下水。核潜艇艇体强度、密封性如果稍微有一点儿问题，外部水压造成的进水速度、强度就会像子弹一样具备强大的杀伤力。世界上曾有 10 多艘核潜艇在进行试验或航行时沉没了。20 世纪 60 年代，美国的王牌核潜艇“长尾鲨”号做深潜试验，还不到 200 米，潜艇上 129 人就全部葬身海底。1988 年初，核潜艇进行最后的深潜试验。这是举世公认的危险试验，已经 62 岁的黄旭华亲自下潜，成为世界上核潜艇总设计师亲自下水做深潜试验的第一人。黄旭华回忆，当年有人强调“任务光荣”，越讲光荣，艇员的思想就越乱，有的人甚至给家里写了遗书。“有人下艇之前唱了一首《血染的风采》，这首歌很好，但我当时说，‘今天要下潜，不希望大家唱这首歌，而要唱一首雄赳赳气昂昂的歌’。”下潜到设计要求深度时，艇上鸦雀无声……100 米、200 米、250 米、300 米，巨大的水压使艇身多处发出“咔嗒”“咔嗒”的声响。当核潜艇重新平安上升到水下 100 米左右时，气氛一下子变了，艇员们激动得相互拥抱。黄旭华诗兴大发，现场作诗曰：“花甲痴翁，志探龙宫；惊涛骇浪，乐在其中。”正是这一年，我国政府对外宣布：中国进行核潜艇水下发射运载火箭试验成功，中国成为继美、苏、英、法之后，世界上第五个拥有第二次核打击力量的国家。至此，中国第一代核潜艇的研制走完了它的全过程，人民海军也由此成为一支战略性军种。

建功国防　清贫无悔

1958 年，黄旭华调到北京海军，不久后任核潜艇研究室副总工程师。根据保密规定，接到命令后黄旭华曾写信简单告诉老家的母亲，自己要到北京工作，但具体干什么，他只字未提。即便在工作的荒凉小岛，他也与在单位的妻女聚少离多。女儿出生后，也很少见到父亲。有一次，黄旭华从外地回家，女儿说了一句让他哭笑不得的话："爸爸，你到家里出差了？"黄旭华是客家人，妻子拿这个跟他开玩笑："你是真正的'客家人'，你到家里来是做客的。"我国第一艘核潜艇研制成功的消息传遍世界的时候，远在汕尾老家的母亲，丝毫不知这一震惊世界的壮举是人间蒸发了的儿子领头创造的。30 年中，家里人和黄旭华之间的联系，仅仅只是一个海军的信箱。他不能回家，只能每月从工资里拿出 10 块、20 块钱寄回去。即使是 20 世纪 70 年代父亲因病去世，黄旭华也没回家奔丧，父亲也一直不知道儿子在干什么工作。"父亲只晓得我在北京工作，一直到去世，他都不晓得我具体在什么单位、在干什么。"陆游有一句诗，"家祭毋忘告乃翁"。1995 年，黄旭华"消失"30 多年后首次公开身份。黄旭华的身份公开后，他把媒体的报道寄给母亲，母亲看了很感动。母亲特地把兄弟姐妹聚到一块，她讲的一句话，至今让黄旭华铭记于心："我是家里的老三，她说：'三哥的事情，大家要谅解。'"在家祭的时候，在父亲的坟前，泪水的闸门一下子打开，他说："爸爸，我来看你了，我相信你也像妈妈一样地谅解我。""试问大海碧波，何谓以身许国？青丝化作白发，依旧铁马冰河。磊落平生无限爱，尽付无言高歌！"1998 年，身为中国核潜艇工程总设计师的黄旭华回到了家乡。90 多岁的老母亲此时见到的已是一个年已花甲的儿子。当见到这个 30 年来"不要家"的"英雄"时，交谈中发现 8 个兄弟姐妹里就数他房子最小，工资最低，甚至连当时高中刚毕业的侄女每月工资也比黄旭华多。黄旭华却淡淡一笑，"你们的我不眼红，我还是要走我的独木桥。"谈及往事，黄旭华说："为祖国的核潜艇事业隐姓埋名，我无怨无悔。"中外人士交口赞誉黄旭华为"中国的李科维尔（核潜艇之父）"，他却一再否认："中国的核潜艇是一项群体事业。我不是'核潜艇之父'，我只是其中一员，我不过是在自己的岗位上做了应该做的事！"

2017 年 11 月 9 日，全国道德模范颁奖词高度凝练地概括了黄旭华的一生：时代到处是惊涛骇浪，你埋下头，甘心做沉默的砥柱；一穷二白的年代，你挺起胸，成为国家最大的财富。三十载赫赫而无名，花甲年不弃使命。你的人生，正如深海中的潜艇，无声，但有无穷的力量！

（本案例参考资料：高荣伟，黄旭华：赫赫无名的"中国核潜艇之父"，金融经济，2014-04-02）

教师点评

（1）黄旭华院士辉煌的事业是励志的人生轨迹，他崇高的人生品德是我们学习的重点，黄老一生勤勉工作、兢兢业业，为核潜艇军工付出所有，无怨无悔，这种忠于党和国家的敬业精神是其在极端艰苦条件下奋斗人生的理念和支柱。年轻人的成长进步都与祖国事业命运前途息息相关，只有忠于事业、忠于人民，为祖国进步和事业成长努力工作，青年学生才会走向人生的新高度。职业道德是对每一位劳动者的工作要求，也是道德体系的重要内容。大学生必须树立和培养良好的职业道德，工作认真负责，干一行爱一行，做一行精一行，培养扎实的技能和为人民服务的过硬本领，才能实现自己的人生价值目标。

（2）职业道德不仅是社会需求，更是个人成长成才的重要素养。大学生走向社会，必须经历工作磨砺，在工作中要牢固树立社会主义职业道德品质，在工作中践行爱岗敬业的核心价值观要求。扎扎实实工作，勤勉而为，在工作岗位上多出成果，为事业和人生写上浓墨重彩的一笔，为社会理念和个人进步奠定坚实基础。

二、案例二：柔弱女大学生勇救落水祖孙受褒奖

寻找雷锋

2019 年的 4 月 2 日，桂林理工大学的校园和往常没啥两样，南风天过后，天气放晴，空气里有了初夏的味道。校门口的林荫路上，有三个人在学校保安的带领下慢慢地向前走。保安走在前面，后面是一个小女孩，从她脖子上的红领巾可以看出是一个小学生，小女孩的后面是一男一女的两个大人，手上拿着两个卷筒，环视着校园，他们显然不是桂林理工大学的老师和学生。

绕过小湖，转两个弯到了一栋银灰色的大楼前，这是桂林理工大学的知行楼，学校办公室的地方，平时这里的人很多，今天人很少，这四个人就格外地显眼。上了台阶，保安敲了敲学校办公室的门，向值班的老师打了招呼就转身离开了。经过询问后才知道这三个人是桂林市象山二塘乡村民粮女士、雷先生和他们的侄女粮同学一起来送感谢信和锦旗的，他们要感谢十多天前桂林理工大学的学生救了粮同学的奶奶。

桂林理工大学十分注重大学生的德育教育。十多天前，3 月 5 日学雷锋活动月正式启动，学校每年都把学雷锋活动作为大学生德育工程建设的重要抓手。每年的学雷锋活动月，学校就会在图书馆门前的广场上举行一个很隆重的启动仪式。启动仪式一般是由学校的校团委负责牵头组织，各二级学院的分团委就组织各学院的团支部、社团派学生代表参加。学校青年志愿者协会、各学院的公益协会、自强社、励志社、扬爱协会、社工协会等都会参加启动仪式。

启动仪式一般由学校的团委书记主持，主要议程有宣读活动方案、优秀志愿者发言、学校副书记讲话等。2019 年的学雷锋活动月上，学校的党委书记出席了启动仪式，在启动仪式的讲话中，他对雷锋精神和志愿服务精神进行了讲述，要求青年人在志愿服务中锤炼品格，提升自己；最后引用了 2014 年习总书记给“郭明义爱心团队”回信和 2018 年 9 月 28 日习总书记在抚顺市雷锋纪念馆讲话“雷锋是一个时代的楷模，雷锋精神，人人可学；奉献爱心，处处可为。积小善为大善，善莫大焉。当有人需要帮助时，大家搭把手、出份力，社会将变得更加美好。雷锋精神永远值得弘扬。”启动之后，各学院开始着手落实。为了宣传学雷锋活动月，学校的宣传栏上各组织也设计了宣传海报，成为桂林理工大学春天里最亮丽的颜色。

学校办公室老师让三个人坐下，为他们倒上茶水，听他们讲述桂林理工大学的同学救人的故事。

2019 年 3 月 19 日下午放学后，粮女士的母亲骑着三轮车去接粮同学回家。当天下着雨，还有点冷，雨水和大风一起打在行人的脸上让人睁不开眼睛，在经过一段水沟的时候

一个侧滑，秾女士的母亲连人带车一起翻到两米多深的水沟里，秾同学被甩出，倒在路边，哇哇大哭起来。这时不知从什么地方赶来了三位学生，一个女孩跳进了水里，把秾女士的母亲拖到水沟边，另外在岸上的一男一女把秾女士的母亲拖到岸上，之后又把三轮车从水里拖了上来。三位学生将秾女士的母亲救上岸后，浑身是水，没有留下姓名就走了。秾女士的母亲通过红光小学打听，才知道救人者是在红光小学支教的桂林理工大学的学生。被救助老人的家人辗转联系到三位同学的老师，并来到我校对三位同学表示感谢，这才有了文章开头的一幕。

雷锋是谁?

三位同学回到学校后，并没有提起过救人的事情，直到十多天后，桂林理工大学接到红光小学的电话才知道学校公共管理与传媒学院青年励志社成员段丽华、梁巧和林冠宇三位同学前往桂林市象山区二塘乡红光小学开展支教活动返程途中勇救落水老人不留名的事。

段丽华，广告学 18-1 班，曾担任班级学习委员，视听传播协会、青年励志社、大学生宿舍自我管理委员会干事，曾荣获区政府奖学金、校级特等奖学金、全国大学生讲思政课三等奖、优秀班干部、优秀支教队员。

梁巧，传播学 18-2 班，曾担任青年励志社实践部干事、班级组织委员，曾荣获英语竞赛校级优胜奖，优秀团员，青年志愿者活动先进个人。

林冠宇，自动化 17-2 班，曾担任图书馆助理，荣获校级二等奖学金，优秀团员，机械创新大赛一等奖，教育机器人大赛一等奖。

秾女士和她的丈夫雷先生带着侄女来桂林理工大学的时候，学校安排他们到行知楼的二楼会议室里休息，段丽华、梁巧和林冠宇三位同学被请来。学校党委书记、学工处处长、学校团委书记、公共管理与传媒学院党委副书记也来到了会议室。段丽华同学面带笑容坐在凳子上，梁巧坐在中间有些拘谨，林冠宇没有什么表情，或许他没有表现出他的表情。对于这三位同学来说，他们只是觉得自己做了一件小事而已。

“其实真没有什么，我想我们每一位大学生遇到这样的情况都会去救老人的，只是这事情被我们碰上了而已。”段丽华在接受感谢的时候说。

在接受感谢的现场，段丽华回顾了当时救人的情景：

2019 年 3 月 19 日下午，我们参加了前往桂林市象山区二塘乡红光小学开展支教的活动，这次活动是由桂林理工大学公共管理与传媒学院青年励志社组织的。返程途中，突然下起了大暴雨。由于当天雨势过大，我、梁巧和林冠宇三人落在了队伍的后面。突然，我们听到身后一阵响动，回头发现距离我们 5 米左右的地方，一辆蓝色人力小三轮车侧翻，落入路边的水渠中。我们冲到岸边，看到一位老奶奶正仰躺在沟中，因为当时雷雨交加，沟里水流湍急，老人处境异常危险，岸边还有一个小女孩不停地在哭泣。我毫不犹豫跳入水中，想用双手从老人腋下穿过将老人抱起，由于老人受到惊吓，不断地挣扎，一直在往下坠，加上水中淤泥又脏又深，老人不断下陷。我先安抚好老人的情绪，再使劲把她抱扶到岸边，由于沟岸与马路高差较大，我不得不使劲托着老人使劲往上举，在岸上的梁巧和林冠宇两位同学的努力配合下，终于把老人拉上了马路。庆幸的是，老人的身体并无大碍，后来我们又把三轮车从污水中拉上岸，在确认老人家和她的孙女可以自行回家后，我们就离开了。

在会场上，当段丽华、梁巧和林冠宇三位同学得知被救的小学生名叫依依，并且女孩是一名孤儿，只有年迈的奶奶和姑姑一家照顾时，段丽华、梁巧和林冠宇三位同学又有了新的目标，他们在学校和学院的支持下，与小女孩结成了帮扶对象，今后在学习、生活、心理等方面关心其健康成长。

雷锋是怎样炼成的?

三位同学勇于救人的善举被老师和同学们知道后，受到了我校师生的广泛赞誉。学校决定授予段丽华、梁巧和林冠宇三位同学“优秀共青团员”荣誉称号。他们三位同学的在校情况又如何呢?

段丽华从小生活在一个单亲家庭里，虽然生活中缺少了父爱，但她的母亲一直教育她，让她保持积极向上的心态，要做一个善良的人，在自己力所能及的范围内向他人伸出援手也是一种善良，同时教导她要好好学习。她在校期间，一直刻苦学习，成绩名列前茅，并且保持综测第一的好成绩。她一直向往着做一名能对社会有所奉献的人，在学习之余坚持到北芬小学、红光小学进行义务支教活动，并且作为长期志愿者跟随校内组织给周边小区的学生进行无偿课后辅导。同时，一直坚持与偏远山区的儿童互通书信，从大学伊始至今已经坚持了两年。

梁巧是怀有善心的人们中的一员。直到现在她还很清楚地记得小时候有一个衣衫褴褛的乞讨者在门口讨饭吃，她爷爷就把他的饭碗装满了，还说“不够吃，这里还有”。虽然这是一件很小的事情，小得微不足道，给她留下了深刻的印象，也给她树立了良好的榜样。这种助人为乐的精神不是做了一下说了一下就可以保持善良保持热情的，它是潜移默化，是慢慢渗透与内化在人们的心中的。在校期间，她曾担任青年励志社实践部干事、班级组织委员，与同学相处融洽。性格开朗活泼，思想上积极上进。生活中严于律己，待人真诚。在社团活动中，她有较强的责任心，很好地完成了部门与组织交办的任务。

林冠宇的父母从小就注重培养他的文明礼仪，注重对他道德素养教育，教导他甘于奉献，乐于助人，在他成年之后，每年定期献血两次，发生重大灾难时，他会在力所能及的范围内捐献自己的爱心。在校期间，他加入了青年宫志愿活动，成为了图书馆助理，加入了机器人基地等各种社团，在大一开学，他和舍友打听到了公共管理与传媒学院有一个义务支教活动，作为书法爱好者，练习书法 3 年的他抱着试一试的心态参加了活动，第一学年是支教二塘小学，第二第三学年是支教红光小学。在参加完第一次支教活动后，他就感受到了支教的魅力，看着小朋友活蹦乱跳，脸上洋溢着笑容，在他们的指导下学到了书法知识，心中得到了巨大的满足感和幸福感，这又是做公益的另一种感觉。

校园热议三名学子勇救落水老人事迹

桂林理工大学校党委书记李国忠表示，三位同学的见义勇为行为，体现了青年大学生的责任担当，彰显了社会正能量，谱写了一曲践行社会主义核心价值观的青春之歌。学校对他们的事迹进行大力表彰宣传，希望更多同学感受榜样的力量，从身边做起，从小事做起，不断加强自身道德修养，砥砺道德品行，传承弘扬助人为乐、见义勇为的传统美德，争做担当民族复兴大任的时代新人，如图 8-1 所示。

图 8-1　学校党委书记李国忠为见义勇为的段丽华（右二）、梁巧（左一）、林冠宇（右一）三位同学颁发证书（图片供稿：胡花尼）

班主任：“大学生作为新时代的革命接班人、党的后备力量，应该发挥好自身的青春力量，牢记青春的使命。在人民群众遇到危难、需要帮助的时候，要在确保自身安全的情况下，采取切实有效的办法行动，积极地伸出援手，以实际行动展现大学生风采。”

同学们热议：

“段丽华、梁巧、林冠宇同学在危机时刻去救落水老人的这种精神，是值得当代大学生学习的，他们诠释了舍己救人的精神，弘扬了雷锋精神，我们歌颂他们的勇气，赞赏他们的行为。”

“段丽华、梁巧、林冠宇同学在危急关头，挺身而出，见义勇为，用青春和热血诠释了当代青年大学生的价值追求和责任担当，是我们大学生的优秀代表，是我们学习的榜样。做敢于担当的大学生，传承和发扬见义勇为的中华民族传统美德，迎难而上，挺身而出，争做时代先锋，做无私奉献的大学生。不断加强自身修养，提升思想觉悟，从自己做起、从身边做起，乐于助人，甘于奉献，关爱他人。”

“见义勇为是中华民族的传统美德。《论语》曾这样说过：‘见义不为，无勇也。’孔子这句话的意思是：见到应该做的事情而不做，就是没有勇气。从另一个角度来讲，就要见义勇为。古时候有‘路见不平，拔刀相助’，而如今 21 世纪，则有段丽华、梁巧、林冠宇在紧急关头，挺身而出，勇救落水老人。在新时代构建和谐社会中，更需要像他们这样的见义勇为事迹，让见义勇为成为新时代永不磨灭的印记！”

同学们也纷纷发言表示，段丽华、梁巧、林冠宇同学勇敢无畏、舍己救人的精神和高尚品质是值得大家学习的。用自己的实际行动，自觉投入到学习段丽华、梁巧、林冠宇的实践中来，践行社会主义荣辱观，把崇高的理想和远大的目标融入学习和生活中，自觉成为社会主义核心价值观的践行者，弘扬社会正能量，为实现中华民族伟大复兴贡献青春力量。

三名学子勇救落水老人先进事迹得到校外媒体广泛宣传，光明网、中国新闻网等多家媒体报道了此事。

教师点评

（1）社会公德指在社会交往和公共生活中公民应该遵守的道德准则，它反映了人们在社会公共生活中的最一般的道德关系。社会公德作为公共生活领域的行为准则，处于整个社会道德体系的基础层次。社会公德看似平常，却涵盖了人与人、人与社会、人与自然之间的关系。大学生应该自觉培养公德意识，养成良好的公德习惯，成为公共生活领域践行社会公德的典范。

（2）本案例中的段丽华、梁巧和林冠宇三位大学生注重培养自己的良好道德习惯，积极参与社会公益事业，在实践中锤炼品格，在别人遇到困难之时挺身而出，不惧被急流冲走的危险，毅然救出落水祖孙，体现了助人为乐的高尚公德。同时做好事不留名，把奋身救人的事情当作自己遇到的一件极为普通的小事，这是将良好道德品质理念内化于心的重要表现。只有平常一贯的道德坚守才能有外化于行的公德表现。因此，同学们要积极培育良好社会公德，为构建文明和谐社会贡献自己的力量。

三、案例三：校园学生老板的道德情缘

一直以来，桂林理工大学高度重视大学生道德建设，对大学生开展以诚信为重要内容的思想政治教育工作，取得了较好成效。校园内涌现出了许多诚信做人的先进典型事例。下面为大家分享一个因诚信而受到社会资助的真实故事。

熊旭辉是来自山西太行山腹地长治市农村的一名贫困学生，他家庭困难，几亩薄地种植收入少，父母年老体弱，兄弟姐妹四个都在上学，生活异常艰难。2011 年，熊旭辉以优异成绩考入桂林理工大学地球科学学院地质专业就读。他选择地质专业是因为地质专业有艰苦行业奖学金，可以为家庭减轻负担，他带着家庭的殷切期望来到了桂林这座美誉天下的旅游城市，他走下火车映入眼帘的第一个大幅公益广告就是“让心灵与山水同美”。刚到桂林的他，这个公益广告给他留下了深刻印象。

来到学校后，熊旭辉在老师和同学们的热心帮助下，很顺利进入了缓交学杂费的绿色帮扶通道，老师和同学们的热心相助，让他感受到了浓浓爱意与人间温暖。这个来自太行山老区的七尺男儿被校园温暖行动感动落泪，他发誓要努力学习，诚信做人，不负众望，回报家乡父老及老师和同学们的关心与厚爱。熊旭辉在入校不久便积极行动，报名参加了学生会干部选拔，有幸被院学生会选中成为了学生干部中的一员。他作为学生会生活部的干事，工作认真负责，热心为同学们服务，积极表现得到了老师与同学们的认可。不久后他被学生会任命为生活部副部长，为他服务同学展现才华提供了良好平台。同学们都喜欢这个老实憨厚肯干的山西小伙，熊旭辉也在新的大学生活中看到了希望，从担心学杂费及家庭困难的忧虑中走出来了，他用积极向上的阳光心态憧憬着未来的美好生活。

转眼到了学校运动会举办日期，根据学院惯例，为拓展资源，锻炼同学，学校老师安排学生会生活部到校外有关单位拉赞助，熊旭辉与同学们一道走街串巷，积极争取外部支持，为学院运动会增添力量。终于，功夫不负有心人，在学院老师的鼓励与帮助下，学生会争取到了桂林市匹克体育用品专卖店对学院运动队的大力赞助。经过双方酝酿，匹克专卖店同意赞助学院体育运动队奖品，凡在运动会上夺得学校前三名的运动员，匹克体育用

品专卖店将奖励运动员一双运动鞋。运动会上，队员们奋力拼搏，团结一致，赛出水平，赛出风格，结果男队以总分第一夺得全校冠军，女队也取得了不俗成绩。这次运动会上，全院共有54名运动员进入全校前三名，熊旭辉认真统计每一个获奖队员的信息，填写了奖品申领表报到匹克体育用品专卖店，驻店经理也逐一核对，兑付了先前的承诺。也许是店家清点不准确的原因，在全部奖品发出后，剩余一双大码的运动鞋，熊旭辉再三核对，确实已经全部发到了每一位受奖同学。此时跟他在一起的学生会生活部干事小张同学也发现了多出一双鞋子，就说："旭辉，这双鞋是店家多给的，这么大一个品牌店也差不了这一点，再说，这双鞋正合你的尺码，你又没有运动鞋，替换下你那双老布鞋吧！"诚然，熊旭辉还真没有一双像样的鞋子，脚上穿的是老家带来用了多年老布鞋，还有就是军训期间发的解放胶鞋，那种解放鞋军训结束后很多同学就丢了，熊旭辉舍不得丢一直穿着，但现在大学生中穿的都是各式各样新颖时尚的品牌运动鞋。熊旭辉也确实需要啊，按理来说，多出一双鞋子又刚好对合自己的尺码，真是天意啊。再说，这批鞋子原本也是他跟同学们风里来雨里去，苦口婆心拉赞助得来的，也算是对自己的犒劳吧。但熊旭辉不是这样想，觉得鞋子拿多了就要如实报告，诚信做人最要紧。他并没有多思考，就把情况告诉了桂林匹克体育用品专卖店负责人肖总，并及时退还了这双多出来的运动鞋，心里很坦然地继续学习工作。

运动会结束，同学们转入到了紧张的大学学习中，熊旭辉也压根儿没有把这件退鞋的事情记在心上。但这件事在匹克店里却引起了不小震动，专卖店负责人认真了解情况后打电话问及了熊旭辉的家庭情况，惊讶地知道熊旭辉是家庭非常困难的一个学生，同时学习努力，积极上进，心灵阳光，平常还助人为乐，脏活累活抢着干，与同学们交往亲密，身受同学们的好评与肯定。匹克体育用品店的肖总觉得，贫寒学子不为财所动，坚守自己的道德情操，又积极阳光，难能可贵。他决定帮助这位贫寒学子，于是约见了熊旭辉，熊旭辉将自己的家庭情况及在校情况详细地跟肖总做了汇报。肖总笑了笑说："小熊啊，你家庭困难，非常需要鞋子穿，你却退了回来，你是一个见利不忘义的好学生，我们商量着要帮助你一把，也是弘扬正气，展示正能量啊！"熊旭辉连忙说："肖总，这是我应该做的，诚信做人是每一个人的道德底线，谢谢肖总鼓励。"在谈及资助困难学生的有关事项中，肖总突然觉得可以让熊旭辉自己经营，自食其力，用劳动解决自己困难，授之以渔。于是就说道："小熊，我觉得你脑子聪明，勤快，诚信，踏实肯干，我想支持你开一家匹克专卖的连锁加盟店，你看如何？"熊旭辉几乎不敢想象，自己家庭困难，哪来的启动资金，哪有社会资源找门面等之类问题，于是说："肖总，我不能吧！"肖总早有准备，将安排专项资金帮助，经营管理安排有经验的店员传帮带等事项一五一十跟熊旭辉说了，熊旭辉做梦都没有想到，幸福来得如此之快，含着热泪说："谢谢您，肖总，我不会让你失望的！"这样熊旭辉一下子走进了人生的另一个高度，在完成学业的同时，经营管理着由匹克体育用品店支持开办的连锁加盟店，从校园学生哥一下子成了品牌店主老板，同学们戏称"熊老板！"，熊旭辉因诚信受资助的事情很快在大学校园里传播开来，一时间成为弘扬正能量的美谈。

一晃几年过去了，熊旭辉在匹克店老板的支持下，顺利完成学业，走上了商业道路。他后来在桂林发展了多家专卖店，经营管理有方，成绩斐然，同时他涉足房地产行业小有成就，在桂林安家，娶了漂亮的夫人，生活幸福美满，毕业后多次回校鼓励学弟学妹，勉励大学生要诚信为本，做一个诚实守信的青年学生。

教师点评

（1）诚信是一个人道德的根本。古人云：人无德而不立。诚信是社会交往的基本要求，也是人与人和谐的道德保证。诚信建设在社会主义核心价值观中具有重要的地位和作用，大学生都要重视个人的诚信，视诚信为自己的生命，如果个人道德中的诚信出了问题，就失去了做人的根本。因此，在社会生活中高度重视诚信交往，是构建人与人和谐相处的重要途径，也是当今诚信经济建设的重要依据，信用是社会交往及活动永恒的主题。

（2）案例中熊旭辉的人生经历很多人都有类似，其因诚信得到资助的却为校园中真实的个案，具有一定的偶然性。但从整个事件与熊旭辉个人成长经历来看，熊旭辉的幸运绝非偶然，恰恰相反，是必然！熊旭辉平常都严格要求自己，老老实实，勤勤恳恳，与同学友好交往，用诚信规范自己的行为。不为利所动，不为贫所困。古人云“贫贱不能移”，熊旭辉可贵的地方就在自己最困难时、最需要时保持气节，坚持诚信做人的本分，见利不忘义，这样的人生信条总有一天会得到自己的回报，会得到社会的认同，会因诚信相交走出困境，因为古人的那句话“德不孤必有邻”，他总会遇到大家帮助走出艰难时刻。因此从整个案例角度看，熊旭辉坚持自己的诚信理念，扎扎实实，勤勤恳恳，一定会迎来自己的曙光，这样的过程一定是必然！

四、案例四：广西最美志愿者陈婷事迹介绍

赠人玫瑰，手留余香

——记 2019 年度广西最美志愿者陈婷

初次见到陈婷，就感觉到了她的阳光灿烂，这个来自广西贺州的小个子女孩，满脸上写着的是热情、自信与阳光。2016 年，陈婷如愿考入桂林理工大学社会工作专业，初到校园，她对专业不甚了解，经过老师们的耐心讲解，她知道了社会工作的急切时代需求与广阔的就业前景，立志要在热心为社会服务中不断磨砺自己，成长为一名优秀的志愿者。2016 年加入桂林理工大学青年志愿者协会，在此期间，她先后担任桂林理工大学青年志愿者协会社会实践部部长、桂林理工大学公共管理与传媒学院青年励志社实践部长、学院艺术团礼仪队队长、班级组织委员、桂林理工大学青年志愿者协会会长兼团支部副书记等学生职务。

在任职期间，她组织、参与活动 100 余次，个人累计服务时间 400 小时以上。在她组织的活动中，让大学生直接或间接参与志愿服务活动的人数达 1500 余人，服务时间 1000 小时以上，直接受益人数 1000 余人。2019 年，陈婷个人获广西区级“最美志愿者”（广西高校唯一在读学生入选者），桂林市“2017 高校防艾志愿者”、全国“百佳志愿者”、全国“大学生公益之星”等荣誉。同时，她所在的青年志愿者协会曾获“全国活力团支部”、全国“百佳公益组织”，广西高校“十大明星社团”、广西志愿服务优秀项目、桂林市志愿服务先进集体等荣誉。

修德、学习、工作、励志一个都不能少

在与陈婷交谈过程中，我们获知她思想上积极要求上进，热心公益事业，在学习上刻苦认真，成绩优秀，工作上严谨求实，在志愿者服务领域做表率。交谈中她告诉我们，作为大学生，要有公德心，要时刻以一名团员的标准严格要求自己，积极主动地学习党、团的理论知识，关注国内外时事政治；她担任学校青协团支部副书记及班级组织委员，积极带领团支部成员和班级同学进行青年志愿者技能学习，协助协会及班级的团支书开展各大主题的团日活动。同时她坦然说到，大学生的本职是学习，因此在做好工作的同时，她时刻保持钻研的态度，谦虚好学，积极向专业老师和身边优秀的同学请教、讨论和学习；积极参加全国大学生竞赛、大学生创新创业、专业理论研究等各类科研竞赛，可以说她是思想进步，学习刻苦，成绩优异的一位“三好”学生。在工作上，虽然她曾担任多个学生骨干职务，但一直都恪守尽职，认真勤恳，尽自己所能，真正做到为需要帮助的人和事提供力所能及的有效服务。

学习，陈婷真正的是一把好手，她非常重视自己的学业，成绩也同人生一样精彩，2019 年 12 月获得第五届中国“互联网+”大学生创新创业大赛一等奖；2019 年 11 月还获得桂林理工大学第八期“青年马克思主义者培养工程”大学生骨干培训班优秀学员，优秀的学习成果令同学们刮目相看啊。

在采访中我们发现，陈婷同学在生活上勤俭节约，为人朴实，待人热情，友善交往；积极参加各类公益活动、专业见习、社会实践，充分地利用所学的专业知识来丰富个人生活，提升自己的各项能力。

志愿服务我先上，扶贫助困记心间

自从加入校青年志愿者协会以来，陈婷积极组织并参与每年的迎接新生、新生军训服务点、旧书义卖、旧衣回收、无偿献血、爱心打气筒、爱心雨伞等活动。三年来，她组织校园公益活动 50 余次，为广大在校志愿者提供志愿服务平台，直接或间接参与志愿服务活动的大学生志愿者达 500 余人，直接受益人数 1000 余人。她坚持为最需要帮助的人提供力所能及最为有效的服务，一直坚信从自己做起，从点滴做起，就可以带动更多的人参与志愿服务活动，就能用更大的力量帮助更多的人，社会就会变得更加美好。

结合自己的专业特长，陈婷在老师的带领下，高度关注留守儿童，为留守儿童倾注爱心，做了大量扎实的工作，赢得了社会赞誉，受到了留守儿童的欢迎与好评，大家都把这个来自大学的志愿者亲切成为“桂林姐姐”。

她重点关注了贺州市、桂林灌阳县、龙胜县的留守儿童，这些地区留守儿童所在地的教学环境差。为了改善留守儿童教学环境和改进教学质量，她与协会成员积极筹备留守儿童帮扶项目组，在全校范围内招募志愿者，精心培训，并组织志愿者们到伏義小学进行支教活动，讲授手工、美术、体育、书法等兴趣课程，丰富了学生们的课外学习内容，让学生们感受到志愿者们的温暖，如图 8-2 所示。此外，她组织与研究生支教团协作，带领小学生进大学校园，开展体验大学生活动，带他们参观大学，为其建立一个大学梦，激励他们奋发图强，为梦想努力奋斗。

图 8-2 陈婷同学在给留守儿童上素质拓展课（图片供稿：石习杰）

一枝独秀不是景，满园绽放才是春

在社会公益助困方面，陈婷自己非常努力，但她深深知道，志愿服务不能单靠个人力量，需要千千万万的志愿者齐心协力，共同付出，为社会奉献爱心，汇聚成人间爱的伟大力量，才能把志愿者的服务工作做好。正所谓“涓涓细流，汇集成河”。因此，陈婷在自身做好志愿者服务工作的同时，一直重视壮大志愿者队伍力量，在青协制度体系上下功夫，为凝聚更多更强的爱心力量奔走努力。

桂林理工大学青年志愿者协会成立已有 18 年，目前已经有比较完善的志愿服务体系和规章制度。在此基础上，她与协会各位理事会团支部成员根据协会近几年的发展情况，修改和完善了协会的章程和制度，尝试新型活动管理方法，积极建设一支专业化、高效化的校园青年志愿者队伍，实现活动进行项目化的管理。此外，她将协会的活动分“助残助老”“校园公益”“助学研学”“扶贫扶智”“重大赛事”“文明创城”等六大板块，分为志愿者、服务对象和服务项目的有效对接，以促进志愿服务工作的系统化和规范化，提高服务效率和服务水平，推动学校青年志愿服务事业持续、健康、稳定发展。制定了协会未来工作的重点项目，依托项目化进一步激发志愿服务活力，不断规范志愿服务管理。在她的带领及协会全体成员的努力下，功夫不负有心人，学校青年志愿者协会在学校越来越有影响力和号召力，更多的同学在这一组织的号召下加入了志愿服务大军，爱的力量越来越强大。学校青年志愿者协会在一些重大活动中表现积极，经常见到身穿红马甲的志愿者身影，为一些重大活动贡献了服务力量。2018 年学校志愿者协会荣获“桂林国际马拉松比赛突出贡献奖”、2019 年被评为广西“百佳公益组织”等荣誉称号。

采访感言：

陈婷同学在志愿服务方面，最难得的是不忘初心、砥砺前行，最重要的是坚持，最不可少的是要学会总结、反思与成长。其实公益就在身边，从日常点滴小事做起，每天多给他人一个微笑、多用礼貌敬语、少用一次性物品、少说粗俗伤人话语等，都是公益。公益路漫，需要你我齐心协力，贡献一分力量，共建社会主义和谐社会。

教师点评

（1）陈婷同学是近年来活跃在校园的志愿者新秀，她热心公益，把做好公益当作加强道德品行修养的重要途径。在工作中兢兢业业，几年如一日，不辍前行，终结硕果，她的成长经历，靠的就是坚持的毅力，心灵的奉献意识。在她做过的公益助困中，许许多多留守儿童与她情深如亲，在这些赞誉与肯定中，陈婷找到了前行的力量，意志更加坚定。人生需要的是认准的信条，陈婷认准的就是“服务他人，助人助己”，验证的是那句老话“赠人玫瑰，手留余香”。只有心中明朗阳光，不为名利，一心为公德事业，才能支持心中理想，筚路前行。

（2）毛主席曾经说过“一个人做件好事并不难，难的是一辈子做好事不做坏事”。社会公德需要全社会积极参与，大家都来做好事，从小事做起，从自我做起，一步一个脚印，涓涓细流，汇成江河，汇聚社会大爱的磅礴力量。陈婷同学就是这样一个爱心洪流中的缩影，她没有豪言壮语，有的是一颗火热的爱心，在世俗间是那样的自然，那样的融洽！她把自身的道德实践内化在自己的心灵，在工作中才具有不停歇的力量。陈婷同学以奉献为乐，不断释放爱心，自己也是快乐的，之所谓“独乐乐不如众乐乐”。心灵透亮阳光，工作有劲头，学习也不断进步，她把服务育人当作自己快乐之事。因此，她不会有负担，反而会促进自己的学习，所以她的成绩也如志愿者服务一样，成绩斐然！

第三节　主题实践活动设计

一、推荐活动一：学院（班级）道德文明之星评选活动

××学院（班级）“道德之星”评选活动方案

为进一步深入贯彻《公民道德建设实施纲要》，充分展示我校践行社会主义荣辱观的精神风貌，切实发挥道德之星在公民道德建设中的示范引导作用，在全校形成知荣辱、讲正气、树新风、促和谐的文明风尚，营造良好的道德环境，激发学生学模范、做好事的热情，决定在全院（班）范围广泛开展道德之星评选活动。

（一）指导思想

以科学发展观为指导，以社会公德、家庭美德和个人品德建设为重点，结合讲文明、树新风活动，深入挖掘、培养、宣传学生身边的道德典型，在全院（班）形成学习道德之星、争做道德之星的热潮，发动学生推荐、评选、学习身边的道德之星，树立社会主义荣辱观，倡导热爱校园、助人为乐、诚实守信、孝敬长辈、文明守纪等新风。

（二）活动时间

20××年××月至20××年××月（建议时间持续15天以上）。

（三）活动对象

××学院或××班级全体学生。

（四）评审委员会机构

组长：××× （建议邀请领导、老师或班主任参加）。

副组长：××× （建议团委负责人担任）。

成员：××× ××× ××× ××× （建议由团组织或班委成员担任）。

（五）评选内容、范围和标准

（1）评选内容和数量。具有热爱校园、助人为乐、诚实守信、孝敬长辈、文明守纪等优秀品质和良好社会道德风尚的先进个人。以上五个奖项，每个奖项评选1~2名（视情况而定，班级小建议评选1人，大的学院可以考虑评选2人）。

（2）评选对象和范围。热爱祖国，热爱家乡，自觉践行社会主义荣辱观，模范遵守公民基本道德规范，在热爱校园、助人为乐、诚实守信、孝敬长辈、文明守纪等方面表现突出，影响好、同学认可的学生。

（3）评选的各奖项标准

1）热爱校园之星：爱护公物，爱护校园公共设施，节约水电，保护校园环境卫生，以校为荣，不做不说有损学校荣誉的事，以实际行动为学校增光添彩。

2）助人为乐之星：热心帮助老幼病弱者以及学习困难的学生；对遭遇不幸或遭受灾害者奉献爱心，努力帮助，排忧解难；积极参加捐资活动、扶残助残等社会公益事业和公益活动，赢得群众、师生的广泛认可和较高赞誉。

3）诚实守信之星：具有强烈的诚信意识，拾金不昧，真诚待人，实心做事，做到言行一致，考试不作弊，遇到困难，仍坚持信守承诺，享有高度的信誉。

4）孝敬长辈之星：孝敬父母，尊敬师长，对长辈有礼貌，听从父母和老师的教诲，尊敬父母和老师；能主动为父母分忧，守护相助，幸福人生。

5）文明守纪之星：自觉遵守学校的各项规章制度，以学校有关规定作为行动准绳，说文明话，做文明事，当文明人。

（六）评选步骤和方法

整个评选活动原则上采用以班级为单位，进行推荐、评选。评选活动分两个阶段进行。

1. 宣传发动、评选推荐阶段

（1）通过小组会、班会，进行广泛宣传发动，发动全体学生积极参与评选活动。

（2）各班按照五个奖项的评选条件和客观公正的原则先进行评选。

（3）根据各班评选结果，每个奖项各评选1名学生参加年段评选；再以年段为单位，通过事迹介绍，图片展示，学生投票，每个奖项各推荐2名学生参加学校评选；最后候选人通过校园电视台作事迹介绍，学生投票，每个年段每个奖项各产生1名道德之星，并填写表格，附500字左右事迹材料及相关图片和1寸免冠彩照1张。

2. 审议、评选和表彰阶段

成立评审委员会，组织有关老师对各候选人进行评审，对最终获选者发给获奖证书，并通过颁奖大会或公告形式进行表彰、宣传。

（七）工作要求

（1）切实加强领导，重在评选过程。各班要充分认识评选表彰道德之星的重要意义，加强组织领导，落实工作，并结合实际，认真研究。

（2）广泛宣传发动，重在示范引领。要把宣传工作贯穿评选表彰活动始终，大力宣传候选人事迹，努力扩大活动影响，营造全社会关注、支持、参与道德建设的浓厚氛围。可以借助校园电视台、广播站、宣传栏等认真做好宣传报道工作，丰富评选活动的专题内容，使评选活动家喻户晓、人人皆知。

（3）认真组织评选，重在学生参与。要充分体现广泛性，立足社区、学校、家庭等，着重推选学生身边看得见、过得硬、学得到的先进人物，确保评选出的道德之星可信、可亲、可学，具有先进性和代表性，使学生在参与中受到教育、得到提高。

（4）层层选拔。以小组、班级、年级为单位，通过竞选演说、他人推荐、事迹宣传、集体投票等形式层层选拔道德之星。

（5）公开公平公正，重在增强活动公信力。评选过程要严谨、规范、公开，增强评选活动的权威性和公信力，真正把基础好、学生认同度高的道德之星评选出来。

教师点评

（1）开展“道德文明之星”的评选重在以评促建，通过评比过程，带动更多同学加强自身道德建设，摒弃不良行为习惯。通过各项“道德文明之星”的示范作用，让同学们学习有榜样，追求有标杆，从而带动全体同学积极向上，形成良好的道德建树氛围。

（2）开展评选活动要突出某一方面的内容，避免面面俱到。作为一个大学生，全面优秀是很难的，但评选中我们不刻意追求，很自然地融入同学们的日常学习工作中，就很容易找出某一方面道德之星，俗话说“金无足赤，人无完人”就是这个道理。因此在开展评选中，可以重点关注“道德文明之星”在某一方面的闪光点，树立更多学习榜样，起到用评比鼓励同学进步的作用。

（3）要大力开展宣传，通过评选表彰等多种方式宣传先进典型，提升同学们对身边“道德文明之星”的价值认同，提高“赶学比超”的积极性，达到评选活动的目的。

二、推荐活动二：福利院公益助残实践活动

××学院青年志愿者看望五保户老人活动方案

（一）活动背景

中国有千千万万的五保户老人，由于各方面原因，他们没有儿女在身边照顾，生活拮据，缺少温暖和关怀，他们心理和精神上都非常孤独，渴望得到别人的关怀。为弘扬中华民族的尊老爱幼美德，加强大学生社会责任感，培养大学生的感恩之心，特此组织本次看望五保户老人活动，以实际行动给老人送温暖、献爱心。

（二）活动的目的与意义

本次活动旨在弘扬中华民族尊老、敬老的传统美德，给老人带去一份温暖和关怀，让他们感受到社会的关爱，同时也希望通过本次活动，展现当代大学生的精神风貌，让大学生树立社会责任感，学会感恩回馈。

（三）活动主题

心系五保，情暖寒冬。

（四）活动时间

20××年××月××日 9：00-12：00。

（五）活动地点

大学校区附近村庄（或养老院）。

（六）活动对象

课程实践小组成员，每5人一组，每组负责看望问候一位孤寡老人。

（七）活动主办单位

××团支部（班委）。

（八）活动承办单位

×××学院青年志愿者协会。

（九）活动工作的主要内容

（1）团支部负责本次活动的策划书，规划并分配好活动过程中的工作，提醒各部门做好相关工作，并做好应急预案。

（2）安排同学负责现场活动照片的采集工作。

（3）安排同学负责联系工作，了解帮扶五保户的一些基本情况。

（4）安排同学负责购买慰问老人所需的物品。

（5）安排同学负责组织好志愿者，准备好交通工具等。

（十）活动具体过程安排

1. 活动前期安排

（1）实践小组负责确定好活动的时间，提前了解五保户的基本情况。

（2）实践小组负责购买本次活动的相关物品。

（3）实践小组负责做好有关资料采集及宣传报道工作。

2. 活动中期开展阶段

出发、慰问。

3. 活动后期

总结、宣传。

（十一）活动安全预案

（1）带队人员要高度重视志愿者的人身安全，加强对志愿者的安全教育宣传。

（2）带队人员在有意外事件发生时，做好相关的应急工作，并第一时间联系活动负责人或老师。

（3）带队人员在往返过程中，要保证各位志愿者必须按照规定的时间、地点集中，在往返之前都要清点好人数。

（十二）活动负责人

（1）活动总负责人：×××；联系电话：×××××××。

（2）分项活动主要负责人如下。

准备组：×××。

采购组：×××。

保障组：×××。

宣传组：×××。

教师点评

（1）“百善孝为先”，孝道是家庭美德的重要内容。大学生来自各个家庭，今后也要组建自己的新家庭，家庭美德在今后生活中至关重要。因此，在大学培养家庭美德，特别是尊老爱幼的美德是德道素养的重要内容。本次实践活动以体验敬老爱老为目的，活动设计得很好，建议活动能保持较长的一段时间，学生经过较长时间的磨炼，与五保老人建立友谊，沟通感情，能培养较深的孝道情怀。

（2）组织者可以通过主题活动强化本次实践的效果。如主题演讲，主题讨论，与五保老人情景交流等多种方式增强对大学生美德教育效果。教师要注意引导，顺势而为，积极加强家庭美德的教育，向学生传授家庭道德内容体系。让同学们知道，在家庭中如何尊老爱幼，如何包容互敬，如何尊重家庭成员的人格等，拓展主题实践活动教育内容，力图取得更好的实践育人效果。

三、推荐活动三：第××届“青春筑梦·益暖校园”活动

策划方案

（一）活动目的及意义

本次活动传承第一届留守儿童大学校园行活动，以××大学为依托，旨在为我校×××支教团服务地的留守儿童搭建拓宽视野、认识世界的桥梁。希望通过志愿者一对一的辅导，产生积极的影响，让留守儿童体验到大学生活的丰富多彩，感受到世界的温暖与友爱。在服务地的学生内心播撒下健康阳光的种子，帮助其从小树立远大理想，营造出良好的学习、生活及健康发展氛围。

（二）活动主题

“青春筑梦·益暖校园”留守儿童大学校园行。

（三）活动内容

带领支教点留守儿童参观大学校园、游览市区公园、进行素质拓展训练等。

（四）活动时间

20××年×月×日～20××年×月×日（建议周六、周日连续两天，也可以考虑暑假）。

（五）活动地点

活动地点：××大学校区。

活动地点：大学所在市的公园。

（六）活动对象

××县××镇的一所农村留守儿童小学的部分学生。

（七）工作安排

（1）活动前期工作。制定安全方案、招募志愿者，培训有关人员。

（2）活动中期工作。带领留守儿童参观大学博物馆、校园、艺术馆等，举行“未来校友”奖学金仪式。

（3）活动后期工作。总结、宣传。

（八）安全纪律

（1）工作人员、志愿者着装统一、语言得体、行为得当，自觉维护自身与学校形象，积极传播向上向善的正能量。活动过程中必须听从一切安排，不得带领学生擅自行动。工作人员、志愿者要保持手机通畅，如遇突发事件要及时报告。

（2）工作人员、志愿者应当自觉维护自身形象，遵守活动纪律，跟随团队行动，无故不得缺席、迟到、脱离队伍，爱护设施，文明出行。活动过程中需注意交通安全，不得在校园内随意跑跳。带队教师要保持通信顺畅，积极与活动主办方联系。

教师点评

（1）大学是青少年人生向往的殿堂。本次活动以留守儿童参观大学为主线，开展向留守儿童献爱心活动，设计紧凑合理，是一个非常好的实践活动方案。据了解，这一活动在桂林理工大学已连续开展多年，效果很好，既关爱了留守儿童，给留守儿童展示了人生追求的广阔天地，也教育了大学生。大学生在奉献爱心中感悟现在的学习生活来之不易，懂得更加珍惜当下，为今后的事业努力学习，奠定坚实基础。

（2）结对帮扶是本主题实践活动的关键，大学生在与留守儿童结对中要起到表率作用，用正能量影响农村儿童，激发为追求理想的信心与力量。同时指导老师要注意从个人道德中强调大学生的注意事项，在做“大哥哥、大姐姐”的活动中加强修身立德，为孩子们树立榜样，达到本次实践活动的要求，实现大学生注重个人道德建设、提高德行修养的目的。

第九章　尊法学法守法用法

第一节　实践能力总体概述

法治是现代文明社会的基本要素，也是文明程度的重要指针。社会文明程度越高，法治水平也越高。大学生法治思维能力与素养是综合素质的重要组成部分，法治思维能力包括法律至上与权威观念、对法律基本知识了解程度、运用法律解决实际问题的能力与水平等多方面。大学生学习法律基本知识重点在运用法律思考问题、处理问题，解决工作中遇到的一些实际问题。本节在学习基本理论基础上，重点强调法治思维运用及法律处理具体事务的能力；设计了模拟法庭、法律情景微电影、到法院旁听审判、到监狱接受警示教育等实践活动，旨在提高大学生对法律重要性认识，提升运用法律解决实际问题能力与水平，形成良好的法治思维习惯。

一、实践教学要求

在理论学习的基础上，到大学所在地人民法院、驻地监狱及司法机构旁听、接受警示教育等实践，进一步了解我国社会主义法律的内涵、体系及运行机制，领会社会主义法律的精神；在实践中帮助大学生树立依法治国的法律理念，增强维护社会主义法律权威的自觉性，掌握提高社会主义法律修养的途径和方法。通过模拟法庭、法院旁听、赴监狱接受警示教育等主题实践活动，了解我国现行法律体系的运行过程，能够结合实践感知，增强依法治国理念，不断培养社会主义法治思维，学会正确处理生活中常见的法律问题，懂得运用法律维护自己的合法权益，尊重社会主义法律权威，克服感情用事、意气用事的鲁莽行为，达到学法守法的目的。同时，通过实践进一步理解法律权利和法律义务的特征及关系，懂得权利与义务是统一辩证的关系，掌握我国法律规定的五类权利与义务的内涵，正确行使权利、履行义务，克服只享受权利而不履行义务的错误倾向。

二、实践教学目标

学生通过到法院、司法机构、监狱等部门的实践活动，在“听、看、做”的基础上，进一步领会社会主义法律精神，理解社会主义法律的本质和作用，明确法律的运行过程；懂得我国宪法确立的基本原则和制度，从整体上了解我国社会主义法律体系的基本框架；理解中国特色社会主义法律体系的形成、特征以及构成，增强对社会主义法律制度认同感和维护法律尊严的责任感；树立社会主义法治理念，增强维护社会主义法律权威的自觉性；同时通过实践的亲身观察与体会，进一步明确中国特色的社会主义法律体系，特别是通过组织模拟法庭，查阅相关法律资料，撰写诉状及裁判书等环节，培养同学们法制观念，树立牢固的法律思维，让法律成为同学们人生成长的保护利器。同时通过实践，进一步克服只要权利，不履行义务的错误思想，从根本上理解权利与义务的统一。

三、教学重点与难点

本节重点在于通过多种途径的法律实践，让大学生树立牢固的法制观念和法律思维，遇到有关事件能通过法律途径解决，不意气用事，鲁莽而为，让法律成为同学们成长的保护神，学好用好法律，为同学们今后成长打下坚实基础。

要通过实践学习等方式了解我国法律制定、实施的指导思想和基本原则；理解我国宪法的特征和基本原则以及人民代表大会制度的优越性；理解中国特色社会主义法治体系的定义、层次、部门；我国法律规定的五类权利与义务的内涵；公民权利救济的主要方式。

四、实践教学方法

本节实践内容采用到法院旁听审判、参加宣判会、组织模拟法庭、到监狱接受警示教育、专项法律知识调查等方式进行实践教学。指导教师通过协助学生联系法院、监狱，指导模拟法庭立案、辩论、审判、合议、宣判等过程，加强同学们参与法律实践的积极性、主动性，提高感悟法律权威意识，增强学法守法用法的自觉性。

第二节 实践典型案例与分析

一、案例一：大学生掏鸟窝被判重刑

2015 年，一起大学生因为在家门口大树上抓鸟被判重刑的事情上了新闻热搜。大学生闫某和朋友王某因掏鸟窝并售卖国家二级保护动物燕隼，分别被判处有期徒刑 10 年半和 10 年一事，经媒体报道后引起广泛关注，在大学校园里也展开了热烈讨论，对当事人闫某、王某行为进行了分析，从法治意识与法律思维角度进行了多方思考。下面请看案情具体经过。

爬树掏鸟售卖闯大祸

2014 年 7 月 14 日，某学院学生闫某放假回老家农村，闫某在大学里学习认真，遵守纪律，与同学关系良好，没有违纪违规现象，是一个规规矩矩的普通学生。闫某从小出生在农村，跟很多孩子一样，他天性喜爱小动物，上树掏鸟、下河抓鱼在孩童时期是家常便饭，也没有多少人会为此较真与关注，说白了这些都是农村孩子们最熟悉的事情。七月里，天气炎热，闫某约了旧时小伙伴王某一同在家里玩耍。不知从什么时候开始，两个小伙伴关注到了家门前的那棵参天大树，这棵树高大挺拔，也许有上百年的历史了，自闫某出生，这棵树便一直静静地在那里。农村孩子没有像城里孩子那么多娱乐活动，他与小伙伴们自小就在这棵树边玩耍，捉迷藏，上树也是顺溜得很。那天中午时分，闫某与朋友王某在家门口坐着乘凉，抬头看着大树上的情况，他们都发现了树上有鸟窝，鸟妈妈还不时飞来飞去捕食喂幼鸟，闫某在闲聊中说道："哎，我们爬上树看看，去抓鸟啊！"朋友王某说："好啊，要是养起来还可以做宠物呢！只是那么高的树哪能爬得上呢？"闫某说："这个你放心吧，我们从小就在树上玩！"说干就干，他们两个准备了小纸箱，爬上树去从鸟

窝里掏了12只雏鸟，最后闫某在自家养了起来，还将幼鸟照片发到了网上和朋友圈。当下网络速度快，他上传的幼鸟照片被一些人认出来了，通过网络联系上了闫某，提出想养这种鸟，并告知这是一种保护动物，叫燕隼，一种本地的小型猛禽，这些人也许想通过饲养训练幼鸟的捕猎能力。于是经过讨价还价，闫某与朋友王某以150元的价格在辉县卖给贠某燕隼1只，以800元的价格卖到郑州市7只燕隼，他还独自以280元的价格卖到洛阳市2只燕隼，其余2只一跑一死。闫某在抓鸟时也知道这种鸟叫燕隼，是国家保护动物，但村里的人也没有人管，也没有人问及，大家觉得这个鸟打小就在村里，还很多呢！闫某没有当一回事，看到这种鸟竟然能卖这么贵，是个生财之道啊，于2014年7月27日，闫某和王某又掏了4只幼隼。心里期盼着又能卖不少钱，完全没有想到这是严重地违反国家野生动物保护法的行为，无知无畏给他们两个小青年牢狱之灾埋了祸根，一场重刑审判悄悄临近。

网络是个四面透风的墙

闫某自从从树上抓了幼鸟回来，一直好生伺候，找幼虫喂它们，渴了喂冷开水，精心喂养，小鸟也一天天长大起来，煞是可爱，每次看到幼鸟张大嘴巴发出“吱吱”的求食声，闫某就非常开心。他顺手拿起手机拍照，录制短视频，发到朋友圈中，心想“大家一定觉得我很有爱心，我这么认真照顾着小鸟!”。果不其然，朋友圈里的伙伴对此高度关注，也觉得好奇与异样，还有很多朋友发来信息问及有关情况，闫某都如实告知，全然没有觉得有什么不妥。当然也有朋友好心提醒，说经过查阅资料这种鸟是国家二级保护动物燕隼，若是人工驯养是需要经过审批的。但此时闫某与朋友王某哪里听得见这种提醒与劝导，我行我素，根本没有考虑到其行为是否违法。特别是网络上有人提出购买，第一只小燕隼出售便得了250元，两个小伙伴正暗暗为此高兴呢！小试牛刀便轻松得了几百元，在后期出售的7只燕隼时，价格更高，都是以800元一只出售，一下子进账近6000元，两个小伙伴高兴极了。他们合计着以后多抓些，寻找更大的买主，为此闫某还亲自带着幼鸟到郑州花鸟市场兜售，由于天热，死了一只，另一只不小心跑掉了。

网络传播力很快，闫某与王某抓鸟卖钱的事情很快在网络上发酵。一些爱鸟人士也认出了这是国家明令禁止抓捕的国家二级保护动物燕隼，目前野外种群数量不足，非常珍贵，国家一直在努力保护，希望能恢复野生种群，维持自然的生态平衡。一些人知道，燕隼是田鼠的天敌，燕隼能保护草原免遭鼠害，是绿色生态防鼠的好办法。朋友圈的一些人在网络热议后进一步查找资料，发现燕隼大有来头，燕隼俗称为青条子、蚂蚱鹰、青尖等，体形比猎隼、游隼等都小，为小型猛禽，体长28~35厘米，体重为120~294克。上体为暗蓝灰色，有一个细细的白色眉纹，颊部有一个垂直向下的黑色髭纹，颈部的侧面、喉部、胸部和腹部均为白色，胸部和腹部还有黑色的纵纹，下腹部至尾下覆羽和覆腿羽为棕栗色。尾羽为灰色或石板褐色，除中央尾羽外，所有尾羽内均具有皮黄色、棕色或黑褐色的横斑和淡棕黄色的羽端。飞翔时翅膀狭长而尖，像镰刀一样，翼下为白色，密布有黑褐色的横斑。翅膀折合时，翅尖几乎到达尾羽的端部，看上去很像燕子，因而得名。虹膜黑褐色，眼周和蜡膜黄色，嘴蓝灰色，尖端黑色，脚、趾黄色，爪黑色。闫某在收到朋友圈发来的这些信息后，对这种鸟儿也有了进一步的了解，知道这是国家二级保护动物，但他压根儿没有把自己的行为同违法犯罪联系在一起，压根儿没当一回事。

网络自有明白人，闫某同学及朋友王某的抓捕燕隼并出卖获利的违法行为被举报到了某市森林公安局，公安机关高度重视，根据该市森林公安局的认定，这16只雏鸟均是国家二级保护动物，而他们的人生也因这16只鸟而彻底改变。该市警方很快立案并对涉事闫某、王某进行了刑事拘留，按照有关程序移送司法机关，当地法院对有关情况进行了详细的证据采集，对闫某、王某的行为及主观情况进行了取证，证实了两人明知幼鸟为国家二级保护动物仍然饲养与售卖，并查证了其出售具体细节与收缴违法所得。根据《刑法》第三百四十一条明确规定：非法猎捕、杀害国家重点保护的珍贵、濒危野生动物的，或者非法收购、运输、出售国家重点保护的珍贵、濒危野生动物及其制品的，处五年以下有期徒刑或者拘役，并处罚金；情节严重的，处五年以上十年以下有期徒刑，并处罚金；情节特别严重的，处十年以上有期徒刑，并处罚金或者没收财产。结合本案中闫某、王某的情况，法院认为情节特别严重，经合议庭合议，该市人民法院做出一审判决，以非法收购猎捕珍贵濒危野生动物罪判处闫某有期徒刑10年半，以非法捕猎珍贵濒危野生动物罪判处王某有期徒刑10年，并分别处罚金1万元和5000元。

重刑判决惊动乡邻

这次审判闫某及王某怎么也没有想到，他们的命运会因为这16只小鸟而改变，人生轨迹会走向监狱生活，他们怎么都想不通，不就是普普通通的16只小鸟吗，小时候这种鸟大伙儿都抓了不少来玩啊，也没有人追究啊，怎么这次一下子就被判10年重刑啊？在他们心里有太多的不平，太多不解，是不是该市警方故意为难自己？一时间这两个无知青年陷入了深深的思考。

与当事人一样，两位青年的父母也一样不解，在他们看来，这样的行为也没有太大的社会危害，没想到会被判得这么重！闫某父亲还说闫某自小老老实实，在学校也是规规矩矩，没有调皮捣蛋，更不干违法乱纪的事情，在他的眼里，闫某依然是个听话的青年和乖儿子。在他们心里，农村孩子逮鸟抓鱼不用管，根本不知道会判得这么重。为此，闫某父亲在其被刑事拘留的时候还向学校谎称孩子身体不好请假休学，结果没想到两三个月也没有出来的意向。

本次事件还惊动了乡邻，相亲们知道闫某、王某因掏鸟被抓被判重刑大为惊讶，很多乡亲们表示，这个确实没有见过啊，在农村掏鸟抓鱼是再普通不过的事情了，没有那么严重吧！很多乡邻在为这两位小青年惋惜的同时也质疑法律的公正性，是不是判重了？是不是小题大做？一些人还说那些贪官贪污几百万也只判几年啊？这个案子在乡亲们中也确实有些少见多怪了。很多来自农村的学生认为闫某既没损害他人利益也没危害社会治安，仅仅掏了十几只鸟就被判了10年半，人的青春竟然还不如鸟？于是在其父亲的请求下，一些乡邻还主动签名为村子里两位青年人向法院求情，请求看在他们无知的情况下从轻判决，更有亲人们希望他们重新回到学校完成大学学业。乡邻的求情书被送到了二审法院，在其父亲及本人商量后，他们决定上诉，2015年5月28日、2015年8月27日，市中级人民法院做出终审判决，维持原判。一时间因媒体炒作而沸沸扬扬的掏鸟案画上了最后句号。闫某、王某也将在监狱中劳动改造，接受教育，完成自己的刑期。

法学专家以案说法

中国政法大学刑事司法学院教授阮齐林认为，这起事件之所以引起舆论的关注，与事件本身的特殊性有关。他表示，这种犯罪因为它不像杀人、放火、盗窃那样，在传统意义上招人恨，这种猎捕珍危野生动物的行为，它没有具体的被害人。珍稀濒危野生动物不会找他算账。从道德上来讲，动物毕竟是动物，因而也不会有人的情感因素，具有强烈的(公众) 谴责性。

阮齐林表示，也正是因为这一特殊性，所以社会公众才更应当确信，司法机关的判决，是严格依法裁判的。具体到这个案件，如果没有法定的减轻处罚情节，法官也只能在10年到15年之间判刑期。他表示，从法院适用法律来说，应该说是严格照章办事。第一，法律规定了有这么三档（量刑）：3年以下、3年以上10年以下、10年以上有期徒刑；第二，司法解释明确规定了猎捕、非法买卖濒危野生动物达到一定数量，就该适用哪一档判，这有非常具体的规定。如果有人觉得过重的话，这跟法官没有关系，那只能说立法，或者司法解释的规定过于严厉了。

中国政法大学副教授朱巍认为，从严格遵守法律条文角度讲，法院的判决固然无可挑剔，但他更担心的是，类似判决能否取得相应的社会效果。他表示，我们国家对于自由裁量权的标准，实际上更多的是罪刑法定。但是也应该考虑社会影响、社会效果，以及整个刑法对社会的促进和警示作用。对于这种初犯，而且社会危害性显著比较轻微的，更应当突出刑法的教育功能，一方面，对这个大学生进行教育；另一方面，对这个案件向社会进行宣扬，而不是忽视刑法的教育功能，只突出、僵硬地适用刑法的刑罚功能。

阮齐林也坦陈，实际案件千差万别，如果仅以结果论罪，个别情况下难免失之刻板。他表示，要考虑到案件千差万别的情况，仅仅根据后果，也就是数量和保护的动物级别来定罪量刑，有的时候会过于刻板。

阮齐林说，但这依然无法改变此案判决的合法性。国家一级、二级保护动物都是相当稀罕的，作为大学生应该有这个觉悟，对环境保护和物种多样性保护的意识这么差，他也应该有值得自责的地方。

教师点评

(1）大学生犯法没有特殊性，无知不是免责的前提。依法治国是我国的根本国策，有法可依的同时也应当做到有法必依。我国的法律中有明确规定：非法猎捕、收购、运输、出售珍贵、濒危野生动物罪，情节特别严重，应处10年以上有期徒刑，并处罚金或者没收财产。而两名学生售卖的燕隼已经超过10只，属情节特别严重的，被判重刑也是他们轻视法律并必须为此承担的后果。

(2）法治已成为党和政府治国理政的基本方略，在国家治理和社会管理中发挥重大作用。大学生不仅要学习法律知识，增强法律意识，还有树立法治理念，培养法治思维，维护法律权威，成为具有良好法律素质的社会主义事业建设者和接班人。大学生可以通过学习法律知识、掌握法律方法、参与法治实践等途径，在日常生活中逐渐形成思考、分析、解决法律问题的法律思维方式。

(3）法律思维方式是一种在法律实践中训练、培养和应用的思维方式。脱离具体的法律生活和法律实践，不可能养成法律思维方式。所有大学生要通过参与各种法律活动，比如对时下热门法律问题的讨论，然后运用法律知识和方法思考、分析、解决法律问题，才能养成一种自觉的法律思维习惯。树立法治观念并不是一朝一夕的事情，我们应从身边的点滴小事做起，从根本上了解社会主义民主法治，打心底为我国建设社会主义法治国家贡献自己的力量。

二、案例二：大学生误入传销组织

近年来，大学生由于就业压力大而误入传销组织，给受害学生带来了身心受辱的负面影响，一些学生甚至因此放弃了学业，传销已经是大学生需要高度警惕的危害性很大的社会违法活动。一些高校加强了专项教育，提醒每一位同学，防止大学生身陷“传销门”事件，同时也加强了与家长的配合与沟通，共同应对大学生可能会面对的传销危害。高校个别典型“传销门”事件引起了社会关注，对当代大学生的形象和高校的声誉造成了不良的影响。因此，利用法律基础实践对大学生开展防传销诈骗很有必要。下面跟同学们一起来学习一个关于大学生误入传销组织的案例，一起来看看吧！

我受骗被拉入传销组织黑暗的24天

我叫周××，是在校大学生，我在暑假里因求职心切被骗拉入传销组织，是我一生中最痛苦的经历。其实我不想把这次被骗进入传销组织的过程讲出来，说实话，就像我父亲说的“能出来是你的本事，但同样也是你该反思的！”。我觉得这本来就是件蛮丢脸的事，但有时跟朋友们讲起，感觉到他们很是疏忽大意太过天真，社会的严酷现实他们并未体会到，我感到很有必要把自己痛苦的经历告诉大家，警示学弟学妹们，也算是给同学们一次善意提醒。大学生啊！有些事情总是想得太过美好，其实，真到传销灾难降临到你的头上，又有多少人能够从中出来呢，我在今年暑假7月初，被一个很要好的朋友骗到江西，在里面待了近24天的时间。回到桂林后，我一直在思索着这样一个问题，很多很多“千里搭车，扛着扁担”骗过去的人，全部是反感，甚至是仇恨传销的，为什么仅仅在短短的5天之内，就有思想上的巨大转变。可以说，只要留下来，看懂了他们所谓的杨谦教授编写的课程，都义无反顾地加入了这个他们当初厌恶的行业呢？他们的命运如何，前途怎样？

这群人的生存状态不为外人知晓，但他们待人表现出虚伪的真诚、热情，而且都抱着坚定的信念，极具感染力。说从事该行业的人全国已达到800多万。他们称之为“藏龙卧虎”，有政府官员、大学生、工人，还有黑帮老大、小姐等，其实传销用的手段很简单，就是思想灌输。

“热情”好友拉我入“狼窝”

接下来讲讲我是怎么被骗进去的。首先，我是被一个初中同学骗入的。我们在初中关系很好，过年什么的还会聚聚，也就暑假前几个月，她开始频繁找我，我就奇怪了，她问我：“暑假找不找工作？”我说：“当然找呀！”这个同学还提出帮我找暑假工之类，就这样一直延续到了暑假到来，暑假前几天，她告诉我说她在南昌找了事，问我去不去，我想想一个人就推辞了，但想到她和我是好朋友的关系，就笑着说：“我要没找到，就去你那儿，你先帮我留着。”回去几天后，我和几个同学去了桂林找事做，但那些都是苦力活，而且工资低，就放弃了。就在我打算放弃回家时，她打电话过来问我找到工作没有，我说准备回家了，她就说：“就回去呀，要不就到我这里来吧，2000元一个月！”我心动了，但有点儿怕，因为我孤身一人，就想推辞，但她又来电话说：“你还不相信我啊，好就干，不好大不了就当玩几天呗！”我想想也是，现在就这样回家，太没面子了。于是便坐上去南昌的火车，那还是我生平第一次坐火车，就这样我就到了那个可怕的传销窝……

第2天，也就是7月8日，我赶到了那里。我给她打了电话，后来她叫我在步行街等她，等了1小时，后来她就来了，她还带了一个女生，她介绍说是她同事，今天请假一起来接我。她同事很热情，提着我的包就走。一路上，我同学她啥话也不说，反而她同事却在和我不断地说着话，我很纳闷，我就说：“你还是带我去看看工作吧！”她却说：“急啥，先带你玩玩呀！”于是带着我到处逛，我很不耐烦，只觉得这里是不祥之地，似乎有什么要发生，我什么都没说，就陪着他们去爬山。一路上，她同事问了我很多问题，而且那女生口才好得不得了，不过我记得，我提过我在学校摆过地摊，她当时说了一句：“你很喜欢钱！”我回答说：“谁不喜欢钱?”她又说：“那你想过没有，有很多的路子可以走，只是你没碰到而已！”我当时就想笑……那天，她们带我逛了好多地方，一路上神神秘秘的，我心里总是觉得哪儿不对劲，而且我那朋友居然说用我手机听听歌，电就这样被她用完了。就这样一直挨到了晚上……我忍不住了，就说我不想找了，我今晚就回去。她问：“你怎么了？为什么这么急？要不就明早走吧！”我想想也是，还是明天走吧！于是便拿着行李说我去找个地方住一夜，明天再走。她当时就说：“不用了，我们租了个房子，外面有个沙发，你就在上面睡吧，明天回去，行吗？你不会连我都见外吧！”我当时觉得不好意思，但还是同意了。但她们又貌似不急着回去，而像是在拖延时间，而且一直到了11点。11点半时，然后就带我去了她的地方……这里是一片居民区，我看不到光，估计已经晚了。走在楼梯时，我心里一阵子害怕……很阴。我还记得那是7楼。然后她敲门，门开了，是一个男的打开门，我没进去，我朋友说，那是她同事，然后我进去了，门关了，而我就这样正式进入了这个地狱般的家。

热情过后他们露出了狰狞面目

刚进去，有个男的便热情地嘘寒问暖，拿过我手中的行李招呼我坐，我朋友还拿走我的手机说帮充电，我就郁闷了，干吗那么急切的要手机呀？接着那个男的就问我今天去哪儿了，累不累，我也一一作答了。说着，他便打来热水叫我洗脚，我就郁闷，怎么这么热情，大热天还洗脚？我就说不洗，叫他们洗，他们也没洗，后来又打来一杯开水，叫我喝，我说大热天的不想喝。其实，我只觉得他们不怀好意，很奇怪，谁知道那水有啥问题呀，而且我那同学一句话都没说，我就进一步怀疑了。我去上厕所进入里面后，发现门把手坏了，晕倒……才进去几分钟后，门外边就叫我出去了。我走过厨房，发现刀什么的都不见了，后来才知道他们怕我持刀威胁才将刀具收起来了。我突然感觉这下完了，不妙呀。刚从厕所出来便被那个男的拉过去坐下，男的说：“今天很多朋友来这里玩，在里面玩牌，要不要认识下?”我说：“不用，早点睡吧，明天我要回去。”说着我便走向手机，拿起手机走向门外，播着号，想开门，但门已经打不开了。就在这时，那男的冲过来，拦住问我想干嘛，我说打个电话给家里报个平安，他不让我打电话，还一直拉着我的手，我推开他要去开门，那个男的不让我出去，我就和他怒目而视，打了起来，打得我在房间里到处乱窜。这时我朋友打开房门，里面10个男的冲出来疯狂对我拳打脚踢，领头的那个男的掐着我脖子说："想死吗?"我当时绝望了，于是便没有再反抗了，被他们架进了房间。进到房间，里面一下围了好多人，一个一个长得凶神恶煞，说着拿来扑克牌叫我打牌，其实我一进门，看到那地上铺的泡沫垫子，还有那块黑板，就已经料到进了传销窝。

他们叫着我打牌，还必须假装跟他们玩，打牌时还要回答他们的问题。我当时只觉得我完了，我该咋办，但我要冷静，不能冲动。晚上睡觉时，我左右前后各有一个人、门口还有2个、外面还有2个，我被围得水泄不通。我觉得没戏了，一下子肯定跑不了。他们一直不让我睡觉和我聊天，我没说话，那晚一夜没睡，我在想该咋办呢，我拿出100元钱用一个小针一直在上面插孔写着字，希望用这个来求救，但没有成功。那晚是我一生最痛苦的一夜，我想着所有会发生的，我想想爸妈，想想我的一生，我觉得我就这样完了，我不停地看着表，时间过得好慢，一分一秒……

痛苦高超的"洗脑"

接下来就是我在里面的经历，也就是最可怕的"洗脑"了，从我进来就开始被他们算计了。

传销的神秘缘于它的洗脑方式以及运作模式。其洗脑方式被认作KB，它并没有传说中的强制人身自由，实际上是一种极强的心理洗脑。央视有则新闻，报道四川一名女孩陷入传销后被父母解救回家，但在返回的火车上，女孩想继续她的传销事业，竟从高速奔驰的火车上跳下，香销玉焚，其洗脑手段可见一斑。销售无处不在，传销产品却是人，传销狂妄，夸大其词，行为怪异，不择手段。有小道消息称，全国从事各式各样传销的人员多达几百万。是什么样的原因造就这么一大批如痴如狂的传销极端分子，不顾一切地欺骗亲人朋友，最终落得远走他乡，孤独终老的悲惨结局呢？他们又是如何从一个个普普通通的人变成传销之魔的呢?

传销最大的特点，它是一个完全复制的行业。每天都是简单的事情重复做，在一种固定、封闭而且几乎与世隔绝的环境里，重复相同的事情、不变的话语，甚至连神态也完全复制。它限制传销人员创新，说"你们只需要按照成功人士的脚印，傻傻乎乎去干，就能成功"。很多同学听了这些都觉得奇怪，不明白我那朋友为什么那么傻，为什么要骗我去，为什么要去干坏人安排她骗我的事情。其实大家不知道进入传销窝一旦被'洗脑'，她就死心塌地地跟着干了，就是赶她都不会走的。那现在大家看看传销头子是怎么给别人"洗脑"的。

煽情授课，初步"洗脑"。在一个封闭的环境中，通过授课、"成功人士"的经验介绍等，描绘出"光辉前景"，短期即可达到高额回报率，点燃"新人"投入非法传销团伙的狂热欲望。

传销课堂的"五级三阶制"与"四个发展期"灌输。第一堂课讲到主任是千元打底的月工资，经理是万元打底的月工资（加入半年以后可拿到），而最高级的总经理是6位数打底的月工资（一年多以后可拿到），11.9万元！有的甚至高达23.8万元。这还不算啥，第二堂课"四个发展期"里揭示出局时那个大奖更加诱人："五三二奖"，摆两个部门，一条线就是52万，两条线至少104万，你摆的部门越多你就越挣钱，三个部门以上，再加一个“中心发货奖”，每条线就会上涨到 120 万……每个月传销组织都有一次到两次的分享会，B 级（有的叫经理）领导穿金戴银，站在舞台上现身说法，分享他们快速“成功致富”的经验。他们是天底下最杰出的造梦大师，在如簧之舌的极力鼓动下，新朋友渴求发财的心蠢蠢欲动，仿佛百万富翁就在眼前。

课后沟通，灌输所谓“成功学”。传销组织吹嘘他们是一个改变人的行业，是一所没有围墙的大学，能够学到在大学里都学不到的知识。给每个人提供一个舞台，让大家尽情地去表演。每天传销人员踊跃上台推荐自己，谈自己加入前后的经历和感受。每个讲演者充满了激情，充满了希望，谈到感人处甚至痛哭流涕，场面非常具有鼓动性。特别是年轻人，仿佛找到了自己的人生舞台。那么是什么让传销组织具有这么大的诱惑力呢？不容讳言，传销组织的“拿来主义”学得是最好的，他们的一套歪理邪说经成功学包装后，讲得口若悬河，头头是道，让初来乍到的新朋友有耳目一新之感。其实说白了，把一群人软禁在某个房子里，每天吃馒头咸菜，烂菜叶，表现不好会有人折磨你，逼得你每天重复相同的工作，记忆那些很唯心的东西，日复一日，慢慢就融入了那个群体，成为了其中的一员。在那里，每天早晨从 5 点多就起来，晚上 12 点才能睡，可以走动，但是会有人跟着你，就连上厕所也跟着，男女分开睡在不同房间的地板上，每天接受“洗脑”课程，不上课的时候集体玩些白痴的游戏，在那里面，我过着非人的生活，天天吃着大白饭，烂菜叶，都快吐了，而且还不能剩。我记得，有一次，我朋友过来看我，带来几个馒头和火腿肠，我当时吃的时候都哭了，我恨她，但更恨自己，我居然因为吃个馒头哭了。每天不是教课，就是做些变态游戏，躺也不能躺，连站都不能站，有时候还会因为违背领导意思，被打一顿，身子如同行尸走肉一般，没一点儿力气，就是不停地听他们讲，甚至打得我都没知觉了，我曾反抗过，那次跳楼没成功，还被打了一顿，我绝食过，3 天没吃饭，快饿疯了。我每天趴在窗前看着外面，一次一次流下眼泪。我想家人、想朋友，人只有处于绝境时才知道自己的父母是多么坚强的依靠。多少次我在梦中出去回到了家乡，吃着饭，看着那些熟悉的人，留下幸福的眼泪，可每次睁开眼，看到这些恶心的人，又再一次无奈，眼看着一天一天过去了，我都快疯了。我开始要想想怎么样才能出去了，硬的不行，只能来软了的。

急中生智死里逃生

这是一段最痛苦的人生经历，每天不仅要受到精神上的折磨，还要忍受一天两顿烂菜叶的生活折磨，但我要吃。他们有多变态，拿着厕纸放在饭上，然后要你吃。但那也没办法，我必须吃，没有力气我逃不了的，我一直在伪装着自己，配合他们，和她们打好关系，还天天夸着梦想，他们对我已经放松了警惕。他们认为我已经接受了传销，接着要我交钱投资了，2900 元起步，为了这 2900 元，可不容易呀，其实在第一天进这里，我的所有东西就已经被拿去了，我和家里的每次通话都是按他们说的，我报不了警，我也冒不了这个风险，只能安抚家里，我用各种谎话向家里开始了第一步要钱，要到了 1000，然后开始问同学、室友借钱，终于凑到了 3200，钱很快被他们取了，说是我入伙的钱。其实这只是起步，那里面有很多人投进几万块，那些都是向家里骗的。当一个人思想被控制了，这时他已不是他了，也许你认为你朋友没那么傻，其实在你朋友眼中，带你来口头上说是给你一个机会，在他眼中你已是钱了。为了这个，他们不惜和家人朋友反目，就为了那个破梦想，我每天都要接受那样思想，不知不觉中，我都慢慢被“洗脑”了。但我一直很清晰，我每天早晨起来，会偷偷想想自己在干吗，我要回去，但每天晚上，我都握着拳头，喊着一定要做，反反复复中，我知道我的思想已在腐蚀了，我没那么多时间了，我便开始了疯狂的学习，在7天学会了别人15天甚至一个月学会的传销课程，创下了纪录，果然我的努力引起领导重视，他们留意我了，那时已经是8月1日了。就在那几天，说又有人要来了，会调走几个人，我知道逃脱的机会要来了。果然，那天晚上接到消息，那个新朋友提前来了，调走的人就提前走，刚好我被领导选择中了，我装作冷静，不说话，拿着衣服，突然他们把十几斤的书包给我背，我知道这是在防备我逃跑。我跟在他们后面走了出来，那种感觉又激动又害怕，20多天都没看过外面了。门口停着一台车，我慢慢磨蹭着上车了。一路上，我想着要不要跑，因为我坐在车门旁，我知道今天是我唯一的机会了，也许下次的时候，我被洗脑得更厉害了，那时我就是传销魔头了，又有多少人会毁在我手里。我想想自己的家人，想想自己的学业，我决定今天拼了，就算被打死也要逃脱。我一路上记住经过的方向，记住每一个地方，我看着窗外，突然车停了，原来是红灯，这时传销头子在打电话，我慢慢地挤掉书包，然后假装对着左边人说话，就在他们转身那一刻，我丢掉书包，打开门，一路狂奔而去，我不停地跑，一路还在哭，那是激动的泪水。我的头晕晕的，我跑进超市，跑来跑去最后甩掉他们，我坐在路边，不知道该怎么办，便想到去步行街，一路就跑去了，在路上，饿得肚子咕咕叫，我已一天没吃东西了，于是便坐在石凳上“乞讨”了起来，都没人搭理，我绝望了，我走着看到一保安，就问他知不知道警察局，于是他带我去了警察局，在那里我做了口供。我坐在警察局里等，可是这时警察却说他们没地方住，说带我去救助站，我信以为真，就这样被带走了。半路说车没汽油了，叫我下去一直往前走，走到尽头就行，说只要30分钟，结果我一路走去却走了2个小时。当我到达救助站时才发现，这里是郊区的郊区了，那个老爷爷带我去了一个房间，里面还有3个人，里面不让我打电话。我觉得被警察骗了，就又偷跑出来，一路往回跑，因为已经凌晨1点多了，跑到半路时，只听到右边那个人行道有个女的在喊“救命”，我当时已经知道怎么了，但那时的我已经自身难保了，而且又没手机，我根本无力回天，我只能说对不起了，就这样又一路跑着。终于跑到了街上，这时的街上大多是那些流浪人的天下，混混呀什么的，走到马路上还会被问要不要按摩，我没理会。我为了装得像个混混，于是便也脱掉外衣，走路像个混混似的，一路走到步行街，那时已3点了，我的脚快断了，我躺在那个石凳上，和那些流浪汉睡在一路，想着20多天的经历，虽然只有20多天，但仿佛像过了20年似的。我永远也不会忘记，早晨5点多时，爸爸来了，我看到爸爸却没哭，而是去吃东西了，我一口气吃了5笼包子、2碗米线，我饿疯了。就这样一路回了桂林，那时已经是8月2日中午12点了。

痛苦经历的反思

在传销组织里面，我还有许多痛苦的经历，我不想大家知道，太不堪回首了，我只想说怎么进的，以帮助大家引起警觉。对我来说这是一个深刻的教训，大家该如何防范身陷传销组织呢?

要警惕你所谓的朋友带给你的就业或工作信息。当接到一个朋友的电话说他刚找了份工作，在哪儿上什么班，让你有空过去玩时，你就要小心了！如果是正处于失业或者待业中的大学生要更小心，他们一般都会邀请你去他们那里，说有什么合适的工作，让你去看看！这就是个坑，看谁往里跳。确实要去建议至少两人一起去，多个照应！如果你一个人去，把自己的路线和家里人说好，走到哪儿都要给家里人发个信息！到了地方，见到了你朋友后，他会想办法把你的手机拿过来，比如借口新买的手机想看看、有什么好歌没有等理由，多得去了，如果情况和上面说得差不多，你基本可以确定遇到了传销！做什么不要独自一人，只要两人，他们绝对下不了手的。同时要多多留意他们说的话，一般在提前两个月开始铺垫了，最关键一点，要多几个人商量，还有就是要有清醒头脑，相信天上没有掉馅饼的好事。同时，也让各位知道一点，我们有时该庆幸自己还能天天过着现在的生活，生活是美好的，我们要有感恩之心，有时想想自己受的苦，想想自己的父辈，我们这些苦算什么呢，好好努力吧！人都是逼出来的，只有到了绝境，才知道自己的潜力有多大。总之，一句话，珍惜生活，好好努力，还有要学会如何去生存……

同时在此提醒各位，在各种节假日，如果有朋友叫你去玩，还是要好好留一下心，不是说不相信朋友，是要冷静理智一点，每年的 2 月初、五一、暑假、国庆等都是要留心的，希望用我的经历现身说法给各位大学生提供帮助，避免身陷传销组织。

(本案例情节沿引××理工大学×××同学受骗传销解救后的真实表白)

教师点评

(1) 这则案例是发生在大学校园的真实案例。近年来，有个别大学生在求职过程中不够警觉，被骗进入传销组织，有着不堪回首的痛苦经历，有些甚至因为传销失去了继续学业的机会，非常痛心。因此，对大学生加强反传销教育，具备相应的防范能力非常必要。这则案例希望同学们认真阅读，特别是案例中该同学的痛苦经历更应该引起全体同学的重视，提高防范意识，才能避免受害事件的发生。

(2) 大学生学法的目的是更好地遵法守法，运用法律来保护自身利益。本案例中涉及传销是对大学生危害性较大的一种非法组织，同学们要在实践中擦亮眼睛，明辨是非，用法律知识构筑自身的免疫体系，保持较强的防备意识需要法律知识。因此，同学们在大学学习法律知识非常重要，同学们要认真学习一些基本的法律法规，深刻领会，懂得运用这些法律维护自身权益。

(3) 本案例该同学非常细致地把误入传销组织的详细过程陈述出来，供同学们警示学习时参考。这样的现身说法非常有效，大家一定要引以为戒，牢固树立法治思维，避免受骗上当。在案例中，该同学理智处理，机智逃脱，不鲁莽盲干的具体处理办法也值得大家在危急关头学习，只有智慧才能解决实际问题。

第三节　主题实践活动设计

一、推荐实践活动一：校园模拟法庭

校园模拟法庭实践策划方案

(一) 实践教学目的

(1) 增强学生对法律知识的综合运用能力。

（2）调动学生的学习热情，发挥学生的能动性。

（3）探索“法律基础课”的新的教学方法。

（4）帮助学生加深对庭审的全过程，尤其是对庭审程序的了解。

（5）培养学生法律意识，帮助学生养成用法律思维方式思考的习惯。

（二）教学重点

模拟法庭方案的策划及实施效果的评估。

（三）教学难点

（1）本课对学生综合运用法律知识的能力有较高的要求。

（2）教师需对整个过程进行全面把握和有效控制。

（四）前期准备和策划

做好前期准备工作，确立优秀的策划方案是上好本课的关键，教师对此必须有清醒的认识，对本课的前期准备和策划要高度重视，全程掌控。

1. 前期准备

（1）在课堂上，用3~5分钟简单介绍本课基本构想，动员全体学生积极参与，并为上好本课献言献策。

（2）建立以班长担任组长，包括团支书、学习委员、课代表和部分骨干成员参加的筹备小组，各班开始酝酿实践活动课策划方案。

（3）召开筹备小组组长会议，教师对各班已送交的策划方案提出修改意见。

（4）确定策划方案，组织同学研究案情，收集资料。

（5）进行预演，教师有选择地参加部分班级的预演，筹备小组组长及时向教师通报预演情况，教师提出整改意见。

2. 关于策划方案

（1）案例的选择。可选择刑事案件、民事案件及经济纠纷案件，鼓励学生选择有关知识产权纠纷案件，尤其是有利于学生增强法律意识，养成用法律思维方式思考习惯的案例。

（2）学生应对我国的法律制度、庭审制度、庭审程序做深入了解，教师应指导同学们对所讲过的上述法律知识进行系统复习，鼓励同学们查阅相关资料。

（3）在策划方案中必须确立主要角色的扮演者，并有较详细的庭审过程的相关资料。

（五）实践活动课的实施

在组织模拟法庭实践中应注意把握两点，一是要坚持以学生为活动主体，切忌越俎代庖，而影响学生能动性的发挥；二是要坚持对实践活动课的掌控，对在庭审辩论中学生可能出现的情绪失控要有一定的心理准备，对背离四项基本原则，有损法律尊严及学院声誉的言论必须及时制止。

另一项重要的工作是对学生的表现进行评价，在充分肯定学生的基础上重点指出实践活动课上学生对法律知识理解和掌握上暴露的问题，如果时间允许，最好做现场点评。

每堂课设立最佳表现奖，设立优秀奖3~5名，计入学生的平时成绩。

（六）实践活动课实施效果的评估

根据事先确立的评估标准对各班实践活动课实施效果进行评估，综合各班表现，对整个活动课做出总结，总结既要写出有成功的经验又要找出存在的问题。针对问题，各出改进措施。措施中，既要有有关活动课组织方面的内容，更应该突出在教学上的改进。

教师点评

（1）校园模拟法庭是同学们喜闻乐见的一种法律实践形式，同学们在实践中熟悉法律运用的具体过程，对我国司法实践形成较完备了解。同学们要在准备工作中做足文章，认真查找有关资料，阅读有关文件，熟练掌握法院审判的具体环节要求，同时要认真接受教师的实践指导，选择好具有代表性的案例。通过模拟审判过程，全面提升法治水平和法治思维意识。

（2）模拟法庭在于配合，法庭中有关程序与道具准备都要按照规范配置。建议同学们选用学校模拟法庭实验室开展有关准备工作，同时动员班级力量共同准备，精心设置和研究案情，做到情景模拟的真实性，提升模拟法庭的效果，做好旁听工作，让更多同学都参加法律实践，将课本知识运用到模拟司法实践中，从而起到真正的锻炼司法能力与水平的良好效果。

二、推荐实践活动二：法院旁听审判或宣判活动

××大学赴××市××区基层法院旁听审判活动策划方案

（一）实践活动背景

在越来越重视依法治国的中国，提高大学生法律意识，增强大学生用法律维护自己权益的能力是非常有必要的。在这种大背景下，××大学思想政治理论课教学部法学教学小组联系××区人民法院开展法院旁听这一活动，有效地将理论与实践结合起来，让大学生能够学法、懂法、守法、用法，进一步提高对法律的学习和认识，更加深刻地领会我国司法及审判制度，提高法治思维水平，提升守法用法的自觉性。

（二）实践活动目的

（1）通过开展这一活动，可以让同学们零距离接触法律案件的审判过程。

（2）可以为大学生提供学习法律的平台，亲身体验法院的庄严性和严肃性。

（3）可以加强法院、法官与学生之间的交流和沟通，以便增强学生对法院工作的认识。

（三）实践活动名称

法院旁听审判。

（四）活动主题

倾听法律之声，铭记法律之要。

（五）活动时间

20××学年期中月度中下旬。

（六）活动地点

×××区中级人民法院。

（七）组织单位

主办单位：××思想政治理论课教学部。

协办单位：××学院大学生实践部（××班级团支部）。

（八）活动组织

（1）撰写策划书，进行活动申请，填写相关表格。

（2）联系法院，商定活动时间，制作活动宣传海报及横幅。

（3）组织同学们进行活动报名，确定参与活动的具体人员名单。

（4）微信通知参与人员活动时间及相关注意事项。

（5）组织人员安全到达活动地点、收取社会实践卡、按计划进行活动。

（6）负责人员维持现场秩序，相关人员做好会议记录。

（7）组织参与人员安全回到学校。

（8）实践活动总结及评定社会实践卡。

（九）人员安排

（1）团委负责申请活动及表格填写。

（2）班级学习委员负责策划书撰写。

（3）宣传委员负责海报横幅制作及活动宣传。

（4）外联部负责联系法院庭长及商定活动时间。

（5）班长负责发微信通知同学们。

（6）生活委员负责组织人员到达活动地点、维护现场秩序。

（7）班长负责社会实践卡的收发。

（8）班长做好活动记录，撰写新闻稿。

教师点评

（1）法院审判是司法实践的重要环节。大学生将课堂学习融入我国基层法院的审判实践中，具有很重要的意义。对于提高同学们理论学习认知，增强对课堂教学的理解力有很大帮助作用。同学们到法院参加非常正式的现场审判，零距离接触司法实践，对了解我国法院运行过程有积极作用。

（2）通过旁听审判，可以进一步提高同学们法律权威意识和学法守法用法的自觉性，对同学们心灵深处有教育作用。同学们在旁听过程中，心灵受到震撼，对违法行为受到法律制裁能产生很强烈的心理认同，提升同学们法治思维水平，提高同学们法律基本知识，对课堂理论教学起到非常好的补益作用。

（3）法院旁听重在引导，重在案例选择，要选择适合同学们实践的相关案例，不需要复杂的情节与过程，案件最好结合大学生成长实践加以课后分析。教师可以组织同学们开展讨论，在辩论中进一步准确把握依法实践的原则与要求。

三、推荐实践活动三：法治微电影或小视频制作

法治微电影或情景短视频制作实践方案

（一）实践活动的背景

（1）围绕课堂所学的法律知识内容，结合大学生当下生活中存在的问题与普遍存在的法治现象，积极开展讨论，提炼内容，撰写微电影或小视频剧本，从大学生的视角摄制一部关于学法守法情节的微电影。

（2）围绕课堂理论教学中学到有关法律的本质与特征、法的起源与产生、法制体系与法治思维、公民权利与义务等内容进行综合考量，诠释大学生学法守法用法的重要性，用微电影展示大学生学习法律基本知识的成果与水平。

（3）充分利用现代传播媒介，如快手、抖音、火山、西瓜短视频等互联网手段，将短视频播放作为宣传的重要手段，学生在制作、传播、收看中提高法治思维，提升守法学法自觉性，推进普法的实施过程。

（二）实践教学目的

（1）通过微电影或小视频制作过程，学生在选材、撰写剧本、情节安排讨论中进一步学习法律知识，巩固理论教学内容。

（2）通过现代网络传播技术手段，将学生自编自导自演的短视频法治情景剧在大学生中广泛传播，起到非常好的教育作用，也是法律意识教育的一个创新。

（3）学生在自身的法律实践中感悟法律威严与权威，学习有关法律的规定，懂得什么可以做，什么是违法，会受到什么处罚等，这一系列的实践环节将对大学生起到非常好的教育效果，也是很好的课堂教学延伸，是一次法律实践的有益创新及尝试。

（三）实践教学过程

（1）本实践教学为 8 学时，各班学生自行组合，组成摄制小组，一般每组最多不超过 10 人，小组成员做好分工。

（2）成立小组后，开始着手研究剧本及摄制题材，各小组要认真讨论，精选内容，提炼出精华内容，力求反映大学生法律生活实际，在确定方案后开始进一步摄制活动。

（3）剧本或脚本撰写。根据选材方案，大学生摄制组开始撰写剧本，剧本要求简单明快，语言撰写符合时代要求与大学生实践，不求面面俱到，只求通过短片反映某一方面大学生中的法律问题，集中反映大学生需要注意的法律事务，如当前的校园贷等现象。

（4）演员选定与培训。摄制组中导演与编导要起到重要作用，导演要选定演员，设计微电影情节，对演员进行说戏编戏，让演员充分了解剧情做出最佳表演。

（5）摄制与剪辑。通过前期准备，选择合适场景进行拍摄，为保证视频质量建议用单反相机或专业摄像机录制。录制完毕对视频进行剪辑。在初稿基础上杀青打磨。

（6）字幕背景音乐等工作。

（7）教师审查工作。教师要认真负责审查短视频或微电影的思想性、合法性及意识形态的要求，保证微电影符合国家要求。

（8）申请抖音等短视频播放账号，推广教育成果，同时提供关注度数量及点赞情况，以此作为考核依据之一。

（四）实践要求

（1）全体同学根据自身情况进行自由组合，每组不超过 10 人。

（2）情节及剧本确定后有关方案需报经指导老师审阅通过。

（3）剧本情节均受我国法律约束，不可与有关法律法规相抵触，不得违背意识形态有关要求。

（五）微电影或短视频技术规格要求

（1）作品时长：8~15 分钟。

（2）视频质量不低于 DVD 格式，视频比例按 4∶3 或 16∶9，分辨率不低于 720×576

或 800×450，以光盘刻录形式提交作品。标清格式 50I，人的声音及音乐混合在一起即可，需混合声道，请保留最低 MOV 高质量格式。

教师点评

（1）微电影制作是近年来在大学校园很流行的活动，校园有关部门都在利用微电影或短视频制作拓展自己的工作范围，增强工作效果。大学生思想政治教育也一样，也应该充分利用一切有利条件，积极开展实践教学，增强教学效果。近年来，一些高校开展思想政治课微视频大赛，为进一步利用微电影制作开展实践教学打下了坚实基础。微视频制作具有操作性强、学生喜爱、易于传播等优点，适合青年大学生的性格特点。因此，开展微视频制作社会实践是一个切合大学生实际的良好创新活动。

（2）微电影制作关键在构思与选题。大学生开展微电影制作实践要充分考虑剧情需要，对整个构思协调安排，精选出贴近大学生实际的内容进行拍摄。同时，剧情要主题突出、重点分明、技术运用得当。因此微电影制作要选好编导和导演，形成创作团队，充分理解与把握剧情，设计有关环节，为拍摄好微电影打下坚实基础。

（3）微电影制作要选好演员，发挥演员的表演天赋与才能。演员是微电影制作的关键，再好的题材与剧本都需要有演员的演绎才能充分表现出来。因此剧组在演员挑选与角色选定时要充分考虑到综合因素，加强对演员的培训，讲透彻剧情及主题，凸显演员在剧中的作用，拍摄出优秀的短剧作品。

（4）微电影制作要做好后期剪辑及加工工作。微电影制作是一门综合性强技术工作，各摄制小组在人选安排中要考虑到技术人才配备，如图像音视频编辑整理技术、摄像技术、特效技术等。只有全面调动剧组工作潜能与积极性才能保证优秀短剧的诞生。微电影视频需要考虑背景音乐、字母、图像剪辑等技术因素，尽量采用最先进手段制作短视频，在前期实践中，一些短视频团队还制作了 3D 微电影、VR 短视频等最新技术的作品，在实践教学中培养了学生兴趣与情怀，又充分锻炼了学生，为学生成长打下了坚实基础。

（5）微电影教育短剧传播需要依靠互联网最新传播媒介。当今，互联网传播速度日新月异，抖音、快手、西瓜视频等层出不穷，视频可以在一定区域内快速传播，达到教育目的。因此，本次微电影制作实践要引导学生充分利用互联网视频传播条件，设定考核因素，重视传播影响力。

第十章　社会实践考核

2004 年，中共中央、国务院在《关于进一步加强和改进大学生思想政治教育的意见》中明确指出："社会实践是大学生思想政治教育的重要环节，对于促进大学生了解国情、增长才干、奉献社会、锻炼毅力、培养品格、增强社会责任感具有不可替代的作用。" 2005 年，中宣部、中央文明办、教育部、共青团中央在下发的《关于进一步加强和改进大学生社会实践工作的意见》中明确指出，要把社会实践纳入学校教学计划，规定学时学分，对大学生参加社会实践提出时间和任务要求；要把大学生社会实践作为对高等学校办学质量和水平评估考核的重要指标，纳入高等学校党的建设和教育教学评估体系；要制定行之有效的考核办法和激励机制，把大学生参加社会实践的情况记入《大学生素质拓展证书》，定期评选表彰先进集体和个人。

大学生社会实践考核评价具有鉴定、导向、激励、反馈调节等功能。具体到大学生社会实践考核评价来说，是指高校、社会实践单位等多元主体依据一定的大学生社会实践考核评价标准对大学生参与社会实践活动的过程和结果做出价值判断的过程。因此，我们只有将大学生的社会实践考核评价结果运用到评优评先、奖金的评选等上面来，才能成为大学生参与社会实践活动的内在的动力源泉。

第一节　考核方法与原则

对于大学生社会实践考核，当前各高校的考核评价还存在导向趋功利、标准欠完整、方式走形式、结果无反馈等问题，导致其功能难以全面发挥，还须坚持评价考核去功利的价值取向、构建完整的评价标准、运用科学的评价方式、注重考核评价结果的反馈应用等措施予以改进。

一、坚持正确的评价价值取向

理论界普遍认为，价值取向是考核的灵魂，是由价值取向对考核的影响和制约作用所决定的，这种影响和制约作用主要表现在稳定和变革考核体系、引导和调整考核设计等方面。大学生实践考核要得到有效的实施，其考核的价值取向必须要把握准。从中共中央、国务院出台的意见中对社会实践的定义出发，大学生社会实践应该更加注重实践过程积累对大学生成长成才的积极影响，其方向就是让大学生在社会实践活动中"受教育、长才干、做贡献"。因此在对大学生社会实践进行考核评价时必须坚持去功利原则，在进行考核指标体系设计时，一方面要将大学生引导到实践活动选题、实践计划实施、实践结果撰写等方面上来；另一方面在评价结果上要注重考查大学生在社会实践活动中"有没有受到教育、有没有增长才干、有没有做出贡献”，而不应只关注诸如媒体报道这类实践影响。也只有这样，才能使社会实践真正成为大学生成长成才的必由之路。

二、构建完整的评价考核标准

评价标准是整个大学生社会实践考核评价的核心，对大学生社会实践活动有着十分重要的导向作用，评价标准是否完整直接影响大学生社会实践的育人目标的实现。教育评价理念启示我们，在制定考核评价标准时要注重完整性，应当覆盖大学生社会实践活动的全员、全方位、全过程，要参照社会实践应达到的目的和应完成的任务加以综合考虑。因此，一个完整的大学生社会实践考核评价标准应当涵盖三个维度：一是纵向时间维度，包括前期准备阶段、中期实施阶段和后期的总结阶段；二是横向空间维度，分为课内与课外相结合、线上与线下相结合、校内与校外相结合；三是垂向发展维度，包含自主评价和非自主评价等。

三、运用科学的评价考核方式

评价方式是大学生社会实践考核评价的有效载体，科学合理的、完整的评价标准制定后，运用什么样的评价方式进行考核评价，将直接影响大学生社会实践的最终效果。但从大学生社会实践现实情况来看，通常具有活动时间长、活动内容多样、活动结果难以确定等特性，因此我们在选取评价方式时，就要综合运用各种科学的评价方式。具体来说，在运用过程性评价方式和结果性评价方式时，要强化过程淡化结果；在运用定性评价方式和定量评价方式时，对于一些能明确量化的，诸如媒体报道的次数、实践成果的获奖等级等，可以以定量的方式进行，而对于诸如能力提升、个人感受等方面，则宜采用定性的方式来进行；在运用自我评价和非自我评价时，要以非自我评价为主，但也应倡导学生开展自我评价；在学校评价和实践单位评价时，要充分尊重实践单位对学生的评价，让实践单位参与到对学生的社会实践考核评价中来。

四、注重考核评价结果的反馈应用

反馈调节功能是大学生社会实践的一项重要功能，只有通过及时的反馈，才能对大学生起到考核评价的激励、奖惩和教育的作用，才能达到国家开展此项活动的育人目标，才能为大学生社会实践的科学有效地持续运行提供源源不断的动力。对大学生的考核评价结果出来以后，一方面要开展指导老师与被评价学生的一对一面谈，在指出其优点的同时，还要告诉学生存在不足和需要改进的地方；另一方面，也应多向学生了解学校在开展社会实践活动中存在的问题，并及时上报大学生社会实践组织部门，以便根据需要作出调节。当然考核评价还有一个重要的目的就是运用考核评价的结果，如果对考核评价的结果没有运用，就难以形成大学生参加社会实践活动的有效动力。只有将大学生的社会实践考核评价结果运用到评优评先、奖金的评选等上面来，才能成为大学生参与社会实践活动的内在的动力源泉。

第二节　考核模式与步骤

一、考核模式

大学生社会实践考核一般应包括以下三个维度。

一是纵向时间维度，包括前期准备阶段、中期实施阶段和后期的总结阶段，即每一次社会实践活动都应在三个阶段进行分别考核，且应当把大学生参加实践的总次数作为考核的内容之一。如规定：本科生社会实践活动不少于3次，专科生、高职生不少于2次，每次实践天数不少于一周。

二是横向空间维度，分为课内与课外相结合、线上与线下相结合、校内与校外相结合，即每个学生的社会实践形式不应是单一的，应是多元的。所以，实践考核成绩应该将此六点结合，进行综合考评。

三是垂向发展维度，包含自主评价和非自主评价等，即考核大学生在社会实践中的表现测评，考评重点：首先要看学生在实践中的态度，如考勤是否按时到、听讲是否认真等；其次要看实践中的纪律，如组织纪律性、心得体会无抄袭、要有自己的思考等；再次要看实践中的成果，如调查报告格式是否规范、调查内容是否深入、是否实事求是等；最后要看实践中的效果，即对个人成长和服务社会的影响及贡献价值。

对以上三个测评维度进行社会实践成绩评定，采用四级记分制，即优秀、良好、及格、不及格。采用多元评分法，坚持“二二三三”原则，即总成绩=学生自主测评（20%）+团队测评（20%）+指导教师考评（30%）+社会评价（30%）。

二、考核步骤

对于学生来讲，社会实践成绩评定大体分为三个主要程序：自主撰写并提交报告、个人陈述、综合评定汇总。具体步骤如下：

（1）各学院成立考评小组，其组成人员包括：学院团委书记、学生辅导员、团队指导教师、学院团委、学生会主要负责干部及各班班长，团支书、社会实践队员等，原则上以团队为单位进行考评。

（2）实践活动开始，如学校已开发社会实践测评系统，可要求队员将活动每天活动图片和心得上传线上测评系统，加强过程性考核；如未开发，可结合“到梦空间”“易班”等教育平台，上传个人开展社会实践的过程心得和图片，公开透明个人实践活动记录。

（3）活动结束后，及时撰写个人社会实践报告，填写《桂林理工大学大学生社会实践活动登记表》等社会实践的单位证明材料，并按要求按时间提交。

（4）一般每学期开学后第二周进行考评工作，并将考评结果计入学生“第二课堂成绩单”，作为德育测评、评奖评优的依据之一。

（5）各学院通过团支部开展社会实践述评会，进行个人陈述，并逐一开展个人评价、团体评价、指导教师评价以及社会评价，进行综合评定。

（6）学院总结交流后，将评选情况及总结材料交至学校团委。学校团委将组织全校交流活动，评出该年度社会实践优秀论文和社会实践先进个人若干，并予以表彰。

第三节　社会实践相关材料

一、社会实践安全预案体例

（1）各学院实践团队严格按照《20××年大学生社会实践项目申报书》所列的项目开展活动。

（2）各实践团队的成员在开展暑期社会实践活动前，必须向学校团委提交详细的团队成员姓名、联系方式和身份证号码，由学校团委统一为实践团队成员购买保险。

（3）各学院团委要认真做好本学院实践团队成员的安全教育工作，并组织学生学习《××大学社会实践活动的安全注意事项》。

（4）各学院要在暑期社会实践活动开始前加强对本学院学生的安全教育工作，召开以学院为单位的社会实践动员大会，集体组织学生学习教育部第 12 号令《学生伤害事故处理办法》（2002 年 9 月 1 日生效），并要求暑期立项团队的成员在学习后，统一在立项申报书上签名确认。

（5）凡是由学院立项的团队，必须有老师带队参加，各团队指导老师不得中途随意离开团队，切实做好学生安全工作。

（6）各学院要成立相关的社会实践活动安全领导小组，加强对学生社会实践安全工作的领导和管理工作。

（7）整个社会实践活动期间，对违反安全纪律的学生要及时给予批评和教育，情节严重者要根据学校的相关规定给予纪律处分。

（8）各学院要和学生签订相关的安全责任书。

（9）各学院要制定暑期学生社会实践安全预案，并以书面形式于×月×日前上报学校团委。实践活动结束后，要及时向校团委报告安全状况。

（10）凡是未按照学校安全预案执行的学院，在实践活动过程中若出现安全问题，则由相关学院承担责任。

二、社会实践安全事项体例

（一）实践活动中可能出现的问题

（1）活动过程中，个别同学因对当地气候和地区环境的不适应而导致晕厥或者突发疾病，或者因被蛇和蚊虫叮咬等原因导致的伤害。

（2）在活动期间不慎被盗被抢，以及可能遭受到的人身伤害。

（3）实践成员遭遇交通事故。

（4）活动时接近危险设施或到危险地段（含危险水域）。

（5）实践成员与社会人员发生纠纷，身体受伤。

（6）实践成员因种种原因，无法与其取得联系。

（7）参与大型社会活动时，人群发生拥挤、踩踏，并可能由此产生伤害。

（8）活动中发生火灾等突发事件。

（9）其他可能出现的安全问题。

（二）应对措施

（1）外出活动时，实践成员应掌握基本的生理卫生常识和相应的急救知识，随身携带常用应急药物；在遭遇突发事件时，保持冷静并进行适当的处理，如果情况严重要及时送医院诊治。另外在实践期间，注意搞好个人卫生。

（2）增强实践成员的安全自卫意识，保持一定的警惕心理，保管好个人贵重财物；同时在实践中减少单独活动和夜间活动，尽量采取小组活动的形式，活动行程应及时向团队报告，不单独到陌生或者荒僻的地方。遭遇偷窃、抢劫以及其他意外伤害，应保持冷静，灵活应对，以保证自身安全为前提，并及时报案。

（3）加强实践成员的交通安全意识，交通事故发生后应尽快将伤者送往医院，并注意保护现场，及时向相关交通部门报告。

（4）活动期间尽量远离危险设施或到危险地段（含危险水域），确需接触时，必须有专业人士陪同，并做好安全防范措施。

（5）在公共场合应注意自身言行举止的得体，尽量避免与人争执，采取克制忍让的态度。如与社会人员之间发生争吵甚至斗殴，现场同学应及时制止，防止事态恶化；如不听劝阻，应迅速联系公安部门共同处理。

（6）与所在学院和校团委保持信息沟通渠道的通畅。

（7）尽量避免到人群拥挤的地方，在公共场所或参加大型活动时要遵守秩序，注意自我保护，在踩踏事故受伤后要及时送往医院。

（8）掌握基本安全常识，不到有安全隐患的场所，如发生火灾等灾害，一切以保障人员安全为第一位，及时组织人员疏散逃生，同时通知相关部门。

（9）在实践活动过程中，注意分析、排查和防范其他安全隐患。

（三）相关规定

（1）出发前，应再次与实践地联系，确保所有安排（如食宿、交通）都已妥当。

（2）出发前，应办理好在实践地活动所需的必要证件和证明。

（3）出发前充分考虑可能出现的安全问题，组织学习基本安全问题的预防措施以及应对技巧。熟悉当地习俗和历史地理等情况，并根据自身的具体情况做出相应的应急准备。

（4）实践过程中，强调组织纪律性，成员要听从领队老师或者负责人的指挥，负责人应与每名队员随时保持联系。

（5）活动过程中，队员们要互相关心，互相帮助。遇到突发事件，要沉着冷静，共同解决。

（6）因个人不注意日常安全，不听从组织安排而引发的事故，一切后果由个人承担。

三、社会实践报告撰写

社会实践是大学生全面素质提高的重要环节，是学生将所学知识应用于社会的重要过程。它既是学生学习、研究与实践成果的全面总结，又是对学生素质与综合能力的一次全面检验。

（一）实践报告撰写的内容与要求

社会实践报告是对某一情况、某一事件、某一经验或问题，经过在社会实践中对其客观实际情况的调查了解，将调查了解到的全部情况和材料进行去粗取精、去伪存真、由此及彼、由表及里的分析研究，揭示出本质，寻找出规律，总结出经验，最后以书面形式陈述出来的实践成果。

（二）实践报告的特点

（1）真实性。所谓真实性，就是尊重客观事实，用事实说话。这一特点要求调研人员必须树立严谨的科学态度，认真求实的精神。只有严谨的科学态度，才能写出真实可靠，对工作具有指导意义的实践报告。

（2）针对性。调查研究具有很强的针对性，在实践报告的写作上，必须中心突出，明确提出所针对的问题，明确交代这一问题所获得的事实材料，分析出问题的症结所在，提出具体可行的建议和对策。

（3）典型性。典型性是指在实践报告的写作过程中所采用的事实材料要具有代表性，以及所揭示的问题带有普遍性。这种典型特点在总结经验和反映典型事件的调查中表现得尤为突出。

（4）系统性或完整性。实践报告的系统性或完整性是指由调查材料所得出的结论，必须是具有说服力的，把被调查的情况完整地、系统地交代清楚。

总的来说，实践报告要做到论证系统、逻辑严密、摆事实、讲道理、具有强烈的说服力，从而使之成为科学决策的可靠资料。

（三）实践报告的语言风格

实践报告可以叙事为主，也可以说明为主，或者叙述和议论兼有，能真实客观地反映事物的原貌。在语言风格上，虽然讲究辞章，但以准确、简练、平实、生动为本，一般不用或较少使用比喻、夸张、含蓄等修辞方式，也不采用华丽的辞藻，避免一切浮词虚言等语言表达方式。

（四）一份完整的实践报告的组成

（1）报告题目。报告题目应该用简短、明确的文字写成，通过标题把实践活动的内容、特点概括出来。题目字数要适当，一般不宜超过 20 个字。

如果有些细节必须放进标题，为避免冗长，可以设副标题，把细节放在副标题里。

（2）学院及作者名称。学院名称和作者姓名应在题目下方注明，学院名称应用全称。

（3）摘要（有英文摘要的中文摘要在前，英文摘要在后）。报告需配摘要，摘要应反映报告的主要内容，概括地阐述实践活动中得到的基本观点、实践方法、取得的成果和结论。

摘要字数要适当，中文摘要一般以 200 字左右为宜，英文摘要一般至少要有 100 个实词。摘要包括："摘要"字样，摘要正文；关键词；中图分类号。

（4）正文。正文是实践报告的核心内容，是对实践活动的详细表述。这部分内容是作者所要论述的主要事实和观点，由介绍实践活动的目的、相关背景、时间、地点、人员、调查手段组成，以及对实践活动中得到的结论的详细叙述。

要能够体现解放思想、实事求是、与时俱进的思想路线，有新观点、新思路；坚持理论联系实际，对实际工作有指导作用和借鉴作用，能提出建设性的意见和建议；报告内容观点鲜明，重点突出，结构合理，条理清晰，文字通畅、精炼，字数一般控制在 5000 字以内。

（5）结束语。结束语包括对整个实践活动进行归纳和综合而得到的收获和感悟，也可以包括实践过程中发现的问题，并提出相应的解决办法。

(6) 谢辞。谢辞通常以简短的文字对在实践过程与报告撰写过程中直接给予帮助的指导教师、答疑教师和其他人员表示谢意。

(7) 参考文献。参考文献是实践报告不可缺少的组成部分，它反映实践报告的取材来源、材料的广博程度和材料的可靠程度，也是作者对他人知识成果的承认和尊重。

(8) 附录。对于某些不宜放在正文中，但又具有参考价值的内容可以编入实践报告的附录中。

(五) 撰写实践报告的准备与主要步骤

实践报告的写作过程应包括以下步骤：收集资料、拟订报告提纲、起草、修改、定稿等。各个步骤具体做法如下：

(1) 收集资料。资料是撰写实践报告的基础。收集资料的途径主要有：通过实地调查、社会实践或实习等渠道获得；从校内外图书馆、资料室已有的资料中查找。

(2) 拟订报告提纲。拟订报告提纲是作者动笔行文前的必要准备。根据报告主题的需要拟订该文结构框架和体系。在起草报告提纲后，可请指导教师审阅修改。

(3) 起草。报告提纲确定后，可以动手撰写实践报告的初稿。在起草时应尽量做到“纲举目张、顺理成章、详略得当、井然有序”。

(4) 修改、定稿。报告初稿写好之后，需要改正草稿中的缺点或错误，因此应在反复推敲修改后，才能定稿。

(六) 实践报告的写作细则

(1) 书写。实践报告要用学校规定的稿纸单面书写（必须用黑或蓝黑墨水）或用计算机打印，正文中的任何部分不得写到稿纸边框线以外。稿纸不得左右加贴补写正文和图表的纸条，或随意接长截短。

用计算机排版、打印一律用 A4 打印纸。版式要求如下：标题（“小二”“华文中宋”或“黑体”“加粗”居中），学院及作者名称（“四号”“仿宋体”居中，学院名称与作者名称之间应空两格），目录（“二号”“黑体”居中）：内容（“小四号”“宋体”），摘要（“四号”“黑体”“加粗”）：内容（“四号”“仿宋”），关键词（“四号”“黑体”“加粗”）：内容（“四号”“仿宋”），正文内容（“四号”“宋体”）。实践报告中的汉字必须使用国家正式公布的规范字。

(2) 标点符号。实践报告中的标点符号应准确使用。

(3) 名词、名称。科学技术名词术语采用全国自然科学名词审定委员会公布的规范词或国家标准、部标准中规定的名称，尚未统一规定或有争议的名词术语，可采用惯用的名称。

使用外文缩写代替某一名词术语时，首次出现时应在括号内注明全称。外国人名一般采用英文原名，按名前姓后的原则书写。一般很熟知的外国人名（如牛顿、爱因斯坦、达尔文、马克思等）应按通常标准译法写译名。

(4) 量和单位。实践报告中的量和单位必须符合中华人民共和国的国家标准 GB 3100~GB 3102-93，它是以国际单位制（SI）为基础的。非物理量的单位，如件、台、人、元等，可用汉字与符号构成组合形式的单位，例如：件/台、元/千米。

(5) 数字。实践报告中的测量、统计数据一律用阿拉伯数字；在叙述中，一般不宜用阿拉伯数字。

（6）标题层次。实践报告的全部标题层次应统一、有条不紊，整齐清晰，相同的层次应采用统一的表示体例。正文中各级标题下的内容应同各自的标题对应，不应有与标题无关的内容。

章节编号方法应采用分级阿拉伯数字编号方法，第一级为“1”“2”“3”等，第二级为“2.1”“2.2”“2.3”等，第三级为“2.2.1”“2.2.2”“2.2.3”等，但分级阿拉伯数字的编号一般不超过四级，两级之间用下角圆点隔开，每一级的末尾不加标点。

（7）注释。实践报告中有个别名词或情况需要解释时可加注说明，注释可用页末注（将注文放在加注页的下端），不可用行中插注（夹在正文中的注）。

注释只限于写在注释符号出现的同页，不得隔页。

（8）公式。公式应居中书写，公式的编号用圆括号括起放在公式右边行末，公式与编号之间不加虚线。引用文献标注应在引用处正文右上角用〔〕和参考文献编号标明，字体用五号字。

（9）表格。每个表格应有自己的表序和表题，表序和表题应写在表格上方居中排放，表序后空一格书写表题。表格内容较多时允许下页续写，续写时表题可省略，但表头应重复写，并在右上方写“续表××”。

（10）插图。文中的插图必须精心制作，线条要匀称，图面要整洁美观；插图在6幅以内，用计算机绘制；若为照片，应提供清晰的黑白照片，比例一般以1∶1为宜。插图一律插入正文的相应位置，并注明图号、图题，每幅插图应有图序和图题，图序和图题应放在图的下方居中处，图序和图题一般用五号字。

（11）参考文献。参考文献一律放在文后，参考文献的书写格式要按国家标准GB 7714-87规定。参考文献按文中引用的先后，从小到大排序，一般序码宜用方括号括起，不用圆括号括起，且在文中引用处用右上角标注明，要求各项内容齐全。

四、社会调研报告体例

扶贫一线体验行

——扶贫一线行，共筑新时代调研报告

摘要：在20世纪末基本实现“小康”的情况下，中共十八大报告明确提出了“全面建成小康社会”。习近平强调，从全面建成小康社会到基本实现现代化，再到全面建成社会主义现代化强国，是新时代中国特色社会主义发展的战略安排。我们要坚忍不拔、锲而不舍，奋力谱写社会主义现代化新征程的壮丽篇章。灌阳县作为广西脱贫攻坚战略的重点对象，一直以“脱贫强民”为工作思路，创新发展模式，并结合政府扶贫政策来促进农民增加收入。

为全面贯彻党的十九大精神，深入学习习近平总书记系列重要讲话精神和治国理政新理念新思想战略，结合新中国成立70周年以来所取得的成就。以实践团队为中心，引领青年大学生深入学习习近平“社会主义核心价值观”基本内容；了解全面建成小康社会，加快推进社会主义现代化的宏伟蓝图，实现“两个一百年”奋斗目标，实现2020年全面建成小康社会。增强青年大学生对实现全面建成社会主义现代强国的自信心，坚定国家精准扶贫政策对全面实现脱贫的信念。

通过本次实践之行，实践团的同学们走进灌阳，走进乡村，以定点帮扶地驻村扶贫干部，亲身体验的形式，近距离感受广大扶贫干部的奉献精神；了解灌阳县政府对当地贫困村落的扶贫政策落实程度，让实践队员们学习当地因地制宜、科学合理的扶贫政策，了解贫困家庭脱贫状况；运用自己的专业知识，通过走访、座谈、参观等方式，了解精准扶贫政策给农村带来的新变化。

为此，化学与生物工程学院举行了“青春心向党，建功新时代”为主题的暑期“三下乡”“扶贫一线体验行”大学生暑期社会实践专项活动，我院组建一支赴灌阳“扶贫一线体验行”扶贫实践团。

（一）探索项目基地，见证产业振兴

1. 参观神农稻博园，科技支农创新高

头顶厚重乌云，脚踩低洼水坑，阴雨连绵也不能阻止实践成员们探寻神农稻博园的脚步，实践成员们来到示范基地。灌阳神农稻博园坐落于桂林市灌阳县中南部，核心区位于黄关镇的联德村、龙吟村，展现在团队成员们眼中的，是一片绿中带黄的稻田，稻田生长情况非常的乐观。经了解，超级稻种植是采用“培育新型主体+贫困户”以及“龙头企业+贫困户”模式，通过新型模式的种植发展，灌阳县贫困人口人均年收入得到很大提升。

灌阳县超级稻单产连续9年创广西第一，袁隆平院士3次到灌阳县进行现场指导，倾注了大量的心血，当地的技术人员也不负众望，使得灌阳县千亩“超级稻+再生稻”高产栽培示范基地连年创新高，获得了袁隆平院士的频频点赞。灌阳县紧跟时代潮流，深入贯彻落实科技扶农的政策，带领黄关镇人民脱贫致富，基本实现全面脱贫。

如今超级稻的种植面积已达5万亩，荒田挂满了金灿灿的稻穗，它们为灌阳人民带来了财富和幸福，超级稻带来的经济效益对灌阳的扶贫工作产生了决定性的影响。扶贫不只是一种形式，只有踏踏实实地干，才有意想不到的收获，我们的奋斗之路才会越走越平坦。

2. 走进光伏发电站，脱贫致富再助力

趁着雨稍稍停下，实践成员们前往灌阳县新街镇三树村参观“永富村、三树村、石丰村光伏发电站”村级集体经济发展项目。此项目有效缓解了村庄的用电问题，并在合理的资金范围内进行投资。在15亩土地上联动三村，投资330万元建起一座光伏发电站。据三树村驻村书记杨晓介绍，此发电站预计年发电量为23.2万度，三树村光伏发电站占地约15亩，平均年收益约20万元，为三树村集体经济的收入带来了质的变化。这个项目为多村一品类型，模式为团队服务型。通过合理的细分，达到资源合理分配的目的。

在专人的带领下，实践队员们查看了今日的发电量。由于天气原因，今日光照强度、发电量较低。由于不可控因素的影响，发电量不稳定，其产能远远达不到预计发电量，收益也受到较大影响，这是目前的光伏发电站的缺陷，也是扶贫道路上的一个坎。杨晓书记向实践队员们提出了一个设想，能否根据光线的强弱，让太阳能板自动转向，使白天的光能收集率达到一个比较理想的高度。这个设想，实践队员们非常认同，认为可以通过所学的专业知识，制造一种光敏材料并装上联动马达，使其可以根据太阳高度，自动调节角度，提升太阳光利用率。虽然目前市场上已有类似的材料，由于成本的原因，直接使用现成方案是不大现实的。所以，如何再寻找或创造出一个能使资金和成本处于比较平衡的方案，是发电站亟待解决发展的问题。

扶贫的道路上必不可缺的是科技，三树村的光伏发电站的建立树立了一个非常良好的开端。无论是从发电站的基础设施建设，还是对未来发电站的发展，实践队员们都看到了其发展建设空间，在脱贫攻坚道路上，需要当代青年人去不断思考和创造，将自己所学投入到社会实践中，为扶贫贡献出自己的一分力量。实践团成员相信，三树村的光伏发电站一定会在脱贫攻坚战中起到应有的作用。祝愿三树村，脱贫致富，未来可期。

3. 深入蜗牛养殖地，探索脱贫发展路

在驻顺溪村第一书记边晓杰的带领下，实践队员实地调研了顺溪村白玉蜗牛生产养殖示范基地。通过边书记介绍，实践队员了解到白玉蜗牛是当今世界最为珍贵的品种，也是独有的特产。被国际营养学家誉为“四大名菜”之首和七种走俏的野味之一，有着极大的商业价值，但同时白玉蜗牛养殖环境却有一定的要求，温度在20~25℃之间，不宜长时间进行光照，并且还对养殖箱内要求也比较高。

边书记告诉实践队员选择白玉蜗牛这一品种作为顺溪村的扶持项目，是因为蜗牛的成本低廉，远远低于白玉蜗牛本身的商业价值，可以达到扶贫项目的要求。在边书记的介绍下，实践队员了解了顺溪村的大致情况，全村下辖14个自然村屯，17个村民小组，农业总人口2242人，全村耕地面积1127亩。但是村民经济来源单一，产业发展薄弱，贫困人口基数大。政府为了改善村民的生活水平以及加强帮扶的力度，引入了白玉蜗牛这一品种，让顺溪的经济和村民的生活得到了极大的改善。

边书记说：“为了普及白玉蜗牛养殖技术，组织会选派科技特派员到顺溪村，根据顺溪村群众科研需求和产业发展的需要举办科技培训，实地指导与服务、解决产业扶贫难题，提升顺溪村村民的科技素质和科技增收的技能，辐射带动全村养殖产业发展和农民增收，实现科技扶贫、脱贫的目标。”在这个项目的带动下，先是解决了顺溪村村民经济来源单一、产业发展薄弱、贫困人口基数大的问题，随后脱贫的总人数在不断地上升，贫困率在不断下降，朝着预期的目标在前进。白玉蜗牛作为顺溪村的扶持项目，不仅可以提供帮扶资金，还可以为村民提供工作岗位，可以说是一举两得。令实践队员想不到的是，小小的蜗牛竟也能给扶贫创造出一条发展之路。

4. 进入果园三树村，体验脱贫大助力

实践团队员们紧跟三树村村委队员盘玉珍阿姨的脚步，进行了三树村果园的参观考察之旅。三树村位于广西壮族自治区桂林市灌阳县，主要以“三产”为主，地处人杰地灵的广西最北部，属于典型的亚热带季风气候。实践团成员们走访发现正是优越的地理环境，适宜的气候条件，造就了三树村独特的“大果园”产业。

俗话说“靠山吃山”，通过盘阿姨我们了解到，历任驻村书记根据三树村特殊的地理，大力提倡村民发展种植业，并提供先进的技术和优良的幼苗品种，村民种植的奈李、黑梨、砂糖橘等水果和辣椒、玉米、马蹄等蔬菜运输到附近的菜市场销售会带来可观的收益。

整个参观持续了将近一个小时，盘阿姨面对好奇心重的实践团成员们表现出了耐心与细心，向成员们一一介绍了三树村果园的具体情况，实践团成员受益匪浅，收获颇多。这次实地走访实践团成员们在村干部的带领下体验了一次三树村果园的探索之旅，让暑期三下乡社会实践团成员们对三树村的整体情况有了更为全面的了解，提升了自我认识。除此之外，实践团成员也见识到了国家对于全面脱贫的决心，灌阳县政府对灌阳脱贫而做出的努力，三树村果园是三树村脱贫的又一大助力。

（二）融入乡村一线，助力乡村脱贫

1. 与书记面对面，三树村座谈会

为了充分了解农村的生活和现状，更加深入地探寻扶贫问题，实践团成员们前往桂林灌阳黄关镇三树村，与第一书记杨晓进行关于“扶贫”的学习交流座谈会。

杨晓书记介绍了地理环境对三树村影响，由于当地村民主要种植水稻的情况比较多，主要的水果是砂糖橘和李子等，所以对其有一定的需求，实践团还了解到其实本地村民的水稻以及水果的收成并不是很理想。一方面由于桂林雨水较多常年阴雨天气，另一方面是因为水稻水果收成不理想，并且这不是村民的第一收入来源，有一定劳动力的村民要选择外出打工，才能补贴家用。所以只能说地理环境对一部分的村民有影响，但并不是贫困的主要原因。杨晓书记介绍了国家面对这些情况的解决措施，对贫困家庭有一定的经济补贴、技术支持、贫困大学生在大学期间还可以勤工助学等，大多数贫困家庭在国家扶贫政策下得到了极大的改善。

在扶贫的实施过程肯定没那么如意，未来三树村该如何发展，杨书记提到了“389961”部队，其中38指的是留守妇女，99指的是空巢老人，61指的是留守儿童，他说：“历史的潮流滚滚向前，大多数的农村劳动力外出打工，导致农村边缘化，而留守妇女、留守儿童、空巢老人等问题就成为了其中的突出问题。”“在未来，我们会继续秉承乡村振兴战略，继续深入贯彻落实精准扶贫的相关政策，努力改善乡村现状。”

在一个下午的近距离接触下，实践队员深刻地意识到扶贫之路还很艰辛，也了解了现今贫困村存在的问题扶贫不仅仅只是生活条件的扶贫同时也要进行“文化扶贫”双管齐下，一起为国家全面建成小康社会的贡献自己的一分力量。

2. 深入探讨红古绿，剖析商家村脱贫

实践团在驻村第一书记黎云鹏的带领下深入黄关镇商家村进行实地考察，为切身了解商家村村民的生活和现状，体验扶贫一线工作的开展以及脱贫攻坚战所获得的成果，实践团与黎书记的脱贫工作交流会在黄关镇商家村党群服务中心召开。

商家村位于黄关镇南部，北临大倚村，东与猫儿石村交界，西临顺溪村，南与观音阁镇桃花村接壤，是一个山清水秀、人杰地灵的地方。黎书记介绍：“商家村有着丰富的旅游资源，所以要充分利用这个特色，去规划结合‘三色一体’的旅游业进行发展。”“三色”即红色旅游、绿色旅游、古色旅游，通过发展旅游业，建设红色、绿色、古色的文化特色，打造商家村的一大品牌，助力经济发展。

在实践团成员的询问下，黎书记就商家村产业经济情况向暑期实践团的老师及成员做了详细介绍，在精准扶贫政策提供的资金及技术的帮助下，商家村就地理环境的优越性，为实现产业扶贫的一大目标，进行了种植业、养殖业的发展，其中种植业包括56亩的茶籽种植及少数的桑树、马蹄等。同时，由桂林理工大学出资建造的养殖场，结合商家村特色养殖了当地的土猪土鸡，这些畜牧为商家村带来了每年一万元的纯利润收入。

精准扶贫政策是国家在符合我国国情的情况下实行的，目前已经取得了很大的成果。在与黎书记交谈中，实践团队员感受良多，脱贫致富不仅是商家村民和黎书记的目标，也是新时代大学生的责任，更是全社会一直在努力的方向。2020年全面建成小康社会，一直在进行。

（三）走进革命老区，追寻红色记忆

1. 一步一戏曲，感受古村文化魅力

跟随杨晓书记的脚步，实践团队员们来到村口，映入眼帘的是嶙峋怪石“水现莲花”，石莲花坐落在灌江河畔，墙内镶着一块刻有“南无阿弥陀佛”的石碑，当地老人流传，莲花代表着祥瑞的意义，石碑在以前是用来祈祷过往船只平安出行的。接着进入了江口古圩，从杨晓书记的讲解中了解到，江口古圩起源于明清时期，在当时沿街商铺林立，因为临近灌江，来往商船很多在江口古圩进行交易，所以江口古圩在清末时期是当地一条有名的商业街。但在经历战争时期以及时间的流逝，古街受到不同程度的损害，在以前因为保护措施不到位，一些古老的木质房屋因受雨水的侵蚀不能及时受到保护已经腐烂了。杨晓书记告诉实践队员，现在在国家的帮扶之下，古街的保护得到了完善，相应的保护机制也完善的建立起来，经过一系列的整修，古街已经基本还原以前的面貌。

在江口古圩街头是一座古桥，名为龙门古桥。杨晓书记说，据当地老人流传，古桥下面的河里有很多鲤鱼，因为鲤鱼总是向上跳并结合“鲤鱼跃龙门”的传说，当地人就称古桥为“龙门桥”。与龙门古桥方向相反的是清末名臣唐景崧的故居，唐景崧故居是现代保存完整的较大古屋之一，同时它也是灌阳县唯一的一座保存较完整的名人故居。杨晓书记介绍道，唐景崧故居修建于清康熙年间，屋内的装饰都是由当时的能工巧匠雕刻而成。近年来在国家的帮扶之下，唐景崧故居得到很好的保护，实践队员们从屋内精美的浮雕以及那些精致的日常用具可以看出故居当时古色古香的文化氛围。

同时，唐景崧也可以说是桂剧的开创者。是他，把桂北的地方戏和中国的皮黄戏曲相融合，亲自写剧本编曲，亲自组建戏班子登台演出，开创了桂剧一片天地。桂剧几经兴衰，流传至今，唐景崧的功劳不可抹杀。走在青青的石板路上，实践队员似乎还能听见那悠悠的戏曲声。

2. 一土一寸血，感受革命文化魅力

实践团成员来到商家村，体验国家扶贫带给商家村村民的幸福生活。商家村驻村书记黎云鹏带领实践团成员走进商家村，近距离感受商家村民风淳朴的风土人情，感受那里浓厚的革命烈士情怀。

跟随黎云鹏书记的脚步，实践团的队员们来到了商家新村桂北游击队雕塑之前。桂北游击队是解放战争时期由中共中央领导的武装队伍，它的成立对广西解放战争的胜利有着不可磨灭的功绩。桂北游击队雕塑坐落在商家新村村落入口处，由一整块石头雕刻而成，上面由五名游击队员组成，他们有的吹号角、有的举枪奋进、有的高声呐喊。生动的展现出在解放战争时期战士们浴血奋战，没有退缩，没有胆怯的革命精神。

雕塑旁是建立在灌江旁边的“三家客栈”，据黎书记介绍，这是近年来随着国家扶贫政策的完善，由政府出资帮扶建设的。近年来，商家村在政府的帮助下建立了以“桂北游击队”为主题的红色旅游线路，并在逐步完善当中。村民们充分利用当地的历史文化资源以及风景资源，这不仅提高了当地居民的收入，更是将当地的红色革命文化传播出去，让更多的人认识到全宝藏这位革命烈士。

这次的红色体验行，给实践队员们上了一堂意义深刻的课，这堂课让实践队员们深刻认识到今天的幸福生活来之不易。正如黎云鹏书记所说，实践队员们应该要牢记像全宝藏这样为人民的幸福生活而牺牲的烈士们，要学习他们全心全意为人民服务的精神，要不忘

初心，牢记使命。

3. 重走长征路，传承长征革命精神

为纪念湘江战役新圩阻击战，桂林市灌阳县自筹资金和向上级民政部门申请立项修建了湘江战役新圩阻击战酒海井红军纪念园和阻击战陈列馆这两个红色基地。

实践团队员首先来到了阻击战陈列馆，灌阳新圩阻击战是湘江战役的第一战，一楼展厅以新圩阻击战革命历史简介，“红军三次过灌阳”“新圩阻击战”“悲壮的34师”“鱼水情深”“精神永存”“领导题词”“纪念活动”“烈士名录”等八大板块展示，经过国家投资5000万元修建，阻击战陈列馆现成为爱国主义教育基地、革命传统教育基地和国防教育以及党员干部党性教育培训基地。修建好后的陈列馆开放参观，成为了灌阳的一大特色——红色产业。

同学们认真观看革命历史简介及文物之余，不忘感慨纪念碑上的一个个革命烈士的英勇与伟大。这一近距离感受革命历史，让实践团的成员们懂得了和平到来的不易，珍惜当下，规划未来。

4. 感悟红军情，传承抗战革命精神

参观完阻击战陈列馆，实践团的队伍又走进了前往湘江战役·灌阳新圩阻击战酒海井红军纪念园。

在讲解员的带领下，社会实践团的成员们进入了纪念园。映入眼帘的是高大宏伟的纪念塔，枪杆似的形状，大气磅礴。在烈士墓冢前，实践团的老师和同学们进行了默哀一分钟和三鞠躬的仪式，以示对英烈的缅怀。硝烟散去，英魂犹存，牢记历史，不负先人。湘江战役·灌阳新圩阻击战酒海井红军纪念园经过全面完善配套基础设施建设，现在已成为全国爱国主义教育基地、全国长征精神与廉政教育示范基地、全国重点烈士纪念建筑物保护单位，其成为灌阳县发展红色旅游的主要景点和开展红色革命传统教育重要的场所。

因地制宜，根据文化底蕴进行项目建设，发展红色旅游业。灌阳县实行的策略不仅将珍贵的革命历史保存下来，还可以让烈士英魂得以安息，同时还可以为灌阳带来旅游经济的收入。结合当地文化特色，开发独树一帜的产业，一举三得，灌阳脱贫迈出了一大步。

（四）扶贫，我们在路上

通过这几天在灌阳实地调查，亲身体验扶贫一线的工作，同时也与当地的驻村书记进行了深入的探讨，团队成员真正领悟“扶贫，我们在路上”绝非一句空话。

“艰辛知人生，实践长才干”只有经历过才会更加感受深刻，“读万卷书亦行万里路”，只有参加过，才会体验到其中的酸甜苦辣。实践团队员们不仅亲身体验了从我校派往灌阳县三树村、商家村、顺溪顺的第一驻村书记的工作，同时也切身了解村民的生活和现状，体会到了精准扶贫政策在我国实行的必要性。我们当代大学生更要肩负起时代的使命，致力于国家民族的繁荣昌盛。作为新时代的青年，沐浴着时代的春风，我们除了自觉学习理论知识外，更应积极投身到社会实践中去，“纸上得来终觉浅，绝知此事要躬行”，实践是检验真理的唯一标准，在实践中发现问题、解决问题，继承革命遗志，不断向新时代、新青年目标迈进。但在帮扶当中，不是每一户贫困家庭都能脱贫致富，还有一些比较难啃的硬骨头需要去一一攻克。所以脱贫致富是一个长久的战役，要想把这场战役打赢还需要当地政府不懈的坚持，村干部们辛勤的付出，当代大学生也应该响应党的号召，奋力前行，用自己所学所知为国家实现全面脱贫交出一份令人满意的答卷。

在返回的途中，实践队员看着道路两旁村民们种植的桃树，在心中默想，在党和国家的大力扶持下，这里必将是一片美好的盛世桃园。

（桂林理工大学化学与生物工程学院莫文静，指导老师黄道坤、熊艳）

五、社会实践新闻稿撰写

（1）内容要求。新闻稿应具有真实性，不能编造事实；应具有及时性，发稿时间距活动时间原则上不超过 3 天；应符合新闻稿件规范，不要出现“我院”“我队”等字样，应写全称。稿件统一传到团委邮箱××，文字图片分开以附件形式发送，不要把图片嵌在文档中。邮件主题包含学院，团队名称，活动时间。

（2）排版要求。统一用 Word 排版，标题居中，正文字体为宋体，小四号；段落格式为首行缩进 2 字符，段前段后各空 0.5 行，行距固定值 18 磅，

（3）图片要求。图片应清晰并能充分反映活动主题。图片大小为 400×300 或者 448×336 像素，不要超过 200 千字节。

备注：1）团委邮箱接收的稿件审核通过后，会发到学校共青团主页和团省委主页，各分队通讯稿传到团委邮箱后请勿重复往团省委上报；2）请用 163、126、sina 等大型门户网站邮箱传送稿件，不要使用 QQ 邮箱以及个人网站邮箱传送（可能会被系统误认为垃圾邮件处理）；3）如果几个团队合作参与同一活动，只需上传一份通讯报道，在稿件中说明是几个团队共同合作即可，请勿重复上传。

第四节　社会实践考核相关表格

大学生社会实践的科学性、规范性不仅体现在社会实践的组织、策划等前中期阶段，更体现在后期总结阶段。科学规范的社会实践成果材料，是每一次社会实践活动的完美收官，代表着全过程开展、记录、评价、启示等，也象征着新一次社会实践的良好开局。所以，这一环节不容忽视。社会实践考核表格资料主要用于交代社会实践活动的要求及注意事项，对社会实践活动的各项信息进行登记备案及对社会实践活动的开展情况进行记录，以便于对社会实践顺利开展及后期的实践结果考核。大学生社会实践考核上交材料主要有活动前填报和活动后填报，活动前填报主要包括活动策划种类、安全预案、活动申请表等，活动后填报主要包括大学生社会实践的具体成果，如调查报告、心得体会、实践总结、实践新闻及各类社会实践相关表格等。

一、社会实践活动前填报材料体例

社会实践通讯员登记表

学院	姓名	年级、专业、班级	QQ 号码	联系电话

大学生社会实践活动登记表

姓名		性别		籍贯	
所在学院			专业与班级		
活动方式	个人（　）　团队（　）				
活动时间	月　日~　月　日（共计　天）				
活动主题					
活动内容					
接收单位或带队负责人鉴定意见					
是否申请学校评奖 （　）是 （　）否	学院团委评定意见： 签字（盖章）： 年　月　日			学校团委评定意见： 签字（盖章）： 年　月　日	

共青团××大学委员会、思想政治理论课教学部印制

社会实践团队记录手册

团队社会实践基本情况							
指导教师		团队负责人			财务负责人		
安全负责人		宣传负责人			参与人数		
实际参加社会实践人员名单							
学院	姓名	学号	班级	学院	姓名	学号	班级
前期准备及计划							
（简述实践组团讨论会的内容、实践计划、相关准备情况，可附页）							
访谈调查或社会实践活动过程记录							
实践第×天______月______日星期______天气______							
注：实践超过两周者，请另附页（请在本行右侧空白处注明）。							
各种媒体报道记录日志							
注：媒体报道包括报纸、网络、电视、广播等，注明报道时间、地点、大概内容等；平面媒体报道请复印附于登记表后。							
实践单位意见							
______实践团共______人在我单位实习过程中______________________________________							
（单位盖章） 年　月　日							

二、社会实践活动后填报材料体例

大学生社会实践个人总结

<table>
<tr><td>姓名</td><td></td><td>性别</td><td></td><td>学院、专业、班级</td><td colspan="2"></td></tr>
<tr><td>实践名称</td><td colspan="2"></td><td>实践时间</td><td></td><td>实践地点</td><td></td></tr>
<tr><td>个人总结</td><td colspan="6">主要包含个人在社会实践中的态度：考勤是否按时到、听讲是否认真等；实践中的纪律：组织纪律性、心得体会无抄袭，要有自己思考的东西等；实践中的成果：调查报告等格式是否规范、调查内容是否深入、是否实事求是等。(不少于1000字，可另附页)</td></tr>
<tr><td>社会实践成果摘要</td><td colspan="6">主要撰写个人在社会实践中的效果：对个人成长和服务社会的影响及贡献价值等。(限500字左右)</td></tr>
</table>

注：《大学生暑期社会实践个人总结》为个人陈述材料，与其他表格一并上交。

大学生社会实践带队教师评价

<table>
<tr><td>姓名</td><td></td><td>性别</td><td></td><td>所在单位</td><td></td></tr>
<tr><td>指导团队</td><td colspan="3"></td><td>政治面貌</td><td></td></tr>
<tr><td>活动地点</td><td colspan="3"></td><td>职务/职称</td><td></td></tr>
<tr><td>对本社会实践团队的评价</td><td colspan="5">（不少于1000字，可另附页）</td></tr>
<tr><td>社会实践成绩与不足</td><td colspan="5">（限500字左右）</td></tr>
</table>

注：此表与其他表格一并上交学院团委、思想政治理论课教学部。

大学生社会实践活动反馈表

团队名称	
实践时间	年 月 日至 年 月 日
实践地点	
实践接收单位评语	单位负责人签字（盖章）： 年 月 日

注：此表与其他表格一并上交学院团委、思想政治理论课教学部。

大学生社会实践活动宣传量化考核表

学院： 填表人：

考核形式 \ 统计		300 字及以下			301～800 字			801 字以上			专题		
		数量	分值	核定	数量	分值	核定	数量	分值	核定	数量	分值	核定
校外媒体报道	国家级												
	省（部）级												
	地（市）级												
	县（市）级												
校内媒体报道	校级网页官微												
	院级网页官微												
	报送但未录用												
自评总分	签字（盖章）： 年 月 日												
核定总分	（盖章）： 年 月 日												

注：此表与其他表格一并上交学院团委、思想政治理论课教学部。

大学生社会实践活动考核表

<table>
<tr><td>姓名</td><td></td><td>性别</td><td></td><td>学院、专业、班级</td><td colspan="2"></td></tr>
<tr><td>实践名称</td><td colspan="2"></td><td>实践时间</td><td></td><td>实践地点</td><td></td></tr>
<tr><td>个人评价
（20%）</td><td colspan="6">成绩：
□优秀□良好
□及格□不及格
签字（盖章）：
年　月　日</td></tr>
<tr><td>团队评价
（20%）</td><td colspan="6">成绩：
□优秀□良好
□及格□不及格
签字（盖章）：
年　月　日</td></tr>
<tr><td>社会评价
（30%）</td><td colspan="6">成绩：
□优秀□良好
□及格□不及格
签字（盖章）：
年　月　日</td></tr>
<tr><td>指导教师
评价
（30%）</td><td colspan="6">成绩：
□优秀□良好
□及格□不及格
签字（盖章）：
年　月　日</td></tr>
<tr><td>学院团委
审核</td><td colspan="6">签字（盖章）：
年　月　日</td></tr>
</table>

注：此表与其他表格一并上交学院团委、思想政治理论课教学部。

20××年社会实践活动重点团队申报表

申报级别：□全国重点团队 □自治区重点团队 □学校重点团队

<table>
<tr><td>团队类别</td><td colspan="4"></td></tr>
<tr><td>团队名称</td><td colspan="4">××学院+实践地点+“主题”+服务团（实践队）</td></tr>
<tr><td rowspan="2">指导教师</td><td>姓名</td><td colspan="2">职务</td><td>联系电话</td></tr>
<tr><td></td><td colspan="2"></td><td></td></tr>
<tr><td rowspan="4">团队成员</td><td>姓名</td><td>专业、年级</td><td>姓名</td><td>专业、年级</td></tr>
<tr><td></td><td></td><td></td><td></td></tr>
<tr><td></td><td></td><td></td><td></td></tr>
<tr><td></td><td></td><td></td><td></td></tr>
<tr><td>团队学生人数</td><td colspan="2"></td><td>实践时间</td><td></td></tr>
<tr><td>实践地点</td><td colspan="4"></td></tr>
<tr><td>实践地接收证明</td><td colspan="4">有（ ）无（ ）</td></tr>
<tr><td>保险</td><td colspan="4">有（ ）无（ ）</td></tr>
<tr><td rowspan="2">经费资助</td><td colspan="4">学校资助（ ）学院资助（ ）自筹（ ）</td></tr>
<tr><td colspan="4">合计（ ）元</td></tr>
<tr><td>项目简介
（500字以内）</td><td colspan="4">（活动方案另附页）</td></tr>
<tr><td rowspan="2">校团委意见</td><td colspan="2">院内推荐排序</td><td colspan="2"></td></tr>
<tr><td colspan="4">签盖
年 月 日</td></tr>
</table>

社会实践活动重点团队申报汇总表

学院（学院团委盖章）： 填表人： 联系方式：

填表日期： 年 月 日

申报重点团队级别（全国/自治区）	校内排序位次	团队名称	团队类别	团队学生人数	实践时间	实践地点	指导老师姓名	项目简介（50字）

社会实践优秀个人申报表

姓名		所在单位	
担任职务		联系电话	
主要事迹	主要事迹（500字以内）：		

社会实践优秀个人推荐汇总表

单位（公章）：

推荐顺序	姓名	所在单位及职务	联系方式

社会实践学校优秀团队申报表

所在学院		团队名称			
团队类别					
团队成员					
团队负责人		联系电话		指导老师	
主要事迹	主要事迹（可包括创新做法、主要成果、宣传成果等，500字左右）：				

20××年社会实践学校优秀团队推荐汇总表

单位（公章）：

推荐顺序	团队名称	团队负责人及职务	联系方式

优秀调研报告评选统计表

报送单位（盖章）：__________ 时间：____年____月____日

报送人：________ 联系电话：________ 邮箱：________

序号	报告题目	作者	年级	指导教师	重复率	作者联系电话
1						
2						
3						

注：1. 如作者非 1 人，请依次写明所有作者姓名、年级；年级填写示例：本科二年级。

2. 此表电子版及盖章后扫描件（或拍照）应与调研报告电子版一同发送至邮箱：××。

社会实践评优汇总表

序号	学院	优秀单位	推荐排序	优秀团队	推荐排序	优秀个人	推荐排序	优秀成果	推荐排序

注：材料收集时间截至 20××年×月×日。

参 考 文 献

[1] 黄斌．思想道德修养与法律基础学习指导［M］．南京：东南大学出版社，2008.
[2] 苏建水．思想道德修养与法律基础学生辅导读本［M］．北京：经济科学出版社，2010.
[3] 李战军，魏志祥，徐惠红．思想道德修养与法律基础实践导航［M］．镇江：江苏大学出版社，2013.
[4] 李晓萍，汤艳，刘俊芳．思想道德修养与法律基础实践训练指导［M］．南京：东南大学出版社，2019.
[5] 李海峰．思想道德修养与法律基础——大学生成长必读［M］．北京：科学出版社，2010.
[6] 倪福全，邓玉，周曼．大学生社会实践教程［M］．北京：中国水利水电出版社，2016.
[7] 社会主义核心价值观体系学习读本［M］．2 版．北京：中共党史出版社，2009.
[8] 吕志，黄春丽．思想道德修养与法律基础实践教学活动指导［M］．广州：暨南大学出版社，2011.
[9] 邹伟建，杨党校．思想道德修养与法律基础辅助读本［M］．北京：北京理工大学出版社，2010.
[10] 张立成．思想道德修养与法律基础教学用书［M］．北京：教育科学出版社，2011.
[11] 范明．党校文化素质教育：理念与实践创新［M］．南京：东南大学出版社，2011.
[12] 刘颖，崔立霞．思想政治理论课实践教程［M］．北京：北京理工大学出版社，2011.
[13] 刘宏伟，廉清．思想道德修养教学案例［M］．北京：中国人民大学出版社，2004.
[14] 张晓丹，石攀峰．大学生思想政治理论课社会实践指导教程［M］．北京：科学出版社，2017.
[15] 陈少平．新时代大学生社会实践教程［M］．厦门：厦门大学出版社，2020.
[16] 胡树祥，吴满意．关于大学生社会实践活动内涵的新界定［J］．中国高等教育，2009，02.
[17] 武剑英．大学生社会实践活动实效性研究［D］．石家庄：河北师范大学，2015.

后　记

中国特色社会主义进入新时代，对思想政治理论课教学提出了新的要求。2019年习近平总书记在学校思想政治理论课教师座谈会上提出，要“坚持理论性与实践性相统一”，要求将课堂理论教学与社会主义大实践紧密结合，让大学生在广泛的社会实践中接受教育与锻炼。为深入开展大学生社会实践工作，进一步规范社会实践课，推动实践育人，在总结学校多年来实践育人的基础上，对应“思想道德修养与法律基础”教学内容要求，编写了本书。

本书内容共10章，其中社会实践总论3章，“思想道德修养与法律基础”对应理论实践6章，实践考核1章。总论第1~3章主要按照大学生社会实践的理论、方法及其应用等方面编写，对社会实践基础理论知识、社会实践技能、社会实践教学回顾等方面进行介绍。第4~9章，对应“思想道德修养与法律基础”内容做实践设计与安排，包含实践教学目标与要求，实践案例分析与参考、主题实践活动设计、分析点评等内容。本书既有课程教学的覆盖面又有重点实践活动推荐，学生可以根据教材内容在教师指导下开展丰富多彩的实践活动，也可以根据自身实际情况有选择性参加小组实践活动，完成相应的实践教学考核。第10章是实践教学考核安排，重点在巩固实践教学成果，实施定性定量考核相结合方面做出创新探索。

本书是在总结桂林理工大学大学生社会实践经验的基础上编写而成的。参加本书编写的人员主要有陆平、周国桥、刘志丽、万千、莫天荣、娄文杰、康慧等，其中陆平担任主编，做教材框架设计与统稿工作；周国桥、刘志丽、万千、莫天荣四位老师担任副主编。陆平负责第8章、第9章的撰写；周国桥、娄文杰、康慧负责第1章、第2章的撰写；万千负责第3章、第10章的撰写；莫天荣负责第4章、第5章的撰写；刘志丽负责第6章、第7章的撰写。

本书在编写过程中参阅了相关参考文献，在此对有关作者表示衷心感谢。本书的出版得到了桂林理工大学教务处及有关部门的大力支持与帮助，在此表示特别感谢。

作　者

2020年5月